תקווה לדורשיך

הרב אהרן ליכטנשטיין

תקווה לדורשיך

על תשובה ועבודת ה'

עיבוד ועריכה: מרדכי ברגר וראובן ציגלר
מאנגלית: חיים נבון

משנת הרא"ל
מגיד
Yeshivat Har Etzion ישיבת הר עציון

Rabbi Aharon Lichtenstein
Return and Renewal
Reflections on Teshuva and Spiritual Growth

הרב אהרן ליכטנשטיין
תקווה לדורשיך: על תשובה ועבודת ה׳

ניהול פרויקט: נועם שליט
עורכת משנה: אפרת גרוס
עריכת לשון: בנימין פרנקל
עימוד: אסתר באר
עיצוב העטיפה: אליהו משגב

ספרי מגיד, הוצאת קורן
ת״ד 4044 ירושלים 9104001
טל׳: 02-6330530 פקס: 02-6330534

www.maggidbooks.com

מסת״ב ISBN 978-965-526-326-8

נדפס בישראל Printed in Israel 2021 תשפ״א

בני בנים הרי הם כבנים

In loving memory of our grandparents

Gertrude and Leslie Zack
גיטל בת שמואל ואליעזר בן איסר

whose legacy of kindness and *chesed,*
devotion to family and to the Jewish people,
continues to light the way for our family

תוכן העניינים

מבוא

תהליך התשובה מציג בפני כל אחד מאתנו אתגרים והזדמנויות. חקירה עצמית, וידוי ומחויבות לשינוי הם מהמשימות האנושיות הקשות ביותר, אך עצם התהליך של התחדשות והתחברות מחדש – לקב"ה ולעצמנו – הוא מתנה שיכולה לשקם מן המסד אותנו, את קהילותינו ואת החברה כולה.

בדרשותיו השנתיות על התשובה ניסה הרב אהרן ליכטנשטיין זצ"ל להפוך את הנתיב החמקמק של התשובה לנגיש יותר.[1] במסות אלו, מתוך רגישותו למצב האנושי, משתמש הרב ליכטנשטיין במערך נרחב של מקורות יהודיים, לצד קלאסיקות של התרבות המערבית, כדי לבחון את היסודות הפסיכולוגיים, הרגשיים והרוחניים של החטא והתשובה. בעזרת חקירת ההרגלים והדחפים שעלולים למנוע שינוי מתמשך או לסייע לו, הרב ליכטנשטיין מספק מפה ברזולוציה גבוהה של חיינו הרוחניים, בעוד אנו מתמסרים למסעות צמיחתנו הרוחנית.

* * *

1. כרך זה כולל שלוש עשרה דרשות כאלו, שנישאו בין השנים תשל"ז עד תשס"ט (1976–2008). זאת בנוסף לדרשות מהשנים תשמ"ח (1987) ותשס"ג (2002), שראו אור בספר **באור פניך יהלכון**.

תהליך המרת שיחות אלו למסות כתובות דומה לזה שנעשה בספר קודם של הרב ליכטנשטיין, **באור פניך יהלכון**. ראשית, כל ההקלטות תומללו, מילה במילה. לאחר מכן, נערכו התמלולים לדפוס, ועברו עריכת לשון ועריכת תוכן, קיצור, לעתים ארגון מחודש, העברת תכנים משיקים להערות שוליים, חלוקה לתת־פרקים, הוספת כותרות וכן הלאה. כל הפרקים תורגמו מאנגלית, מלבד הפרק האחרון ("מקום שבעלי תשובה עומדים"), שנאמר במקורו בעברית.

רבים סייעו להפקת כרך זה. ראשית, תודתנו לד"ר טובה ליכטנשטיין על עידודה ותמיכתה בפרויקט זה. תודה גם לאנשי "משנת הרא"ל" על עזרתם: לנועם שליט, שניצח על המלאכה, וכן ליואל וייס ולעו"ד אהרן לוין. הרב חיים נבון תרגם במיומנות וברגישות וכך העביר הן את התוכן הן את הניחוח של מילות הרב ליכטנשטיין. עריכת הלשון נמסרה בידיו האמונות של בנימין פרנקל והמפתחות הוכנו על ידי יחיאל רוזנברג. הרב דב קרול תימלל את הדרשה העברית שנוספה לכרך זה, גילעד הסה עיבד וערך אותה, וד"ר ראובן גפני סייע בעריכת הלשון. הערכתנו והוקרתנו לכל אלו שסייעו להכנת הגרסה האנגלית המקורית של ספר זה, *Return and Renewal: Reflections on Teshuva and Religious Growth* (Jerusalem: Maggid, 2018), הלוא הם כתובים במבוא לספר המקורי. תודתנו להוצאת מגיד על מקצועיותם ועל אדיבותם; לרב משה טרגין על אחרית הדבר; לישיבה יוניברסיטי, שרובן של הדרשות נישאו בשלוחתה בירושלים; ולישיבת הר עציון, המוסד היקר שהרב ליכטנשטיין עיצב והדריך במשך יותר מארבעה עשורים, על תמיכתה הנלהבת.

בעיקר אנו מודים למורנו ורבנו, הרב אהרן ליכטנשטיין זכר צדיק לברכה, על שלימד בשיעוריו והמחיש בהתנהגותו האישית את הערכים היהודיים והאנושיים הנעלים הבאים לידי ביטוי בספר זה. יהי רצון שזיכרונו יוסיף ויהיה לברכה, בעת שתורותיו עוברות מדור לדור.

מרדכי (מייקל) ברגר וראובן ציגלר

תשובה — חובה והזדמנות

איך נגדיר ונתאר את התשובה – האם הזדמנות היא או חובה? שני המונחים הללו שונים למדי. כשאנו מדברים על הזדמנות, אנו חושבים על אפשרות ממוזלת, שאולי איננו ראויים לה ושאנו שמחים שנקרתה על דרכנו. חובה, לעומת זאת, מעלה בנו תחושה של תביעה דוחקת, צו מוחלט המעוגן בסיטואציה קיומית או הנדרש בידי מְצווה סמכותי. אין צורך להעמיק כדי להבין מהו המענה לשאלה זו: תשובה היא גם הזדמנות וגם חובה. ברצוני לבחון באיזה מובן התשובה היא זו וגם זו, וכיצד שני ההיבטים הללו מתייחסים זה לזה.

תשובה כהזדמנות — רצון חופשי

בתשובה־כהזדמנות נוכל לדבר על שני מרכיבים נבדלים: כללי ופרטי. התשובה מעוגנת באמונתנו בחופש הרצון ובהתנסותנו בו. אין זה מקרה שהרמב"ם, הדובר המובהק בעד חופש הרצון בתקופת הראשונים, התייחס לתפיסה זו בלב הלכות תשובה. בשלושת הפרקים המרכזיים של הלכות תשובה (פרקים ה–ז) מציג הרמב"ם את הניסוח המפותח ביותר שלו לגבי מושג זה וחשיבותו. כך פותח הרמב"ם חטיבה זו:

דרשה זו נישאה בכינוס התשובה על שם האוזמן־שטרן, במכון גרוס בירושלים, תשרי תשנ"ט.

> רשות לכל אדם נתונה, אם רצה להטות עצמו לדרך טובה ולהיות צדיק הרשות בידו, ואם רצה להטות עצמו לדרך רעה ולהיות רשע הרשות בידו (הלכות תשובה ה, א).

בהלכה ב מציג הרמב"ם את ההשקפה ההפוכה ודוחה אותה: דטרמיניזם אסטרולוגי ותיאולוגי. הרמב"ם מתעקש ש"כל אדם ראוי לו להיות צדיק כמשה רבינו או רשע כירבעם". אחרי שהרמב"ם מרחיב בנושא הבחירה החופשית במשך שני פרקים, הוא מנסח את מסקנתו בפתיחת פרק ז:

> הואיל ורשות כל אדם נתונה לו, כמו שבארנו, ישתדל אדם לעשות תשובה ולהתודות בפיו מחטאיו ולנעור כפיו מחטאיו, כדי שימות והוא בעל תשובה ויזכה לחיי העולם הבא (שם ז, א).

משום כך, לדיון בחיוניות התשובה יש להקדים את המושג הכללי של הרצון החופשי ואת האמונה הבוטחת – המושרשת כה עמוק בעולם ההלכה – שאנו יכולים לנהל את חיינו בהתאם לרצוננו המוסרי והדתי. זהו המרכיב הראשון של הזדמנות הכמוס בתשובה.

תשובה כהזדמנות – מתנת התשובה

אך יש גם היבט נוסף: מתנת התשובה, אשר היא עצמה רבת פנים. במישור אחד, מדובר בגרסה מועצמת של הרצון החופשי. אדם יכול היה להניח שבורכנו בחירות רק בתחילת דרכנו, כשאנו בבחינת *tabula rasa*, לוח חלק, שעדיין לא הוכתם בפשע ובחטא; אך לאחר שעול ההתנהגות החוטאת והנלוזה הוטל על שכמנו, שוב איננו חופשיים ואיבדנו את יכולתנו לבחור כרצוננו. אכן, הרמב"ם מציין שאכן אלו הם פני הדברים במקרי קיצון, כמו בנוגע לפרעה (שם ו, ג). למרבה המזל, זוהי איננה הנורמה. החירות שבחיינו בדרך כלל נותרת עמנו ומאפשרת לנו לנוע באופן חופשי גם לאחר החטא, גם לאחר שהרחקנו את עצמנו מא־לוהים ומעצמנו האמיתי.

מלבד זאת, בתשובה ישנם ממדים נוספים של הזדמנות, שאינם קשורים לעצם יכולתנו לחזור בתשובה, אלא לתוצאותיה של התשובה ולנכונותו של א־לוהים להיענות לה. הוענקה לנו האפשרות למחות את החטא; א־לוהים מוכן למחול על העונשים שהיו ראויים לנו. במישור הקשר עם הא־לוהים, הרי מלבד ביטול חובותינו הנוראים, מוכן הוא לקבל אותנו שוב אל נוכחותו, לפתוח שוב את ערוצי הקשר עמנו. בהמשך הפרק השביעי, הרמב"ם מדגיש ממד זה:

> כמה מעולה מעלת התשובה, אמש היה זה מובדל מה' א־להי ישראל... צועק ואינו נענה... ועושה מצות וטורפין אותן בפניו... והיום הוא מודבק בשכינה... צועק ונענה מיד... ועושה מצות ומקבלין אותן בנחת ושמחה (שם ז, ז).[1]

אם כך, ההזדמנות שמציעה לנו התשובה, המתנה שקיבלנו בחסד ה', כוללת שלושה מרכיבים: 1. הרצון החופשי, הנותר בעינו גם אחרי שטימאנו את עצמנו; 2. נכונותו של א־לוהים למחול על חטאינו; 3. הסכמתו לסלוח על מה שהיה, ולאפשר לנו לבוא שוב לפניו.[2]

תשובה כחובה

אך, כמובן, בעבורנו התשובה אינה רק הזדמנות ואפשרות שאנו יכולים

1. את תפיסת התשובה כמתנה שנתן לנו א־לוהים, אפשר למצוא גם באופן שבו פותח רבנו יונה את ספרו **שערי תשובה**: "מן הטובות אשר היטיב השם יתברך עם ברואיו, כי הכין להם הדרך לעלות מתוך פחת מעשיהם ולנוס מפח פשעיהם... לרוב טובו וישרו, כי הוא ידע יצרם... ואם הרבו לפשוע ולמרוד ובגד בוגדים בגדו, לא סגר בעדם דלתי תשובה". החסד הזה הוא מתנה, הזדמנות שהעניק לנו א־לוהים.
2. גם בדברי הנביאים אפשר לזהות את ההיבטים השונים הללו. הנביאים מדברים לא רק על "תשובה מ", התרחקות מהחטא, כמו בפסוק: "שׁוּבוּ שׁוּבוּ מִדַּרְכֵיכֶם הָרָעִים" (יחזקאל לג, יא), אלא גם על "תשובה אל", למשל: "שׁוּבָה יִשְׂרָאֵל עַד ה' אֱ־לֹהֶיךָ" (הושע יד, ב).

לנצל במידה שנחפוץ בה. התשובה היא גם זאת, ולפלא הדבר, אך אינה רק זאת. התשובה היא גם חובה.

ידוע שה**מנחת חינוך** מפקפק באופייה הציווּיִ של התשובה. הרמב"ם, הן בכותרת להלכות תשובה והן בהלכות עצמן, מדבר על תשובה; אך כשבא הרמב"ם להורות על מעשים, נראה שהוא מתמקד בווידוי.[3] ה**מנחת חינוך** טוען שלפי הרמב"ם התשובה אינה נמנית כמצווה אלא רק הווידוי. אם אדם רוצה לעשות תשובה, הרמב"ם מורה לו איך יש לבצעה; כפי שאם אדם בוחר ללבוש בגד עם ארבע כנפות, עליו להטיל בו ציצית כדין. אין שום פסוק המחייב אדם לעשות תשובה, לפחות לא כחובה הלכתית.

זוהי עמדה מוזרה ביותר. מבהיל לחשוב שהתשובה, המפתח למצבנו הרוחני בהווה ולייעודנו המטפיזי בעתיד, היא רק עניין של העדפה ונטייה. הייתכן שהתורה תדקדק בדיניו של מעשה הווידוי הספציפי, ובמקביל תותיר את התשובה, העוסקת במכלול הווייתנו, כעניין של בחירה? הן התורה והן הנביאים חוזרים ללא לאות על המסר: "שובו, שובו, שובו"; הם אומרים זאת בשם הא־ל לאדם היחיד, לעם ישראל ואפילו לאומות העולם. מתוך המסרים הללו עולה התחושה שאדם הרגיש ליחסיו עם א־לוהים, אדם הדואג לערכיו הרוחניים ולקיומו הרוחני, ודאי ירצה לעשות תשובה, ואף חייב לעשות תשובה. אכן, ראשונים אחרים ראו את התשובה כמצווה, וניתן לפרש שגם הרמב"ם נמנה עליהם, באופן מסוים.[4] בכל מקרה, בין אם נקבל את עמדתו של ה**מנחת חינוך** ובין אם נסבור שהתשובה היא חיוב

3. "כל מצות שבתורה, בין עשה בין לא תעשה, אם עבר אדם על אחת מהן, בין בזדון בין בשגגה, כשיעשה תשובה וישוב מחטאו – חייב להתודות לפני הא־ל ברוך הוא, שנאמר: 'איש או אשה כי יעשו וגו' והתודו את חטאתם אשר עשו', זה וידוי דברים. וידוי זה מצות עשה" (הלכות תשובה א, א).

4. בכותרת להלכות תשובה הרמב"ם כותב: "מצות עשה אחת, והוא שישוב החוטא מחטאו לפני ה' ויתודה". נראה שכאן מדגיש הרמב"ם את התשובה עצמה יותר מאשר את הווידוי.

עצמאי, מובטח מקומה של התשובה כערך מרכזי, כבריח תיכון של חיי הדת.[5]

חובה זו – רבת פנים היא. כשם שלחטא מרכיבים מגוונים, כך גם לתשובה, הבאה לתקן אותו. ראשית, יש לתקן את הרוע שבחטא עצמו, בין אם מדובר בחטא שבין אדם למקום ובין אם בחטא שבין אדם לחברו. שנית, במישור שבין אדם למקום, יש בוודאי פגיעה בכבוד שמים בכל הפרה של רצון הא־לוהים, ומעבר לכך, החטא מטמא מבחינה רוחנית ודתית, וגם את זה יש לתקן. במקביל, במישור שבין אדם לחברו, החטא מטמא את החברה ואת הקהילה, ואף על כך יש לעשות תשובה.

לבסוף, החוטא חייב לחזור בתשובה גם על החטא שבינו ובין עצמו. אם אנו חוטאים ומוסיפים להתבוסס בחטא, אנו בראש ובראשונה מסכנים את עצמנו; מעבר לתוצאות דתיות ורוחניות אחרות, החטא פוגע באישיותו של החוטא. היבט מרכזי של השקפת עולמנו הוא שהאדם נושא באחריות לא רק על פגיעה באחרים אלא גם על פגיעה בעצמו. הרעיון הליברלי שאדם הוא אדון לעצמו, ולכן יכול להסדיר את חייו ואת פעולותיו כחפץ לבו, כל עוד הוא מוכן לשאת בהשלכות, עומד בניגוד מוחלט להשקפת עולמה של היהדות ואף לכל תפיסה דתית. השקפה דתית רואה את חיי האדם ואת עצמיותו כמתנה או כמשימה מאת ה׳. לכן, אנו אחראים לא רק לצלם א־לוהים שנמצא באחרים אלא גם לצלם א־לוהים שבנו. אדם שמקלל את עצמו או שחובל בעצמו עובר על אותו איסור כמו אדם המקלל אחרים או החובל בהם; כפי שאנו חייבים להושיע אחרים מאסון הממשמש ובא,

5. לא אחר מאשר הגאון מווילנה התעקש שישנם ערכים מהמעלה העליונה שאינם נמנים במניין המצוות. כך כתב בפירושו על מגילת אסתר: ״הוא מעשים טובים ומדות טובות, והמדות טובות הן יותר מכולן, כמו שכתבתי, שלא נכתבו המדות טובות בתורה, כי הם כוללין כל התורה, כמו שכתוב: כל הכועס כאלו עובד עבודה זרה, וכל המספר לשון הרע ככופר בעיקר, וכן כולן״ (אסתר י, ג, ד״ה דורש טוב).

כך אנו חייבים להציל את עצמנו. אם כך הוא בנוגע לקיומנו הפיזי, קל וחומר שכן הוא בנוגע לנשמתנו הרוחנית. לפיכך אנו נתבעים לתשובה, לא רק מחמת חובותינו לא־לוהים וחובותינו לסביבתנו. אנו חייבים בתשובה למען עצמנו, כחלק מאחריותנו כלפי בוראנו, שהפקיד בנו ניצוץ א־לוה ממעל.

יסודות אלו של התשובה הם ודאי מחייבים. אף אם נאמר שהתשובה אינה מצווה בפני עצמה, היא צו דתי ומוסרי, הצומח מרגישותנו לענייני הרוח.

הזיקה בין הזדמנות לחובה

כשאנו דנים בתשובה־כחובה, עלינו לתת דעתנו ליסוד נוסף. הרמב"ם קובע:

> יום הכפורים הוא זמן תשובה לכל, ליחיד ולרבים, והוא קץ מחילה וסליחה לישראל. לפיכך חייבים הכל לעשות תשובה ולהתודות ביום הכפורים (הלכות תשובה ב, ז).

הרמב"ם מציג עובדה ואז מסיק ממנה מסקנה. העובדה היא שיום הכיפורים הוא זמן מועדף לתשובה. לכן, אומר הרמב"ם – ומצביע על קשר סיבתי – כולם חייבים לעשות תשובה ולהתוודות. למעשה, הרמב"ם קשר בין שני היסודות שבהם אנו עוסקים: אם נקרית לך הזדמנות, אתה **חייב** לנצל אותה. אם כך, מלבד העובדה שאולי יש מצווה של תשובה, בדומה למצוות שופר או סוכה, יש גם בסיס נוסף לחיוב בתשובה: העובדה שהיא אפשרית הופכת אותה להכרחית. ההזדמנות מולידה חובה.

מחשבה דומה מציג רבנו יונה ב**שערי תשובה**:

> ודע, כי החוטא כאשר יתאחר לשוב מחטאתו – יכבד עליו מאד

> ענשו בכל יום, כי הוא יודע כי יצא הקצף עליו ויש לו מנוס לנוס שמה, והמנוס הוא התשובה, והוא עומד במרדו והנו ברעתו, ובידו לצאת מתוך ההפכה, ולא יגור מפני האף והחמה, על כן רעתו רבה (א, ב).

עונשו של החוטא גדל בכל יום, משום שהוא יודע שחטא לא-לוהיו וראוי הוא לעונש, ובכל זאת אינו מנצל את ההזדמנות של פתח המילוט. כדוגמה, מביא רבנו יונה מדרש נודע (קהלת רבה ז):

> משל לכת של לסטים שחבשם המלך בבית האסורים, וחתרו מחתרת, פרצו ויעבורו, ונשאר אחד מהם. בא שר בית הסוהר, וראה מחתרת חתורה והאיש ההוא עודנו עצור, ויך אותו במטהו. אמר לו: קשה יום! הלא המחתרת חתורה לפניך – ואיך לא מהרת המלט על נפשך?! (**שערי תשובה** שם).

שר בית הסוהר, שהיה אמור לפעול כנגד הבריחה, רואה את הפושע הנותר כאדם שבעיניו יש חשיבות מעטה לערך המרכזי של החירות. למעשה, רבנו יונה והמדרש אומרים שברגע שמופיעה הזדמנות היא יוצרת חובה, לפחות לגבי אדם רגיש מבחינה מוסרית ודתית; החמצת ההזדמנות הופכת לחטא נוסף.

נשוב לשאלה לעיל – האם תשובה היא הזדמנות, חסד שהעניק לנו הקדוש ברוך הוא, או חובה ודרישה המוטלות עלינו? המענה אינו רק שהתשובה היא זו וגם זו, בנפרד; למעשה, היא שתיהן גם יחד. עצם קיומה של ההזדמנות מטיל עלינו חובה מחודשת. זו המשמעות של המילה "לפיכך" בדברי הרמב"ם. אי אפשר להעלות על הדעת שאדם המייחס חשיבות למצבו הרוחני יהיה אטום ואדיש כליל ליכולת לשקם את מערכת היחסים שלו עם בורא העולם ולטהר את עצמו. אם הוא אינו ממצה את ההזדמנות, יש כאן הן סימפטום והן סיבה לחולשה רוחנית.

הזדמנות וחובה במסגרת השקפת עולם דתית כוללת

בהשקפת עולמם של חז"ל ושל גדולי ישראל, הן המרכזיות של ההזדמנות והחובה והן הזיקה ביניהן מבטאות תפיסה רחבה הרבה יותר. אפשר למקם אותה בהקשר הכללי יותר של תפיסתנו את עבודת ה', ובאופן כללי עוד יותר – תפיסתנו את הקיום האנושי. ההזדמנות והחובה הן מושגים מרכזיים בראייתנו את חיי האדם כפי שהם – וכפי שהם צריכים להיות. תחושת החובה היא חיונית ומרכזית, בין אם בממד המוסרי – אנו חושבים על בני אנוש כיצורים המחויבים, ברצונם או שלא ברצונם, לחיים מוסריים, שהרי נבראו בצלם א-לוהים[6] – ובין אם בממד הדתי. אם היינו צריכים לבחור מושג יחיד אשר נוכל לראותו כמגדיר טוב מכל מושג אחר את הקיום האנושי ואת מסגרת חיינו, היינו ודאי בוחרים במושג **מצווה**. יהודי חי, בראש ובראשונה, כישות נקראת ומְצֻוָּה.

בפירושו הראשון של רש"י לתורה מוצג רעיון זה באופן מפתיע ואף נועז: "אמר רבי יצחק: לא היה צריך להתחיל את התורה אלא מ'החודש הזה לכם', שהיא מצוה ראשונה שנצטוו בה ישראל". מכאן נובע שמה שחשוב בתורה הוא המצוות. לפי השקפה זו, התורה היא במהותה דבר חקיקה והיא פונה אלינו במונחים של צו. התחושה של היות מְצֻוֶּה היא מרכזית לקיום היהודי.

אף שהציווי המופנה ליהודים נרחב ועמוק יותר מזה המופנה לאחרים, צו א-לוהי הוא גם קטגוריה אוניברסלית. חיי אדם מודרכים, מיודעים ורוויים בתחושת הצו, וזהו חלק מתפיסתנו את הקיום האוניברסלי. בהקשר זה, הבה נבחן שני פסוקים מפרשת בראשית:

וַיְצַו ה' אֱ-לֹהִים עַל הָאָדָם לֵאמֹר מִכֹּל עֵץ הַגָּן אָכֹל תֹּאכֵל.

6. בדומה לתחושת הפליאה המפורסמת של קאנט – בהשראת "השמים הכוכבים שמעלי והחוק המוסרי שבתוכי", כדבריו (**ביקורת התבונה המעשית**, תרגום: ש"ה ברגמן ונתן רוטנשטרייך, הוצאת מוסד ביאליק, ירושלים תשל"ג, עמ' 153) – כוחו של החוק המוסרי הוא ודאי חלק ממסורתנו וחלק מרגישותנו.

וּמֵעֵץ הַדַּעַת טוֹב וָרָע לֹא תֹאכַל מִמֶּנּוּ כִּי בְּיוֹם אֲכָלְךָ מִמֶּנּוּ מוֹת תָּמוּת (בראשית ב, טז–יז).

הפסוק הראשון מציין שא־לוהים ציווה על האדם, אך הצו לא לאכול מעץ הדעת מופיע רק בפסוק השני. מדוע התורה מזכירה ראשית את ההיתר לאכול מכל עץ הגן, אשר אינו חלק מהציווי?

שאלה זו, כפי שניסחתי אותה, מעוגנת בתפיסה חילונית מובהקת, שלפיה א־לוהים ציווה אותנו רק בנוגע לחלקים מסוימים של חיינו, והשאיר אזור נייטרלי נרחב, שם מתבטאים רצונותינו והעדפותינו; שם אנו עושים "מה שאנחנו רוצים". לקדוש ברוך הוא יש "ארבע אמות" (ברכות ח ע"א), ושאר המגרש הוא שלנו. אך תפיסה דתית אינה רואה שום היבט של המציאות האנושית כמנותק מא־לוהים ומנוכחותו המְצווה. אף שההלכה מבדילה לעתים בין "דבר מצווה" ל"דבר רשות",[7] המסר היסודי הוא שאף ממלכתו של דבר הרשות אינה מחוץ לתחומו של הא־לוהים אלא תחת השגחתו. לכן, לא רק ההימנעות מעץ הדעת הייתה מימוש הצו הא־לוהי, אלא גם אכילת פירותיהם של שאר עצי הגן – ושאר עצי העולם – אף היא חלק מעבודת הא־לוהים, חלק ממימוש "וַיְצַו ה' אֱ־לֹהִים". פסוק זה נאמר לאדם הראשון והשלכותיו הן אוניברסליות.[8]

מיצוי הזדמנות בממלכת הרוח

ההבנה שהזדמנות מולידה מחויבות בממלכתה של הרוח אינה רק תפיסה דתית אוניברסלית, אלא גם קטגוריה מרכזית בהשקפת עולם המבוססת על התורה. הכישלון בניצול הפוטנציאל הרוחני, הכישלון במיצויה של כוס חיי הרוח עד תומה, אינו רק סוג של סבילות חיוורת,

7. לדוגמה, אדם יכול להישבע בנוגע לדבר רשות, אך לא בנוגע לדבר מצווה. ראו רמב"ם, הלכות נדרים ג, ז–ח.
8. הגמרא (סנהדרין נו ע"ב) משתמשת בפסוק זה כנקודת מוצא לשבע מצוות בני נח, המוטלות על האנושות כולה.

אלא, לפי תפיסתם של חז״ל, ריקבון רוחני. כך יש לתאר את הכישלון הזה וכך יש לגנותו.

אצטט כמה דוגמאות, מכמה מישורים של חיי אדם. הגמרא ביבמות מדברת על מצוות ״פרו ורבו״. אדם עלול לחשוב שאם מישהו חייב במצווה זו ואינו מקיים אותה, כישלונו מתמצה בעובדה שלא קיים מצוות עשה. אף שאין זה רצוי להחמיץ מצווה, אדם זה לא עשה שום מעשה רע; הוא פשוט לא עשה מעשה טוב. אך לא כך דיברו חז״ל על אדם כזה:

> רבי אליעזר אומר: כל מי שאין עוסק בפריה ורביה – כאילו שופך דמים... רבי יעקב אומר: כאילו ממעט הדמות... בן עזאי אומר: כאילו שופך דמים וממעט הדמות (יבמות סג ע״ב).

כל זה נאמר על אדם שלא ניצל את ההזדמנות לקיים מצווה מסוימת, המורה לו להקים משפחה ולהוליד ילדים.

הבה נבחן עכשיו דוגמה מהתחום שבין אדם לחברו. הגמרא בברכות קובעת: ״ואמר רבה בר חיננא סבא משמיה דרב: כל שאפשר לו לבקש רחמים על חברו ואינו מבקש – נקרא חוטא״ (ברכות יב ע״ב). למשל, אם חברו חולה, הוא יכול היה לומר תהילים או להתחנן לקדוש ברוך הוא בעבורו; הוא לא עשה זאת, משום שלא חשב על כך, או משום שהיה עסוק בפעילויות אחרות. שוב, היינו אומרים שאדם כזה לא קיים מצווה מסוימת, אך לא היינו קוראים לו חוטא. אחרי הכול, אין כאן אפילו מצווה מוחלטת כמו פרייה ורבייה אלא גמילות חסד. ובכל זאת קבעו חז״ל: ״נקרא חוטא״.

אם ניקח דוגמה מתחום אחר, הגמרא בסנהדרין מציגה קביעה מבהילה בנוגע ללימוד תורה: ״׳כי דבר ה׳ בזה ומצותו הפר׳... רבי נהוראי אומר: כל שאפשר לעסוק בתורה ואינו עוסק״ (סנהדרין צט ע״א). אם אדם רוצה להבין את רמת החומרה שייחסו חז״ל לאדם כזה, עליו רק להתבונן בפירושים האחרים שמוצגים שם לאותו פסוק: ״זה האומר אין תורה מן השמים... זה אפיקורוס...״ וכו׳. ברשימה זו נכלל

גם אדם שהייתה לו הזדמנות ללמוד תורה ולא ניצל אותה. דבר דומה נאמר בגמרא בחגיגה; הגמרא שם קובעת: "שלשה הקדוש ברוך הוא בוכה עליהן בכל יום". ומי הראשון ברשימה זו? "שאפשר לעסוק בתורה ואינו עוסק" (חגיגה ה ע"ב). א־לוהים בוכה כביכול על הכישלון לתרגם הזדמנות למחויבות, למצות מבחינה רוחנית את מה שהיה בטווח השגה.

חז"ל תיארו את חשיבותה של ההזדמנות ואת הצורך לתרגמה לחובה לא רק במונחים מופשטים; לאור הרעיון הזה הם קראו את התנ"ך והתייחסו לדמויות מרכזיות בו. כך למשל אומרת הגמרא בברכות: "'ויאמר לא תוכל לראות את פני', תנא משמיה דרבי יהושע בן קרחה, כך אמר לו הקדוש ברוך הוא למשה: כשרציתי [= להתגלות אליך בזמן שהסנה בוער] – לא רצית, עכשיו שאתה רוצה – איני רוצה" (ברכות ז ע"א). הגמרא מתייחסת למשה באופן ביקורתי, בכיוון שפיתחנו כאן: הייתה לו הזדמנות לראות התגלות שכינה, ולא היו לו המשאבים הרוחניים או הכוח הפנימי למפגש כזה. היה זה כישלון, וההזדמנות שהוחמצה לא תשוב.

דוגמה בולטת אף יותר היא הגמרא בחולין (צא ע"ב), המצוטטת ברש"י (בראשית כח, י). הגמרא מוצאת חוסר עקביות בלוח הזמנים של יעקב, היוצא מבית אביו; נראה כאילו יעקב מגיע לחרן ואז חוזר לבית אל. רבי יצחק מסביר שיעקב הגיע לחרן ושם נוכח לדעת מה החמיץ: "אפשר עברתי על מקום שהתפללו אבותי, ואני לא התפללתי?". אני מניח שרובנו היינו יכולים לעשות זאת ללא קושי ולעתים תכופות. אך יעקב, בצומת מכריע של חייו, שם לב פתאום שהייתה לו הזדמנות והוא חלף על פניה. לא הייתה זו מצווה – אין שום מצווה להתפלל דווקא במקום שבו התפללו אבותיך – אך הייתה זו הזדמנות: למצוא השראה, להגדיר את משימתו ואת עתידו, ולשאוב כוח מחזרה לשורשיו. יעקב היה יכול לעשות כל זאת, אך לא עשה. הוא חלף על פני המקום שבו התפללו אבותיו, כאילו הייתה זו תחנת אוטובוס. ברגע שיעקב הכיר בכך, הכו בו חרטה ואשמה על שהזניח הזדמנות נפלאה. משום שהיה יעקב אבינו, הוא לא הסתפק בהתמסרות לחרטה מכרסמת אלא שב על עקבותיו.

פסקה ראויה לציון בירושלמי מרחיבה מושג זה הרבה מעבר למרחב הרוחני שבו אנו עוסקים:

> רבי חזקיה ר' כהן בשם רב: עתיד אדם ליתן דין וחשבון על כל שראת עינו ולא אכל. ר' לעזר חשש להדא שמועתא, ומצמיח ליה פריטין, ואכיל בהון מכל מילה חדא בשתא [= רבי לעזר חשש לאמרה זו, והקפיד לחסוך פרוטות, וקנה בהן מכל פרי בכל שנה] (ירושלמי קידושין ד, יב).

לאדם יש הזדמנות לקחת חלק בעולמו של הקדוש ברוך הוא, לבוא במגע ישיר, ולו כצרכן, עם יצירתו של הבורא; אף זה הוא סוג של קשר עם א-לוהים. למה חייב אדם לאכול מכל סוגי הפירות? יש פירות מסוימים שהוא אוהב ונוהג לאכול בכל שנה. אם פירושו של דבר הוא התנסות מוגבלת יותר בעולמו של א-לוהים – יהי כך. ואף על פי כן, על זה עתיד אדם ליתן דין וחשבון! אם ההזדמנות לאכול גויאבה מולידה חובה לעשות זאת, מה נאמר על הזדמנות להתפלל כראוי, ללמוד תורה כראוי, לעשות חסד כראוי, להיות מלא בתחושת נוכחות השכינה, לעשות תשובה כראוי? אנו נדרשים לחיות בתחושה של חובה מצד אחד, ותוך מודעות להזדמנות מצד שני. עלינו לפקוח עיניים ואוזניים כדי לתור אחרי הזדמנות, וחיינו צריכים להיות מלאים במודעות לזיקה שבינה ובין החובה.

הזדמנות וחובה ביחס לתשובה

שני המושגים הללו והזיקה ביניהם רלוונטיים במיוחד בנוגע לתשובה. החיים הם במידה רבה זירה של הזדמנויות, אך גם זירה של הזדמנויות מוחמצות. בעבור תינוק שנולד, העולם כולו הוא פוטנציאל. בהדרגה, הצרכים הדוחקים של החיים וההכרח לבחור בהגדרה עצמית מצמצמים את שדה פעילותו. הזדמנויות שעמדו בפניו, באופן תיאורטי, בשעת לידתו, מידלדלות ולבסוף נעלמות מן העין. מעבר להגבלה הטבעית

הזו, קיים גם כישלוננו לנצל הזדמנויות שעמדו בטווח השגתנו. לא היינו מספיק רגישים ומודעים, לא נתנו דעתנו לחשיבותו של ערך מסוים, או שלא התאמצנו מספיק לתור ולחפש אחרי הזדמנויות. עקב כך החמצנו כה הרבה מהפוטנציאל הרוחני רב הערך שעמד בפנינו. במבט לאחור, אנו מבינים שהיינו יכולים לבנות את חיינו טוב יותר, להעניק להם ערך רב יותר, לסדר אותם ביתר יעילות, לנצל את זמננו ואת מאמצינו ביתר תבונה. סדר העדיפויות שלנו יכול היה להיות נכון יותר. אנו מתבוננים לאחור על חיינו, ואף אם איננו רואים בהם רוע, אנו מוצאים בהם כל כך הרבה בזבוז. וגם בזבוז הוא חטא.

הגמרא במסכת שבת מלמדת אותנו על איסור "בל תשחית": "בל תשחית דגופא – עדיף" (שבת קמ ע"ב). כלומר: פגיעה בגופו של האדם עצמו חמורה יותר; בזבוז משאבים אנושיים גרוע מבזבוז רכוש. פי כמה גרוע יותר בזבוז של פוטנציאל רוחני, הפער בין מה שיכולנו להיות, מה שחייבים היינו להיות, ובין מה שאנו בפועל. בכל אדם נמצא הפער הזה; אצל אחדים הוא כביר ואצל אחרים הוא נראה קטן יותר, אך תמיד ישנו פער. הפער הזה הוא בזבוז של פוטנציאל אנושי שהיה בנו, של צלם א־לוהים שהעניק לנו הקדוש ברוך הוא. במובן כלשהו מיעטנו את צלם א־לוהים שבתוכנו. רוחנו יכולה הייתה לפרות ולרבות, ולא עשתה זאת. אולי נשמע הדבר כחומרה יתרה להציג זאת "כאילו שופך דמים", אך ודאי נוכל לדבר על "כאילו ממעט הדמות". לאדם רגיש מבחינה רוחנית, ההכרה הזו נוגה ומייסרת.

יחד עמה באה ההזדמנות לתשובה. תשובה אינה רק הזדמנות כשלעצמה; היא הזדמנות לתקן את כל ההזדמנויות המוחמצות. תשובה היא הדרך לשקם את האיזון, לקחת את כל הבזבוז ולא רק למלא אותו אלא לטלטל אותו, ואפילו להפוך אותו לכוח חיובי. כך לימדונו חז"ל:

> אמר ריש לקיש: גדולה תשובה, שזדונות נעשות לו כשגגות... איני? והאמר ריש לקיש: גדולה תשובה, שזדונות נעשות לו כזכיות! ...לא קשיא; כאן – מאהבה, כאן – מיראה (יומא פו ע"ב).

בתשובה כהלכתה, "זדונות נעשות לו כזכיות". לכן, אם החיים הם באופן כללי הזדמנויות המתורגמות לחובות, תשובה היא ההזדמנות להחזיר כל שהחמצנו, להתעמת עם הייסורים ולתקן את הכישלון. היא מאפשרת לנו לשקם את חיינו. כשהיא נעשית מאהבה, מאפשרת התשובה אף יותר מזה: להיבנות מתוך הכישלון, הבזבוז ומיעוט הדמות.

תשובה: שער וחלון להזדמנות

כשאנו מדברים על הזדמנות, אנו יכולים להתייחס לשני מובנים. ראשית, ישנה הזדמנות מתמדת – אדם יכול ללמוד תורה בכל יום ובכל שעה, בתוך הגבולות שמציבות חובותיו האחרות. שנית, ישנן הזדמנויות ספציפיות, המופיעות בזמן מסוים כתוצאה מצירוף ייחודי של נסיבות. בניסוח מטפורי יותר, אפשר לדבר על הזדמנות כשער ועל הזדמנות כחלון. השער פתוח תמיד, ואפשר לעבור בו בכל עת. חלון, לעומתו, סגור בדרך כלל, וכשהוא נפתח לרגע, אדם יכול להעביר דרכו את ידו. השער מייצג אפשרות תמידית, והחלון – הזדמנות חולפת.

על התשובה כהזדמנות לתקן הזדמנויות אבודות אפשר להתבונן משתי הזוויות הללו. במובן מסוים, התשובה אפשרית תמיד. בכל יום, בכל רגע, אדם יכול לשוב בתשובה. "שערי תשובה לעולם פתוחים" (דברים רבה ב, יב), וידו של הקדוש ברוך הוא, כביכול, תמיד מושטת. אך ישנם גם רגעים שבהם הוא דופק על חלוננו, רגעים שבהם אנו חווים את "קוֹל דּוֹדִי דוֹפֵק" (שיר השירים ה, ב). אז מתעצמת החובה שיסודה בהזדמנות. האפשרות המתמדת לתשובה היא ודאי מאתגרת ומחייבת כשלעצמה, אך כאשר א־לוהים אינו רק נכון לקבל אותנו במלכותיותו הנשגבת אלא מושיט ידו כלפינו ויורד אלינו, אוי למי שמחמיץ זאת, אוי למי שמשחזר את הפסוק "דוֹדִי חָמַק עָבָר" (שם, ו). כשההזדמנות ברורה יותר ומיידית יותר, גם החובה גדולה יותר.

ברוח זו יש להבין את הרמב"ם ורבנו יונה. יום הכיפורים הוא "קץ מחילה וסליחה לישראל". זוהי העת שבה הקדוש ברוך הוא אינו נוכח רק בחביון קיומו האין־סופי, אלא יורד אלינו. הנביא מורה לנו –

"דִּרְשׁוּ ה' בְּהִמָּצְאוֹ קְרָאֻהוּ בִּהְיוֹתוֹ קָרוֹב" (ישעיהו נה, ו), וחז"ל ביארו: "אלו עשרה ימים שבין ראש השנה ליום הכפורים" (ראש השנה יח ע"א; יבמות מט ע"ב). זהו "בהיותו קרוב", זוהי ההזדמנות הייחודית המאותתת לנו; וכשהיא מאותתת – היא מחייבת: "לפיכך חייבים הכל לעשות תשובה".

בחינה עצמית בעשרת ימי תשובה

מה התשובה הזו דורשת מאתנו? כמובן, אנו חייבים להתבונן בחיינו ביושר ובדקדוק כדי לראות היכן שגינו וכלפי מי. אך אין די בסוג הזה של התבוננות עצמית, משום שאם התשובה היא אכן הזדמנות לתקן הזדמנויות אבודות, עלינו להתייחס לאובדן ולבזבוז. עלינו להתעמת לא רק עם החוטא שבנו אלא גם עם העצל שבתוכנו.

כך קובעת הגמרא בברכות:

> אמר רבא ואיתימא רב חסדא: אם רואה אדם שיסורין באין עליו – יפשפש במעשיו, שנאמר: 'נחפשה דרכינו ונחקורה ונשובה עד ה''; פשפש ולא מצא – יתלה בבטול תורה (ברכות ה ע"א).

לנוכח דברי הגמרא, עולה השאלה: מדוע כאשר פשפש האדם במעשיו, לא בדק מראש האם ביטל תורה? אני חושב שהתשובה ברורה. כמובן, כשאדם בוחן את התנהגותו, בין התחומים שהוא בוחן ישנה גם השאלה אם הוא לומד תורה: "ותלמוד תורה כנגד כולם" (פאה א, א). אך הבחינה העצמית הזו מתמקדת בשאלה אם הוא חטא בביטול מצוות תלמוד תורה; ביטול תורה אינו רק חטא. בעוד הגמרא בסנהדרין מבקרת בחריפות אדם שהיה יכול ללמוד תורה ולא למד, הגמרא בחגיגה דנה בממד אחר של ביטול תורה – ממד שגרם לקדוש ברוך הוא, כביכול, לבכות. מדוע מתואר הקב"ה כבוכה רק על ביטול תורה ולא על חילול שבת או על אכילת מאכלות אסורים? משום שהבכי

אינו על החטא כשלעצמו; הוא על בזבוז המשאב הנפלא של חיי אדם, שהיה אפשר לפתח, וחלף זאת הופקר לריקבון. כאשר חז"ל מייחסים יסורים שאין להם הסבר לביטול תורה, הם מתייחסים לבזבוז, לכישלון במימוש הפוטנציאל הרוחני.

לפשפוש במעשים שמתאר רבא יש מרכיבים שונים. באופן כללי, אנו ודאי מזדהים עם האמרה הסוקרטית, שחיים שאין בהם חקירה עצמית – אינם כדאיים לחיותם (**אפולוגיה של סוקרטס** 38a); אך עלינו לזכור מה אנו חוקרים. עלינו לעבור בחינה עצמית בשלוש רמות שונות. ישנה הבחינה שעליה מדבר הרמב"ם בתחילת הלכות תשובה, כאשר אדם סוקר מה עשה ומה לא עשה. בקוטב השני, ישנה הבחינה של עצמיותנו: מי אני והיכן אני עומד בהשוואה למי שיכול הייתי להיות? בתווך, בין שני הקצוות הללו, מצטטת הגמרא את הפסוק ממגילת איכה "נַחְפְּשָׂה דְרָכֵינוּ וְנַחְקֹרָה וְנָשׁוּבָה עַד ה'" (איכה ג, מ), המתייחס למכלול התנהגותנו. הרב ז"ל דיבר לעתים קרובות על ההבדל בין "חטא", שהוא מעשה מסוים, ובין "דרכי חטאים", ההקשר השלם של סגנון חיים ואישיות שמהם צומח החטא ושבהם הוא משתמר. ההתייחסות למגמת החיים ולאופן הפעילות נמצאת בתווך בין הגדרת העצמיות לניתוח פעולות מסוימות.

בנוגע למושג של בזבוז משאבי הרוח והכישלון לממש את ההדרכה *carpe diem*, "נצל את היום", עלינו לבחון את עצמנו בכל שלוש הרמות: לבדוק את מעשינו, לבחון את דרכינו, וגם לחקור את עצם הווייתנו, את עצמיותנו הפנימית; זו השלישית היא אולי המעמיקה ביותר והכואבת ביותר.

כל זה תובעני וקשה ביותר. קשה דיו לעשות את מה שאנו חייבים בבירור לעשות ולהימנע ממה שברור שאסור לנו לעשות. כשאנו לא רק מחייבים עצמנו באמת המידה הבסיסית הזו, אלא מודדים את עצמנו בהשוואה למיטב, לפוטנציאל, ולכן רואים את עצמנו אחראים לכל הזדמנות שהיינו יכולים לנצל ולא ניצלנו – הדבר מכאיב, כפי שאמרתי, ואפילו מייסר. ועדיין, כאן אנו פוגשים לא רק את חובת התשובה, אלא גם את חסד התשובה.

תשובה כתשלומין

דיברתי לעיל על ההזדמנות לתקן הזדמנויות שהוחמצו. המינוח ההלכתי להזדמנות זו הוא "תשלומין". ישנם שני דגמים נבדלים בבירור של תשלומין. ראשית, לעתים אם החמצת את ההזדמנות הראשונה, אתה מקבל הזדמנות שנייה. הדוגמה המובהקת היא פסח שני (במדבר ט, ט-יד);[9] אם לא הבאת את קרבן הפסח בי"ד ניסן – לא רק אם היית טמא או בדרך רחוקה, כמתואר בתורה, אלא אפילו אם במכוון נמנעת מהקרבן – אתה מביא בי"ד אייר קרבן השלמה, פסח שני. בדומה לכך, אם לא הבאת את קרבנות הרגל ביום הראשון של החג, אפשר להביא אותם בשאר ימי החג.[10] אם לא עשית הבדלה במוצאי שבת, לפי ראשונים רבים תוכל להבדיל עד יום שלישי, בתורת תשלומין.[11] אין אנו יודעים מדוע התורה אפשרה תשלומין לקרבן פסח ולא לשמיעת שופר או לישיבה בסוכה. תהא הסיבה אשר תהא, בנוגע למספר מצוות מעניקה התורה הזדמנות שנייה.

הסוג השני של תשלומין מופיע במצוות תפילה. ההלכה מאפשרת להשלים תפילה שהוחמצה, ואחת האפשרויות היא לקשור זאת להבנה שהתפילה היא "רחמֵי", עתירה לרחמים (ברכות כו ע"א). שלא כמו במקרים קודמים, כאן אפשר להציע הסבר מדוע דווקא בנוגע לתפילה יש הזדמנות שנייה. התפילה היא ביטוי לבקשתנו, לעתירתנו, ואת זו לעולם אי אפשר להשתיק. לכן ישנו הבדל הלכתי בין תשלומין לקרבן פסח ולקרבנות הרגל ובין תפילת תשלומין. בכל הנוגע לפסח ולרגל, גם אדם שעבר על המצווה במזיד יכול להביא קרבן תשלומין; זוהי גזירת הכתוב. אך על תפילה יש תשלומין רק במקרה של שוגג, רק כאשר אדם שכח להתפלל או כאשר הנסיבות לא אפשרו לו להתפלל,

9. בגמרא נחלקו מהי ההגדרה המדויקת של פסח שני (פסחים צג ע"א-צג ע"ב), אך לענייננו נוכל להתייחס אליו כתשלומין.
10. גם כאן יש שתי דעות בגמרא (חגיגה ט ע"א) האם יש לראות זאת כתשלומין.
11. תוספות פסחים קז ע"א ד"ה אמימר; רא"ש פסחים י, יג; רמב"ם, הלכות שבת כט, ד; וראו טור ושולחן ערוך אורח חיים רצט, ו.

ולא אם במזיד נמנע מן התפילה. מכאן משתמע שבאופן יסודי לא היו אמורים להיות תשלומין לתפילה, כפי שאין תשלומין ברוב המצוות. אולם בהיותה "רחמי", התפילה היא עתירה, פנייה לבורא העולם, ושערים אלו לעולם אינם ננעלים. לפיכך, אם אדם החמיץ את התפילה במכוון, אם הוא ידע שהגיעה עת התפילה ולא רצה לקטוע את פעילותו האחרת ולהתפלל – לאדם כזה לא תינתן ההזדמנות להשלים את התפילה מאוחר יותר.

תשובה היא סוג של תשלומין, הזדמנות לתקן מה שלא השגנו בתחילה, וההזדמנות זו מעוגנת ב"רחמי". ל"רחמי" יש משמעות כפולה. מבחינת הקדוש ברוך הוא, זהו ביטוי של חסד וחמלה. כאשר השעון נסוב לאחור, כאשר העבר מעוצב מחדש, הרי זה מעל ומעבר להיגיון; זהו חסד א־לוהי. מבחינתנו, המשמעות היא פנייה לא־לוהים מתוך מעמקי חרטתנו, מתוך תשוקתנו לא רק לתקן אלא גם לבנות. במקום שבו יש "רחמי" מצדנו וגם מצדו, העול הכבד של הניסיון לבקר את חיינו, עם כל הדאגה והחרדה המתלווים אליו, מתועל לתשובה. ההתבוננות הפנימית במעשינו ובנתיב חיינו, שבמבט מסוים היא כה קשה ואף מייסרת, הופכת – כל עוד נפגשים בה "רחמי" מצדנו ומצדו – כה מרוממת וכה מאצילה. היא הופכת למימוש ההזדמנות לשקם כל שהוחמץ, שעתה – בחסדו האין־סופי של בוראנו – אנו יכולים לשמר ולפתח.

איננו רוצים להיות כאותו אסיר במדרש של רבנו יונה – אסירים של עצמנו, של עברנו, של כישלונותינו. אם יש בנו משאבי רוח, תשוקה לנוע, לבנות ולנצל את החסד המופלא של הקדוש ברוך הוא – החסד של תשובה, של סליחה וכפרה, של מחיית העוון והעונש, ויותר מכל: החסד של הקשר שלנו עמו – אזי מה שנראה היה כמשימה קשה כמעט לבלי נשוא הופך למקור שמחה. אז נפגוש בקדוש ברוך הוא המקבל אותנו ופותח לנו את השערים, "פתח לנו שער... כי פנה יום" (תפילת נעילה).

"וטהר לבנו לעבדך באמת"

בפרק הראשון של הלכות תפילה (א, ד) מסביר הרמב"ם שחכמים תיקנו נוסח קבוע לתפילה כדי לספק לה תשתית בסיסית, וכך לרומם את תפילתם של אלו שיתקשו לקיים את המצווה כראוי בכוחות עצמם. אך כפי שמבקרים הרבו לציין, על תפיסתנו את מילות התפילה ועל התנסותנו בהן משתלטת לעתים קרובות העובדה שהן חובה טקסית המוטלת עלינו; התכנים המסוימים של קטעי התפילה משפיעים עלינו פחות.

כל אחד יכול להעיד עד כמה ניסיונו מאשר זאת, וממילא להגדיר לעצמו את הצורך המקביל להתמודד עם הנטייה הטבעית למלמול שגרתי, שכנגדה נאבקו בעלי מוסר וחסידים בני כל האמונות.[1] ובכל זאת, כל אחד מאתנו יכול גם להעיד על חיבה יתרה לטקסטים מסוימים של התפילה, החודרים את מחסומי הביצוע השגרתי, מדברים אל מצבו הייחודי של האדם ופונים אל הווייתו הפנימית. מילים אלו מרוות את קיומנו בעושר רוחני ובעוצמה רוחנית, ולכן תופסות מקום מיוחד בלבנו.

עבורי, אחד הטקסטים הללו הוא התחינה המוכרת: "וְטַהֵר לִבֵּנוּ לְעָבְדְּךָ בֶּאֱמֶת". תחינה זו נאמרת לא רק בימים הנוראים, אלא בכל

דרשה שנאמרה בקהילת ישורון שבמנהטן, אלול תשנ"ב.

1. ישעיהו מתייחס בחריפות לתופעה זו, באומרו: "וַתְּהִי יִרְאָתָם אֹתִי מִצְוַת אֲנָשִׁים מְלֻמָּדָה" (ישעיהו כט, יג).

שבת ויום טוב, והיא תמיד הרשימה אותי כתמצית מרוכזת של כמה נושאים יסודיים. ברצוני לחלוק עמכם כמה מחשבות ורגשות בעקבות בקשה זו. נפתח בניתוח הגוונים השונים של התוכן המהותי המרוכז בסיומה – "לעבדך באמת".

מה מוסיפה "אמת" ל"עבודה"?

הבקשה "וטהר לבנו לעבדך באמת" מרמזת ש"עבודה" אינה כוללת בהכרח "אמת"; ההלכה יכולה להכיר באדם כעובד ה' אף שהוא עובד בלי אמת. מהו אפוא פשר הדרישה הנוספת, או לפחות השאיפה הנוספת, שמטיל ממד ה"אמת"?

אני מאמין שבהקשר זה עלינו לדבר לא על דרישה ושאיפה, אלא על דרישות ושאיפות, בלשון רבים. נקודה זו תתבהר אם נשאל עצמנו לְמה מנוגדת המילה "באמת". לאמת יש שני הפכים עיקריים ונבדלים, שכל אחד מהם רב־פנים: טעות ושקר. כל אדם בעל רגישות מוסרית מינימלית, שלא לדבר על חשיבה פילוסופית, יזהה את ההבדל המובהק בין השניים. הטעות עניינה במידת ההתאמה לעובדות, והשקר – בסילופן. כשאנו אומרים "וטהר לבנו לעבדך באמת", אנו מתפללים לאמת בשני מובניה. אנו מתפללים שעבודתנו תהיה טהורה הן מטעות והן משקר – תואמת לאמת מצד אחד, ונקייה מרמאות ואף ממרמה עצמית מצד שני. אך מהי מהות עתירתנו באופן ספציפי יותר? נוכל להבין זאת יותר אם נבחן את מרכיביהם של שני הפכי האמת.

אמת כמנוגדת לטעות

בדיוננו על מושג הטעות, עלינו להבחין בין טעות בהלכה, טעות באמונה וטעות בניסיוננו להבין את א־לוהים. טעות הלכתית כרוכה בפרשנות שגויה או ביישום שגוי של "דבר ה' – זו הלכה" (שבת קלח ע"ב; כריתות יג ע"ב). בעקבות מנהגו של רבי נחוניא בן הקנה (ברכות כח ע"ב) פסק הרמב"ם:

הנכנס לבית המדרש אומר: יהי רצון מלפניך ה' א-להי שלא אכשל בדבר הלכה, שלא אומר על טהור טמא ועל טמא טהור ולא על מותר אסור ולא על אסור מותר, ולא אכשל בדבר הלכה וישמחו בי חברי, ואל יכשלו חברי ואשמח בהם (הלכות ברכות י, כג).

בתפילה קצרה זו חוזרת פעמיים הבקשה "שלא אכשל בדבר הלכה". חזרה זו נראית מיותרת, אך ההסבר פשוט. הרמב"ם מזכיר כישלון זה בשני הקשרים. הראשון הוא לימוד תורה במישור העיוני הטהור. עבור בן תורה, טעות במישור הזה היא גורלית, הן מתוך מחויבות לאמת כערך אוניברסלי והן מתוך אחריות לחשיבות הייחודית של דבר ה'. שנית, ישנה אפשרות של שגיאה בשדה פסיקת ההלכה, שעלול להיות שדה מוקשים. לאפשרות שנייה זו מתייחס האזכור הנוסף של הכישלון האפשרי, ולכן המתפלל מזכיר את החשש שחבריו ישמחו בכישלון זה. עמיתים מקנאים עלולים אולי להתעלם משגיאות שיופיעו במהלך שיעור, כאשר המורה נותן דרור למחשבתו; אך פסיקה מעשית שגויה תעניק להם סיפוק עז ומיידי.

אנו מתפללים, אם כך, מתוך שאיפותינו הרוחניות, להגיע לאמת הלכתית בשני התחומים. אנו רוצים להכיר את אמיתה של תורה, למדוד את עומקיה ולשלוט בהסתעפויותיה. לכאורה, כל עוד עשה אדם כמיטב יכולתו, אין זה מאוד חשוב אם קלע למטרה. הגמרא אומרת: "אפילו חשב אדם לעשות מצוה ונאנס ולא עשאה, מעלה עליו הכתוב כאילו עשאה" (קידושין מ ע"א). אך זאת רק בנוגע לדינו של אותו אדם; ברמת ההישג, שאליו שואף איש הלכה שניחן ברגישות הלכתית – בניגוד לרגישות קאנטיאנית צרופה – יתייסר ייסורי נפש, שמילים אינן יכולות לתאר, לו יגלה לפתע שהתפילין שלו פסולות, ושתהא כוונתו אשר תהא, מעולם לא קיים מצוות תפילין.

גובל בשדה ההלכה אך עדיין נבדל ממנו, הוא התחום השני של טעות פוטנציאלית: עולם האמונות והדעות. אמונה היא ערך מרכזי בזכות עצמה וגם בסיס כללי לשמירת המצוות. מאז ימי הרמב"ם,

מחלוקת עזה ניטשה סביב השאלה אם יש למנות את האמונה בין תרי"ג המצוות. ברם מעבר לכל מחלוקת ברור מקומה החיוני של האמונה כמצע הגיוני ופסיכולוגי של חיי הלכה בכלליותם. זהו "עיקר" במשמעות שציין ר' יוסף אלבו בהקדמה **לספר העיקרים**:[2] היסוד השורשי שממנו נובעים יסודות אחרים ושעליו נשענת המערכת כולה. במובן זה ברור שהאמונה תופסת – וצריכה לתפוס – מקום חשוב בחיינו הרוחניים. אף שחוקרי תולדות הרעיונות מציינים שדוֹגמוֹת תופסות ביהדות מקום פחות מרכזי בהשוואה לדתות אחרות, במונחים מוחלטים האמונה מעוגנת עמוק ביהדות, אפריורי. כפי שהעיר ווייטהד, אי אפשר לחשוב על דת בלי דוֹגמה.[3] אם כן, הביטוי "לעבדך באמת" כולל גם אמת בתחום האמונות והדעות. אנו מתפללים שאמונתנו תהיה יציבה וטהורה, שלא תוכה בידי רוחות הספקנות והרלטיביזם, שלא תוכתם בכפירה פלגנית או בחריגה מדרכנו האורתודוקסית.

תפילה זו מעוררת צער נוקב באלו שנחשפו במידה משמעותית לכפירה ולספקנות. כפי שהעיר פעם הפילוסוף הצרפתי פול ריקר, אחרי שאבדה התמימות הדתית הזכה, אי אפשר לשקם אותה.[4] בין אם כך הוא הדבר ובין אם לאו, כשאנו מתפללים לטוהר הלב, כמיהה לאמונה תמימה היא במידה רבה חלק מעתירתנו. בנאום הפרידה שלו, מייעץ יהושע לעם, שדתיותו בינונית ופוסחת על שתי הסעיפים, "וְעַתָּה יְראוּ אֶת ה' וְעִבְדוּ אֹתוֹ בְּתָמִים וּבֶאֱמֶת" (יהושע כד, יד). משמעותו המקראית של התואר "תמים" אינה חופפת לגמרי את משמעותו בלשוננו, ובכל זאת, הצירוף "בתמים ובאמת" מלמד שאמונה תמימה היא חלק מהבקשה "לעבדך באמת".

מלבד הסכנות של שיירי ספקנות או כפירה, שברובם נובעים ממצב חברתי ותרבותי מסוים, אנו עומדים גם בפני סוג שלישי של

2. הדברים מפורשים אף יותר בהקדמה **לעץ שתול**, פירושו של ר' גדליה ליפשיץ **לספר העיקרים**.

3. Alfred North Whitehead, *Religion in the Making*, Cambridge 1926. הטיעון הזה מופיע לאורך הספר כולו, אך בעיקר בהרצאה השנייה, 'דת ודוֹגמה'.

4. Paul Ricoeur, *The Symbolism of Evil*, 1967, p. 351.

טעות, המאפיין את המצב האנושי בכללותו. מצוות האמונה, או אף ממלכת עבודת ה' בכללה, מטילות עלינו משימה הנדמית כבלתי אפשרית. נניח לרגע שאדם מגדיר עצמו כחסיד נלהב של האלוהות, שאותה הוא מתאר, רחמנא ליצלן, כפסל עץ. למרות אדיקותו המוצהרת, נתייחס אליו כשוטה במקרה הטוב וכעובד אלילים במקרה הרע, הראוי בצדק ללעגו של הנביא ישעיהו: "חֶצְיוֹ שָׂרַף בְּמוֹ אֵשׁ עַל חֶצְיוֹ בָּשָׂר יֹאכֵל יִצְלֶה צָלִי וְיִשְׂבָּע אַף יָחֹם וְיֹאמַר הֶאָח חַמּוֹתִי רָאִיתִי אוּר. וּשְׁאֵרִיתוֹ לְאֵל עָשָׂה לְפִסְלוֹ (יסגוד) יִסְגָּד לוֹ וְיִשְׁתַּחוּ וְיִתְפַּלֵּל אֵלָיו וְיֹאמַר הַצִּילֵנִי כִּי אֵלִי אָתָּה" (ישעיהו מד, טז-יז). אין חשיבות רבה לעובדה שאדוק זה מציג עצמו כמסור לשם שמים. השאלה המכריעה היא איך אדם תופס את בורא העולם. סגידה לכל דבר אחר מלבד א־לוהים הכל־יכול היא עבודה זרה, תהא הכותרת לסגידה זו אשר תהא.

אך האם מצבנו שלנו כה שונה במהותו? האם מי שמדמה את א־לוהים כראש ישיבה ארוך־זקן או כרמטכ"ל אינו נופל לאותה מלכודת? התורה משתמשת במונחים שונים כדי לתאר כביכול את א־לוהים, שלעתים מתגלה ונתפס כאיש מלחמה ולעתים כזקן אצילי וחביב.[5] ובכל זאת, א־לוהים הוא בהגדרה טרנסצנדנטי, נבדל, א־ל מסתתר (*Deus absconditus*), נחבא בזרותו הנומינוזית מעבר לטווח ההשגה האנושי. הוא "האחר לגמרי", כביטויו הנודע של רודולף אוטו,[6] ואי אפשר להשוותו לשום דבר אחר – "וְאֶל מִי תְדַמְּיוּנִי וְאֶשְׁוֶה יֹאמַר קָדוֹשׁ" (ישעיהו מ, כה). הוא "קָדוֹשׁ קָדוֹשׁ קָדוֹשׁ" (ישעיהו ו, ג) – טרנסצנדנטי, טרנסצנדנטי, טרנסצנדנטי. איננו יכולים להבינו, "כִּי לֹא יִרְאַנִי הָאָדָם וָחָי" (שמות לג, כ). הניסיונות לדעת אותו, אפילו במונחים

5. ראו בדברי המכילתא: "'אנכי ה' א־להיך', למה נאמר? לפי שנגלה על הים כגבור עושה מלחמות, שנאמר: 'ה' איש מלחמה'; נגלה על הר סיני כזקן מלא רחמים, שנאמר: 'ויראו את א־להי ישראל'" (מכילתא דרבי ישמעאל יתרו מסכתא דבחדש פרשה ה; ועיינו גם ברש"י שמות כ, ב).
6. רודולף אוטו, **הקדושה**, תרגום: מרים רון, הוצאת כרמל, ירושלים תשנ"ט, עמ' 29.

פילוסופיים צרופים, מחטיאים את מטרתם; כל תפיסותינו וכל הרהורינו עתירי הדמיון, מגדירים משהו אחר, מישהו אחר.

כאן אנו מגיעים להתלבטות מעוררת יראה. אנו מצווים לפנות אל הא־לוהים, ויש להניח שהיינו מבקשים אותו גם לולא הציווי הזה; ובכל זאת אנו יודעים שכל מאמצינו נידונים לכישלון, שלנצח נחמיץ את גדולתו. גרוע מכך, הרי זה כאילו אנו מקדישים את עבודתנו לגרסה מתוחכמת של פסל עץ, רחמנא ליצלן, שאותו הכתרנו כאלוהות. מצד שני, ככל שאנו דוחים בחומרה את האנשת הא־ל, כך קשה יותר להגשים את הציווי ואת השאיפה לפנות אליו, לאהוב אותו ולשרתו.

במישור המושגי, התלבטות זו אינה ניתנת לפתרון. אך במישור הקיומי אנו חיים כמצווים ועושים, בידיעה שמוטלות עלינו שתי חובות. מצד אחד, אנו מודעים לכובד משקלם של איסור עבודת אלילים ושל הפער העצום בין האנושי לא־לוהי. זהו לבה של היהדות; בנקודה הזו נפרד אברהם אבינו מהעולם האלילי, ובנקודה הזו אנו עומדים בניגוד קיצוני וקבוע לעמדה הנוצרית. מצד שני, אנו חייבים לפנות אל א־לוהים באופן מקיף ומתמיד: "שִׁוִּיתִי ה' לְנֶגְדִּי תָמִיד" (תהילים טז, ח). נמצאנו מחויבים להשתדל כמיטב יכולתנו האנושית להתעלות מעל לקונפליקט הברור הזה, לטהר את מושגינו ולשרת את א־לוהינו בהתאם. אנו יודעים ש"לא ניתנה תורה למלאכי השרת" (ברכות כה ע"ב ועוד), ולכן א־לוהים יקבל את עבודתנו על כל מגבלותיה. האיזון האופטימלי הוא "לעבדך באמת", עבודת ה' כנה וישרה, ואנו משתוקקים תמיד להגיע עדיה כשאנו מתפללים "וטהר לבנו לעבדך באמת".

אמת כמנוגדת לשקר

גם כשאנו עוברים מן הטעות אל השקר, יש לדון בכמה היבטים. הפתגם אומר שלשקר אין רגליים,[7] אך ודאי יש לו הרבה זרועות.

7. הפתגם מופיע למשל בדברי רש"י, משלי יב, יט; טור חושן משפט א; בית יוסף אורח חיים לו.

ישנה, ראשית, העמדת פנים גמורה, התמסרות מזויפת לעבודת ה', כאשר למראית העין יש רק קשר מועט למציאות. ככל שאנו נרתעים מהתנהגות כזו, ישנו אולי משהו שאפשר לומר לזכותה. מלומד בן המאה השבע עשרה, פרנסואה דה לה רושפוקו, הציע פעם שצביעות היא הודאתן של המידות הרעות בעליונותן של המידות הטובות.[8] ההודאה שבשתיקה, לכל הפחות כלפי חוץ, בעליונותה של האמת, אינה נטולת חשיבות. אין צורך להרחיב את הדיבור על צביעות פשוטה, והאוחזים בה בקביעות אינם מתכוונים למאומה באומרם "לעבדך באמת". בכל זאת ציינו בעלי המוסר בישראל ובאומות לאורך התקופות כי למרמה ולצביעות יש רמות רבות. אדמו"ר חסידי אמר פעם שאם היו נוטלים אתרוג בבית ולא בבית הכנסת, דומה שפחות אנשים היו מגלים עניין בדקדוקי המצווה; וכולנו נודה בצדק שבדבריו. אפילו לישרים שבינינו אורב תמיד הפיתוי של אדיקות ראוותנית. לרבנים ולראשי ישיבה זהו סיכון מקצועי; מעטים ישימו לב כמה זמן אורכת תפילת שמונה עשרה של פועל או עורך דין, בעוד המנהיג הרוחני מוקף תמיד בעיניים בולשות. אך גם עבור האדם הפשוט, הסיכון גדול דיו. תמיד גם קיים, כפי שמזכירים לנו בעקביות חסידי תנועת המוסר, החשש של אשליה עצמית. ירמיהו שאל "עָקֹב הַלֵּב מִכֹּל וְאָנֻשׁ הוּא, מִי יֵדָעֶנּוּ?" (ירמיהו יז, ט). התשובה המשוערת היא: אפילו לא אותו אדם שהלב הזה דופק בחזהו.

מלבד השקר שבזיוף, ישנו גם השקר שבהתחסדות, בקיום דתי שאינו הדבר האמיתי, משום שהוא רדוד וזול. ישנה רוחניות מזויפת, באותו מובן שישנם במוזיקה צלילים מזויפים; ישנו קיטש בתחום עבודת הא-לוהים, כשם שישנו קיטש בתחום האמנות: רגשות שטחיים, תגובות אוטומטיות וביצוע אפרורי. זהו התחום המוכר של "מִצְוַת אֲנָשִׁים מְלֻמָּדָה" (ישעיהו כט, יג) – ביצוע שגרתי, שעליו דיברנו בראשית דברינו, עולם של רוח יבשה ועשייה אדישה. גם אם הציות

8. Francois de la Rochefoucauld, *Reflections; or Sentences and Moral Maxims*, Maxim 218.

למוסכמות מצליח להניע עבודת א־לוהים מעין זו, אופיה השטחי הוא בעייתי מעצם טבעו.

דומה לשקר שבשטחיות הוא השקר שבדילול. זה מתייחס בחלקו לאיכותה הרוחנית של המצווה עצמה או לתכליתה, אך בעיקר לדחף המניע אותה. מן הזווית ההלכתית איננו נוטים לאמץ את שיפוטו של תומאס בקט, כפי שניסח אותו ת"ס אליוט ב**רצח בקתדרלה**: "הפיתוי האחרון הוא הבגידה הגדולה ביותר: לעשות את המעשה הנכון משיקול אחר".[9] חז"ל היו ודאי אומרים שבגידה גדולה יותר היא לא לעשות את המעשה הנכון כלל: "דאמר רב יהודה אמר רב: לעולם יעסוק אדם בתורה ובמצות אף על פי שלא לשמה, שמתוך שלא לשמה – בא לשמה" (פסחים נ ע"ב ועוד). יתר על כן, הראשונים הניחו בדרך כלל שבקיום מצוות מתוך מניע נסתר יש ערך עצמי, ולא רק כצעד הראשון בדרך לעשייה 'לשמה'.

ובכל זאת, המוטיבציה היא חיונית בקביעת איכותו של המעשה וערכו של העושה, ומסורתנו ידעה זאת היטב. החשש מגאווה רוחנית מעוגן עמוק בהלכה, באיסור על 'יוהרא' – לאדם אסור לאמץ חומרות שאינן הולמות את מצבו הדתי הכללי, רק מתוך רצון "לנפח" את האגו הרוחני שלו. הירושלמי (חגיגה ב, ב) מספר על אישה שסבלה מעונש חריג בגיהינום, אף שהעמידה פנים אדוקות בעולם הזה; היא אמנם צמה פעמים רבות, אך הקפידה לפרסם זאת. בפרק המוקדש למידת הטהרה, שעליה אנו מתפללים, מסביר בעל **מסילת ישרים**:

> שכמו ששייך טהרת המחשבה במעשים הגופניים, אשר הם מצד עצמם קרובים ליצר, לשיתרחקו ממנו ולא יהיו משלו, כן שייך טהרת המחשבה במעשים הטובים, הקרובים לבורא יתברך שמו, לשלא יתרחקו ממנו ולא יהיו משל היצר (פרק טז).

9. ת"ס אליוט, **רצח בקתדרלה**, תרגום: יהודה ויזן ואורית גת, הוצאת עכשיו, תל אביב 2009, עמ' 46. תומאס בקט היה הארכיבישוף מקנטרברי עד לרציחתו בשנת 1170.

בעקבות הגמרא בנדרים (סב ע"א) והספרי, קשר הרמב"ם את טהרת המחשבה במצוות עם המצווה המרכזית של אהבת ה':

> אמרו חכמים הראשונים: שמא תאמר הריני למד תורה בשביל שאהיה עשיר, בשביל שאקרא רבי, בשביל שאקבל שכר בעולם הבא? תלמוד לומר: 'לאהבה את ה'' – כל מה שאתם עושים לא תעשו אלא מאהבה (הלכות תשובה י, ד).

התחינה "וטהר לבנו לעבדך באמת" מתייחסת אם כן להיבטים שונים של בקשת האמת: הן להסתלקות מן הטעות בתחום ההלכה, האמונה או הגשמת הא־ל, והן לשחרור מן השקר, השטחיות והדילול.

שלמות ומיזוג בבקשת האמת

בקשת האמת אינה רק התרחקות מהטעות או גירוש השקר. יש בה גם היבט חיובי, שאולי מודגש מתוך היחס בין שתי מילים בשפה האנגלית: integrity, במובן הכפול של שלמות ויושרה, ו־integration, מיזוג.[10] "תּוֹרַת ה' תְּמִימָה" (תהילים י"ט, ח) – כך פותח תיאורן של התורה והמצוות בספר תהילים. משורר תהילים ממשיך ואומר: "מִשְׁפְּטֵי ה' אֱמֶת צָדְקוּ יַחְדָּו" (שם, י). יש אמת שנובעת משלמות כוללת, מעבודת ה' מקיפה. מובן אחד של "צדקו יחדיו" הוא אובייקטיבי, חיצוני: היבטים מסוימים של ההלכה קשים להבנה כשמתבוננים בהם כשלעצמם, ומוארים באור שונה לחלוטין כחלק מהמערכת בשלמותה. אך הקביעה "צדקו יחדיו" נכונה גם ברמת הסובייקט, האדם המקיים את משפטי ה'; יש אמת הנובעת מהעובדה שעבודת ה' של אותו אדם אינה רק עולם קטוע של מעשים נבדלים אלא יקום מקיף של עבודה.

לגורם זה משמעות יתרה אם אנו חושבים על עבודת ה' במונחים

10. לדיון נרחב ברעיון זה ראו בפרק 'שלמותה של התשובה' (להלן, עמ' 39).

של בקשת העצמיות הרוחנית הפנימית. כאשר פולוניוס אומר: "היה נא אמיתי לעצמך, ואז... לא תהיה כוזב לאף אדם",[11] הוא מציע את העצמיות כזהות אחידה ומגובשת. החיפוש אחרי עצמיות פרטית וייחודית אינו תופס בחשיבתנו היהודית מקום כה גדול כפי שהוא תופס בספרות האירופית המודרנית, ועם זאת הוא נוכח למשל בעולם החסידות.

חיפוש זה מעלה כמובן בעיות ברורות בהתייחס להיבט הפרטי של "אמת" ולאופן שבו כל יחיד מאגד את מכלול חייו. האמת היא מוניסטית ויחידה, אך במגבלות מסוימות גם פלורליסטית ומרובת פנים. צביון עבודת ה' של פלוני אינו חופף בהכרח לזה של רעהו. בבקשת האמת בעולמה של עבודת ה' אנו צריכים למצוא איזון בין כנותו של היחיד מצד אחד, ובין נאמנות למה שמסורתנו רואה כאופן לגיטימי של עבודה מצד השני. בקיצוניותו, הדגש על הכנות מוביל לגישה שממצות שורותיו הידועות של טניסון: "אמונתו של הספקן, אם הוא ספקן גם מבפנים, היא – האמיני – לפעמים, גדולה משל מאמין מופגן".[12] את זה, כמובן, אנו דוחים. אך בו בזמן עלינו להיזהר מלפנות לקצה השני ולחשוב רק במונחים מוניסטיים. האם יעלה היום על דעתו של מאן דהו לשלול את החסידות או המתנגדות? אנו מבקשים לצרף את האמת במובנה האובייקטיבי אל האמת בהתייחסותה אל הסובייקט, וזהו היבט מרכזי של בקשתנו את היושרה, השלמות, המיזוג והכוליות הרוחנית, פן חשוב של "לעבדך באמת".

עבודה צריכה אמת

בדומה ל"אמת", גם למונח "לעבדך" יש היבטים רבים. באופן כללי, השאיפה "לעבדך באמת" יכולה להתייחס לשלושה תחומים נבדלים.

11. **המלט**, מערכה 1, תמונה 3, תרגום: דורי פרנס.
12. אלפרד טניסון, **אל דביר החשכה** 96, תרגום: צור ארליך, הוצאת כתב, תל אביב תשע"ט, עמ' 59.

במישור אחד, "עבודה" מתייחסת למכלול מחויבותו של אדם לקדוש ברוך הוא ולשמירת מצוותיו. כשהתורה אומרת "אֶת ה' אֱ־לֹהֶיךָ תִּירָא וְאֹתוֹ תַעֲבֹד וּבִשְׁמוֹ תִּשָּׁבֵעַ" (דברים ו, יג), או כשהפסוקים בתהילים מורים "עִבְדוּ אֶת ה' בְּיִרְאָה" (ב, יג) וכן "עִבְדוּ אֶת ה' בְּשִׂמְחָה" (ק, ב), ברור שהם מתייחסים להיקף הכולל של החיים הדתיים.

אך במישור שני, חז"ל ייחדו מוקדים מסוימים של עבודה. בפירושו לפסוק "וּלְעָבְדוֹ בְּכָל לְבַבְכֶם וּבְכָל נַפְשְׁכֶם" (דברים יא, יג), המופיע בפרשה השנייה של קריאת שמע, הציע הספרי שתי משמעויות חלופיות ל"עבודה", מלבד המשמעות הפשוטה, המתייחסת לקרבנות:

> 'ולעבדו' – זה תלמוד... וכשם שעבודת מזבח קרויה עבודה, כך תלמוד קרוי עבודה. דבר אחר: 'ולעבדו' – זו תפלה... וכשם שעבודת מזבח קרויה עבודה, כך תפלה קרויה עבודה (ספרי עקב מא).

הספרי מצטט פסוקים כדי להוכיח את טענותיו, אך אינו מסביר מה מיוחד דווקא בשלושת היסודות הללו. אני מאמין שניתן להבין ללא קושי את המכנה המשותף – מפגש ישיר באופן יחסי עם השכינה: הקרבנות קרבים בבית ה', וכרוכים בראיית פני השכינה; התפילה מוגדרת מבחינה הלכתית כעמידה לפני המלך; לימוד תורה, מלבד ההיבט האינטלקטואלי שבו, מזמן לבעל המוטיבציה הנכונה גם מפגש עם נותן התורה, כפי שהרב הרבה להדגיש.[13]

כל מה שנאמר לעיל על השאיפה "לעבדך באמת" מתייחס ללא ספק ל"עבודה" במובנה הרחב, מכלול עבודת ה' של האדם. אך ברור שיש לו השלכות מיוחדות בנוגע ל"עבודה" במובנה הצר, לשלושת התחומים שמנה הספרי.

13. דברי רבי חלפתא מביעים היטב רעיון זה: "רבי חלפתא איש כפר חנניה אומר: עשרה שיושבין ועוסקין בתורה – שכינה שרויה ביניהם... אפילו חמשה... אפילו שלשה... אפילו שנים... אפילו אחד" (אבות ג, ו).

"לֹא יֵשֵׁב בְּקֶרֶב בֵּיתִי עֹשֵׂה רְמִיָּה דֹּבֵר שְׁקָרִים לֹא יִכּוֹן לְנֶגֶד עֵינָי" (תהילים קא, ז) – כך אמר דוד המלך על עצמו. ככל שאדם מתיימר להעמיק יותר בממלכת השכינה, כך הוא נדרש ליותר יושר וכנות. אם טהרת הגוף תנאי היא לכניסה למקדש, על אחת כמה וכמה שכך הוא בנוגע לטהרת הנפש: "כִּי אֵין לָבוֹא אֶל שַׁעַר הַמֶּלֶךְ בִּלְבוּשׁ שָׂק" (אסתר ד, ב) – הן בגוף והן בנפש.

אמת בתפילה: דרישה קשה

התחינה "וטהר לבנו לעבדך באמת" רלוונטית באופן מיוחד לתחום השלישי שמזכיר הספרי: התפילה. זאת בין היתר משום שהמפגש שבתפילה ישיר יותר מזה שבקרבנות או בלימוד תורה; אחרי הכול, בחלק גדול מתפילותינו אנו פונים לקדוש ברוך הוא בגוף שני. הפנייה "וטהר לבנו לעבדך באמת" יכולה להתפרש אפוא כבקשה לטהר את הלב לא רק כדי שיעשיר את החיים הדתיים באופן כללי, אלא כדי שיוכל לבצע את עבודתו הייחודית, שהיא התפילה. הלב צריך להיות טהור כדי שאדם יוכל להניח תפילין, ליטול לולב ואתרוג כראוי, אך בייחוד כדי שעבודתו שבלב תהיה כראוי. וכן הם דברי הגמרא: "'לאהבה את ה' א־להיכם ולעבדו בכל לבבכם', איזו היא עבודה שהיא בלב – הוי אומר זו תפלה" (תענית ב ע"א).[14] אך הבקשה לטהר את לבנו מתייחסת במיוחד לתפילה גם בגלל קושי ייחודי שיש לנו, כשאיננו זוכים לעזרה מגבוה, להגיע לתפילת אמת. הקושי הזה כפול הוא: חלקו מושרש בטבע האנושי וחלקו קשור במצבנו החברתי וההיסטורי.

נתחיל בקושי הראשון. בתפילה נדרשת כוונה ברמה גבוהה יותר מאשר במצוות אחרות. כך מסביר הרמב"ם: "כיצד היא הכוונה? שיפנה את לבו מכל המחשבות, ויראה עצמו כאלו הוא עומד לפני השכינה" (הלכות תפילה ד, טז). כיון שהדרישה לכוונה מוגדרת ביתר

14. על פי ספרי עקב מא. והשוו: ירושלמי ברכות ד, א, כט ע"א.

חומרה, קשה יותר לעמוד בה. הירושלמי מצטט אמוראים המתוודים שבזמן תפילת שמונה עשרה הם סופרים אפרוחים או לבני בניין, בעוד אמורא אחר מודה שבזמן התפילה הוא מהרהר בדקויות הפרוטוקול הדיפלומטי.[15] אם נדלג לתקופה מאוחרת הרבה יותר, הרב עמיטל אוהב לספר על תלמידי הבעל שם טוב, ששאלו אותו איך יוכלו לדעת האם צדיק שהגיע לאחרונה למקומם הוא צדיק אמיתי או מתחזה. הבעל שם טוב הציע: "בקשו ממנו סגולה בדוקה נגד מחשבות זרות בזמן התפילה. אם הוא יציע לכם סגולה כזו – הוא מתחזה".

בעיית האמת בתפילה חריפה יותר בעידן המודרני בכמה היבטים. לאדם מודרני, היקף הרלוונטיות של התפילה מצומצם הרבה יותר ממה שהיה עבור אבותיו. בניגוד לקודמיו בימי חז"ל או הראשונים, הוא חש פחות את הצורך בסיוע שמימי. המדע והטכנולוגיה אפשרו לאדם המודרני שליטה רבה יותר על סביבתו, והפחיתו את תחושת התלות, שהמהר"ל ראה כלב התפילה,[16] ואשר שליירמאכר אחריו ראה כלבה של הדת בכלליותה.[17] יתר על כן, לאור הנטייה הכללית לחולין, גם אדם המגדיר עצמו כדתי אינו משוכנע לגמרי במידת התועלת שבתפילה. בעומק לבו יש לעתים קרובות תחושה קלושה שמא בסופו של דבר חוקי הטבע או המקריות האקראית הם השולטים בחייו. בעבור רבים, רציונליזם מקיף מדכא **כל** הבעת רגש עמוקה. מתיו ארנולד חש שהחיים המודרניים הם "אזור חורפי" ו"תקופת ברזל" ("a wintry clime", "an iron time"),[18] וקינתו על עיקור הרגש בתקופה זו משמעותית במיוחד בנוגע לרגש הדתי.

15. ירושלמי ברכות ב, ד. בעקבות מקור זה, בין היתר, הקלו הראשונים בדרישות החמורות העולות מהגמרא בנוגע לכוונה בתפילה (ראו: טור אורח חיים קא ד"ה האידנא; רמ"א אורח חיים קא, א).
16. נתיבות עולם, נתיב העבודה, פרק א.
17. "היסוד המשותף לכל הביטויים המגוונים של הדתיות, והמבדיל אותם מכל יתר הרגשות, או, במילים אחרות, המהות הפנימית של הדתיות, היא זו: המודעות לתלותנו המוחלטת, שזהה למודעות ליחסנו לאלוהים" (Friedrich Schleiermacher, *The Christian Faith*, 1821-1822, Introduction, definition #3).
18. Matthew Arnold, 'Memorial Verses', 1850.

בכל הנוגע לעולם היהודי, התוצאה היא לעתים קרובות תפילה שהיא "לפי הספר" אך נעדרת להט; כנה, אך לא אותנטית. אם נתמקד ביהודי האורתודוקסי המודרני ובקהילתו, הנטייה והיכולת להתפלל כראוי ובלהט, בלב בוכה ממעמקים, לעתים קרובות לוקות בחסר באופן עגום. מהות התפילה היא "תְּפִלָּה לְעָנִי כִי יַעֲטֹף וְלִפְנֵי ה' יִשְׁפֹּךְ שִׂיחוֹ" (תהילים קב, א); אך היהודי המודרני אינו רואה עצמו באופן כללי כ"עני", ואף לו ראה עצמו כך, מן הסתם היה עדיין מתקשה להשיל את עכבותיו ולשפוך שיחו. בנוגע לתחום זה ודאי שומה עלינו להתחנן, בדחיפות ובלהט, "וטהר לבנו לעבדך באמת".

אמת כאיכות של חיינו הדתיים

כדי להעריך את ההשתמעויות של "לעבדך באמת" במלואן, יש להדגיש נקודה נוספת. הדרישה "לעבדך באמת" מגדירה היבט איכותי של קיומנו הדתי. היא אינה מתייחסת לשאלה **האם** אנו מקיימים מצוות או **עד כמה** אנו מקיימים מצוות, אלא לשאלה **איך** אנחנו מקיימים אותן. הנקודה מתוארת בבטחה בולטת בפסקה תמציתית, שבה מקיף הרמב"ן חלק גדול מדיונינו עד כה. בדחותו את השקפת הרמב"ם, שהפסוק "וּלְעָבְדוֹ בְּכָל לְבַבְכֶם" (דברים יא, יג) מלמד על מצוות תפילה בכל יום מדאורייתא, הרמב"ן טוען שבאופן כללי תפילה היא מצווה מדרבנן. את הפסוק שהזכרנו הרמב"ן מבין באופן שונה מאוד:

> ועיקר הכתוב 'ולעבדו בכל לבבכם', מצות עשה שתהיה כל עבודתינו לא־ל יתברך בכל לבבנו, כלומר בכוונה רצויה שלימה לשמו ובאין הרהור רע, לא שנעשה המצות בלא כונה, או על הספק, אולי יש בהם תועלת. כענין: 'ואהבת את ה' א־להיך בכל לבבך ובכל נפשך ובכל מאדך' (השגות הרמב"ן **לספר המצוות** לרמב"ם, מצוות עשה ה).

בלב העבודה שבלב, טוען הרמב"ן, נמצאת איכותן של כל המצוות,

האופן שבו אנו מתנסים בהן ומבטאים אותן. האופי האיכותי של "לעבדך באמת" ראוי לציון בכל הקשר היסטורי, אך אני חושב שהוא רלוונטי במיוחד עבורנו. בתקופתנו יראת שמים נמדדת לעתים קרובות, לפחות בתוך עולם התורה, באופן כמותי. בכל הנוגע לנושא השיעורים, כך הוא כפשוטו, באופן מילולי: אם אתה מאמץ את שיעורי החזון איש – אתה נחשב יותר כבן תורה, ואם אתה מסתפק בשיעוריו של הרב חיים נאה – פחות. כך קורה גם בתחומים אחרים: על כמה חומרות אתה מקפיד ולכמה שיטות הלכתיות אתה חושש בהתנהגותך המעשית – זהו נייר הלקמוס. יש לומר שבתחומים רבים יש אכן מתאם בין יראת שמים אמיתית להנהגות כאלו. אך המתאם הזה אינו הכרחי, ועבור אחדים ה'יוהרא', האדיקות הראוותנית שעליה דיברנו, עלולה להיות מניע חשוב. בכל מקרה עלינו להזכיר לעצמנו שהממד הכמותי אינו הגורם המכריע היחידי, ושהמפתח הוא הוראתו של הרמב"ן: "שתהיה כל עבודתינו לא־ל יתברך בכל לבבנו, כלומר בכוונה רצויה שלימה לשמו".

המודעות הזו לגורם האיכותי בעבודת השם שלנו מדגישה, במישור האישי, את הרלוונטיות של כמה נקודות שהוזכרו לעיל בנוגע למשמעותה של בקשת "אמת". צל הבלהות של השקר אינו נמצא רק אצל כופרים או מתחזים גמורים; הוא מתייחס גם אלינו. אין זה נכון שאדם נמצא באחד משני מצבים: עמוק במחנה השקר או מבוצר בבטחה במחנה האמת. ישנו רצף של רמות שונות בין כל אחד מהם. הדרקון של עבודת השקר מרים את ראשו המכוער בתוך לבו של כל אחד מאתנו, ובגללו על כולנו לבקש "וטהר לבנו לעבדך באמת".

עבד ועובד

הבה ננתח עוד את המשמעות של "לעבדה". השורש עב"ד יכול להתייחס לעבד או לעובד. המהר"ל מדגיש שעבודת ה' דורשת את שניהם.[19] הנצרות הקדומה הציגה מראשיתה ניגוד בין היות־בן

19. בפרקים הראשונים של 'נתיב העבודה' **בנתיבות עולם**.

להיות־עבד, בהתמקדה בראשון ובדחותה את האחרון. אך היהדות קיבלה ואף הללה את הרעיון של שעבוד האדם – ובייחוד היהודי – לא־לוהיו, למשל בפסוק "עֲבָדַי הֵם אֲשֶׁר הוֹצֵאתִי אֹתָם מֵאֶרֶץ מִצְרָיִם" (ויקרא כה, מב). עבדות זו מבוססת הן על מצבו המטפיזי של האדם והן, בהקשר היהודי, על הנסיבות ההיסטוריות של העם היהודי. כפי שביאר רש"י שם: "כי עבדי הם – שטרי קודם".

עבדות זו בשום אופן אינה מפקיעה את המעמד של בן או בת. כאשר הכתוב שואל "וְאִם אָב אָנִי אַיֵּה כְבוֹדִי וְאִם אֲדוֹנִים אָנִי אַיֵּה מוֹרָאִי?" (מלאכי א, ו), הוא אינו מציג בחירה הכרחית בין שתי אפשרויות אלא מערכת יחסים כפולה. בדומה, אחרי תקיעות השופר בראש השנה, כשאנו מציגים עצמנו "אם כבנים, אם כעבדים", אנו ודאי מניחים ששתי מערכות היחסים שרירות וקיימות. בתפילת "בריך שמיה" נאמר "אנא עבדא דקודשא בריך הוא",[20] כביטוי מורכב של ענווה מוחלטת וגאווה גדולה. יתר על כן – הוא חש שעבדותו לקדוש ברוך הוא משחררת אותו מכל יתר השעבודים והופכת את שאר צורות העבדות, יהיו השלכותיהן הכלכליות והפוליטיות אשר יהיו, לחסרות משמעות לחלוטין. "רבי נחוניא בן הקנה אומר: כל המקבל עליו עול תורה – מעבירין ממנו עול מלכות ועול דרך ארץ" (אבות ג, ה), ויש להבין זאת לא רק כהבטחה מטרימה אלא כהגדרה מכוננת. ברמה המהותית, אם אדם מקבל עליו עול תורה, אין הוא יכול לשאת גם בעול מלכות ובעול דרך ארץ; "'עבדי הם', ולא עבדים לעבדים" (בבא מציעא י ע"א).

כדי "לעבדך באמת" עלינו לקבל על עצמנו מעמד של עבד ה', ולהתמקד באופי האמיתי של יחסי האדם עם א־לוהיו. רק מעטים מאוד משיגים אותו במלואו. אפשר לספור על אצבעות יד אחת את מספר הדמויות בתנ"ך שזכו להיות מתוארות כעבדי ה'. הכמיהה לכך, על כל פנים, היא חלק בסיסי של קיומנו הדתי ומוטלת על כל יהודי.

20. על פי הזוהר, ויקהל רו ע"א.

טיהור

אחרי שהתווינו את המשמעויות של "לעבדך באמת", אנו פונים לבחון את הטהרה, שדרכה אנו מקווים להגיע למעלה זו. מבחינה הלכתית, ישנן שתי דרכים של טהרה. המנגנון השכיח ביותר, בנוגע לאנשים ולכלים גם יחד,[21] הוא טבילה במאגר מים – מקווה או מעיין: "וְרָחַץ בְּשָׂרוֹ בַּמַּיִם" (במדבר יט, ז). אך בנוגע לכלי חרס הורתה התורה דרך אחרת: "וְאֹתוֹ תִשְׁבֹּרוּ" (ויקרא יא, לג). יש כלים הספוגים בטומאה עד כדי כך שטבילה, המטהרת רק את פני השטח, אינה יכולה לטהרם. כלי חרס, הדוגמה המובהקת של בליעה מרובה בכל הנוגע למאכלים, יכול להיטהר רק אם שוברים אותו כליל, ומשבריו מכינים ישות חדשה.

כשאנו עותרים "וטהר לבנו", איזה סוג של טהרה אנו מבקשים מא-לוהינו? איך אנו מצפים שיטהר הוא את לבנו? מנקודת מבט שהיא באופן מובן אנושית ואנוכית, אנו מקווים לטהרה של טבילה: הנוהל הפשוט, המחטא ונטול הכאב, שדי בו כדי לטהר את פני השטח. לקראת סיום הווידוי של יום הכיפורים אנו אומרים: "יהי רצון מלפניך ה' א-לוהי וא-לוהי אבותי שלא אחטא עוד, ומה שחטאתי לפניך מחוק ברחמיך הרבים אבל לא על ידי יסורים וחוליים רעים" – לא עמוק מדי, לא קשה מדי. די יהיה בטבילה; מי מעוניין בשבירה? אך אם תפילתנו ותשובתנו כנות הן, אם בקשתנו "וטהר לבנו לעבדך באמת" היא עצמה אמיתית, אנו חייבים להיות נכונים – יתר על כן, עלינו ליזום – גם את הטיהור הקיצוני יותר.

המסורת היהודית מעולם לא נרתעה מלהכיר באופי הכפול, ואפילו הסותר, של בני האדם ושל הפוטנציאל שלהם. היה זה רצון הא-ל לבוראנו כישויות מורכבות, רבות פנים: דומים למלאכים, עטורים בכבוד וביקר,[22] אך גם "משולים כחרס הנשבר", כפי שאנו אומרים בפיוט "ונתנה תוקף". התפילה אינה מתייחסת רק לכלי חרס שנשבר

21. במאכלים אין דרך טהרה מקבילה.

22. ראו: תהילים ח, ו.

במקרה, כאשר הלמו בו רוחות הגורל הזועף, אלא גם לכלי שאם יש צורך בכך נשבר במכוון, כדי לכוננו מחדש, אולי לבוראו מחדש. "לֵב יוֹדֵעַ מָרַּת נַפְשׁוֹ" (משלי יד, י) – יש כה הרבה בתוכנו שאין די לו בטיהור קוסמטי, כה הרבה עד כדי כך שצריך להתיך וליצוק מחדש: יהירותנו, גאוותנו, אנוכיותנו, קנאתנו, רדידותנו והתחזותנו. במידה שיש בנו די יושר ואמת להכיר בצורך לבנות מחדש ולעצב מחדש את עצמנו, נתפלל גם לתהליכים הללו, יהיו כואבים כאשר יהיו.

הקדוש ברוך הוא, מצדו, הבטיח לנו שהוא נכון לטהר אותנו בשתי הדרכים. פסוק אחד מורה: "וְזָרַקְתִּי עֲלֵיכֶם מַיִם טְהוֹרִים וּטְהַרְתֶּם מִכֹּל טֻמְאוֹתֵיכֶם וּמִכָּל גִּלּוּלֵיכֶם אֲטַהֵר אֶתְכֶם" (יחזקאל לו, כה). אך הפסוק הבא מורה: "וַהֲסִרֹתִי אֶת לֵב הָאֶבֶן מִבְּשַׂרְכֶם וְנָתַתִּי לָכֶם" – אחרי שתישבר האבן – "לֵב בָּשָׂר", לב חי ופועם (שם, כו). כשאנו מתפללים "וטהר לבנו" אנו מבקשים את שתי הדרכים, כפי שבוראנו יבחר לנכון. אנו אומרים לו: אתה, א-לוהינו, הוא היודע לאיזו טהרה אנו זקוקים – לשבירה או לטבילה; אתה היודע באיזו דרך לנקוט ומתי. אנו פונים אליך באמון, באמונה ובאמת, שואלים ממך ומייחלים שתיתן לנו את דרך הטהרה הנחוצה לנו.

"וטהר לבנו" בימים הנוראים

לבקשה "וטהר לבנו" יש משמעות מיוחדת בראש השנה וביום הכיפורים, מעבר לזו שיש לה בשבת וביום טוב במהלך השנה. הדבר משתקף בכך שבימים הנוראים אנו מצרפים לבקשתנו נימוק: "כי אתה א-להים אמת", כך אנו אומרים בראש השנה, "ודברך אמת וקיים לעד". נימוק זה מסביר מדוע אנו זקוקים לטהרה – בלעדיה איך נוכל, בעודנו בטומאתנו, לגשת לא-לוהי האמת? – וגם מדוע אנו פונים במיוחד לריבונו של עולם שיאפשר לנו לעובדו באמת, שהרי הוא, בסופו של דבר, מקור האמת.

מעבר להבדל בין הימים הנוראים לשבתות וימים טובים, יכול להיות הבדל נוסף, בנוגע לדרך הטהרה, בין ראש השנה ליום הכיפורים.

ראש השנה הוא יום הבריאה, כפי שאנו אומרים בתפילת זיכרונות: "זה היום תחילת מעשיך, זיכרון ליום ראשון", ולכן גם יום של בריאה מחדש. ביום זה צומחת זהות חדשה, במישור האוניברסלי ובמישור האישי, ויצירה זו של זהות חדשה עלולה להיות כרוכה בביתור זו הקודמת. הטהרה בראש השנה היא בעיקר דרך השבירה הקיצונית והכואבת, ההולמת יום שהוא, כדברי הרמב"ן, בעיקרו יום דין, אף ששזור הוא ברחמים.

בניגוד לזה, יום הכיפורים הוא יום של רחמים, אף אם בתוך הקשר של דין; הטהרה שבו היא בדרך של "ורחץ בשרו במים". לכן כך מסיימת המשנה את מסכת יומא, בהתייחס ליום הכיפורים: "אמר רבי עקיבא: אשריכם ישראל; לפני מי אתם מיטהרין, מי מטהר אתכם? אביכם שבשמים".

שלמותה של התשובה

האם תשובה חלקית יכולה להיות כנה?

בפרק הקודם התייחסתי לנושא "וטהר לבנו לעבדך באמת", והתמקדתי בטווח המובנים של המונח "אמת" – בהשוואה לטעות מצד אחד ולשקר מצד שני – וברעיון המרכזי של התחינה "וטהר לבנו", בהתייחס לעבודת ה' ככלל ולתהליך התשובה בפרט. כעת ברצוני לחזור לנושא האמת שבתשובה, אך מזווית מצומצמת יותר.

כאמור לעיל, למונח האנגלי "אינטגריטי" (integrity) יש שני מובנים עיקריים. האחד הוא מיזוג בניגוד לקיטוע, יחידה שלמה שאינה רק פיסות וגזרים. השני הוא יושרה, בניגוד לכל דבר המדיף ניחוחות מרמה ושקר. מדובר במשמעויות נבדלות, מבחינה מילונית ומעשית גם יחד, ושאלתי היא אם הן בהכרח צמודות בכל הנוגע לתשובה. האם תשובה יכולה להיות אמיתית בעודה מוגבלת? האם היא יכולה להיות כנה וגם חלקית?

זוהי שאלה כפולה. ראשית, האם תשובה קטועה יכולה להיות כנה מבחינה סובייקטיבית. האם יכול אדם להתיימר בכנות להיות בעל תשובה בנוגע לעבירה אחת, בעודו אדיש ואטום בנוגע לאחרת? בהנחה שאדם מכיר בכך ששתי מצוות שוות בהיותן דבר ה', האם

דרשה שנאמרה בקהילת ישורון שבמנהטן, אלול תשנ"ז.

יכול אדם לחזור בתשובה על הזנחת האחת בעודו מתעלם מהשנייה? שנית, יש לשאול האם תשובה קטועה יכולה להיות אותנטית מהבחינה האובייקטיבית. האם יש לה לגיטימציה הלכתית, בהעניקה לאדם את התואר "בעל תשובה"? האם הקדוש ברוך הוא מקבל תשובה כזו? האם היא מביאה מחילה וכפרה?

בהתחבטותנו בנושאים הללו, ברצוני לשרטט נתיב כפול. ראשית אבחן בקצרה את תפיסתה של היהדות על עבודת ה' באופן כללי, ולאחר מכן אנתח את האופי והתפקיד של התשובה באופן פרטי.

תפיסתה הכפולה של היהדות את עבודת ה'

באחד הצמתים המרכזיים בנאום הפרידה הארוך של משה רבנו בספר דברים, נאום שהוא תערובת של תוכחה והדרכה, מפנה משה לשומעיו דרישה המתחזה לפשוטה:

> וְעַתָּה יִשְׂרָאֵל מָה ה' אֱ־לֹהֶיךָ שֹׁאֵל מֵעִמָּךְ כִּי אִם לְיִרְאָה אֶת ה' אֱ־לֹהֶיךָ לָלֶכֶת בְּכָל דְּרָכָיו וּלְאַהֲבָה אֹתוֹ וְלַעֲבֹד אֶת ה' אֱ־לֹהֶיךָ בְּכָל לְבָבְךָ וּבְכָל נַפְשֶׁךָ. לִשְׁמֹר אֶת מִצְוֹת ה' וְאֶת חֻקֹּתָיו אֲשֶׁר אָנֹכִי מְצַוְּךָ הַיּוֹם לְטוֹב לָךְ (דברים י, יב–יג).

בגמרא ראויה לציון במסכת ברכות (לג ע"ב) נתנו חז"ל דעתם לאופי המפתיע של הפסוק הראשון, ושאלו אם אפשר להציג יראת שמים כדרישה טריוויאלית ולומר שה' דורש "בסך הכול" יראת שמים. הגמרא משיבה: "אִין [= כן], לגבי משה, מילתא זוטרתא [= דבר קטן] היא".[1] עבור משה רבנו – והכלי יקר מוסיף: גם עבור מאזיניו – יראת שמים היא אכן דבר קטן, אף שערכו אין־סופי.

1. בהמשך הגמרא, רבי חנינא מביא בהקשר זה משל: "משל לאדם שמבקשים ממנו כלי גדול ויש לו – דומה עליו ככלי קטן; קטן ואין לו – דומה עליו ככלי גדול".

אך דומני שהפסוקים הללו ראויים לציון מעוד בחינה, וזאת אם נתבונן לא רק בפסוק הראשון אלא גם בשני. הפסוק הראשון מתייחס להיבטים העיקריים של החוויה הדתית והקיום הדתי, מחוזות חפצו של ה-*homo religiosus*, האדם הדתי: ליראה את ה', ללכת בדרכיו, לאהוב אותו ולעבדו. בפסוק הבא, לעומת זאת, חלף ערכים נשגבים ומרכזיים אלו אנו שומעים שלל פרטים: "לִשְׁמֹר אֶת מִצְוֹת ה' וְאֶת חֻקֹּתָיו אֲשֶׁר אָנֹכִי מְצַוְּךָ הַיּוֹם", את כל הציוויים שבספר דברים, שבהיותו "משנה תורה" כומס הוא בתמציתיות את התורה כולה. אנו פותחים באזכור ייעודים חוויתיים מרכזיים, ואז פונים, במעבר לחד, לשמירה מפורטת של המצוות.

האמת היא שפסוקים אלו מאפיינים בשלמות ובעומק את עבודת ה' הרווחת ביהדות. היהדות נעה לאורך ציר כפול, ודורשת מאתנו לנוע כך. במישור אחד ניצבים הנושאים הכבירים, מלאי ההוד, לוז קיומנו הדתי, שהם גם נקודת המוצא של חוויתנו הדתית וגם התכלית המיוחלת. במישור אחר, אנו פוגשים גודש של פרטים: מצוות רבות, שבכל אחת מהן פרטים משלה.

המוקד הכפול הזה מסמן את תפיסתנו בנוגע לנתיב שבאופן אידיאלי אנו חייבים להתוות. עולם ההלכה, אפילו במישור הנורמטיבי הצרוף של חובות ואיסורים, הוא הן פורמליסטי והן ערכי. הוא מטיל עלינו לערוג אל הנשגב והמוחלט, להושיט יד אל הכול־יכול – לערוג לאהבה, ליראה ולדבקות – ובה בעת, הוא מטיל עלינו משטר מקיף, גדוש פרטים, המתייחס לכל דקויותיהם של חיי היום־יום.

ברמה המיידית והגלויה, הממד השני נראה רחוק כל כך מהרטוריקה הנשגבת ומהמציאות המרוממת, המתבטאות בביטויים כדוגמת "לְיִרְאָה אֶת ה' אֱ־לֹהֶיךָ לָלֶכֶת בְּכָל דְּרָכָיו וּלְאַהֲבָה אֹתוֹ וְלַעֲבֹד אֶת ה' אֱ־לֹהֶיךָ". ואף על פי כן היהדות, וההלכה כביטויה העיקרי, מתעקשות לעסוק בשני ההיבטים יחדיו ולא רק במקביל. הרמב"ם אומר שקבלת עול שמים וקבלת עול מצוות הן שני מוקדים של מצווה אחת – קריאת שמע (הלכות קריאת שמע א, ב). הפסגות והמישורים, השירה והפרוזה, המיסטיקה הנשגבת והסעיפים הקטנים, כולם חלק

מקיום דתי שלם, שבתוכו יש לקדש את מכלול האישיות והחיים. השילוב הזה נמצא בבסיס היהדות ובליבתה; זוהי המוזיקה שלצליליה אנו צועדים.[2]

הכפילות בעבודת ה' נכונה גם בנוגע ליחסנו בדיעבד לחובה שהופרה. מצד אחד, אנו מכירים בכך שהייעודים המוחלטים של קיומנו הדתי כפופים בהכרח לשיפוט מכריע ומקיף של היחיד והכלל, "בדעתו של א־ל דעות" (רמב"ם, הלכות תשובה ג, א-ב). מצד שני, אותו רמב"ם עצמו דוחה את העמדה שגורלו או ייעודו הסופי של האדם, במונחי שכר ועונש, נקבעים רק לפי נטייתן של כפות המאזניים, שבהן מעשים גדולים מאפילים, או לפחות מצלים, על מעשים ומחדלים קטנים: "שירבעם בן נבט והדומים לו נפרעים מהם על עשיית העגלים – ועל ביטול עירובי תבשילין והדומה לו... ה' יתעלה נפרע מהם על החמורות ועל הקלות".[3] על כך יש להוסיף שגם ההפך נכון באותה מידה: "אין הקדוש ברוך הוא מקפח שכר כל בריה" (בבא קמא לח ע"ב), וכשמגיע לאדם שכר, אפילו על מעשה בודד, שכרו אכן יינתן לו.

כפילות הנשגב והמדוקדק בתשובה

תפיסה כפולה זו של הנעלה לצד הזוטר מעשירה גם את הבנתנו ואת התנסותנו בתשובה. בתורה אנו פוגשים שני מקורות עיקריים המדברים באופן ספציפי על תשובה, בנוסף לתוכחות הרבות הקוראות לנו לפנות לא־לוהים ולשוב אליו.

המקור הראשון, המצוטט בידי הרמב"ם **בספר המצוות** ובפרק הראשון של הלכות תשובה, כולל פסוקים מפרשת נשא, אשר חז"ל פירשו כמתייחסים למקרה של גזל הגר, שמת בלא יורשים:

2. שילוב זה מופיע בפסוקים נוספים, למשל: "אַחֲרֵי ה' אֱ־לֹהֵיכֶם תֵּלֵכוּ וְאֹתוֹ תִירָאוּ וְאֶת מִצְוֹתָיו תִּשְׁמֹרוּ וּבְקֹלוֹ תִשְׁמָעוּ וְאֹתוֹ תַעֲבֹדוּ וּבוֹ תִדְבָּקוּן" (דברים יג, ה).
3. 'אגרת השמד', **איגרות הרמב"ם** א, מהדורת הרב שילת, עמ' נה.

> דַּבֵּר אֶל בְּנֵי יִשְׂרָאֵל אִישׁ אוֹ אִשָּׁה כִּי יַעֲשׂוּ מִכָּל חַטֹּאת הָאָדָם לִמְעֹל מַעַל בַּה׳ וְאָשְׁמָה הַנֶּפֶשׁ הַהִוא. וְהִתְוַדּוּ אֶת חַטָּאתָם אֲשֶׁר עָשׂוּ וְהֵשִׁיב אֶת אֲשָׁמוֹ בְּרֹאשׁוֹ וַחֲמִישִׁתוֹ יֹסֵף עָלָיו וְנָתַן לַאֲשֶׁר אָשַׁם לוֹ (במדבר ה, ו-ז).

את הביטוי ״והתוודו את חטאתם״ אפשר היה לפרש כחלק מהתרחיש המסוים המתואר כאן: אם אדם עשק או גזל גר,[4] נשבע על כך לשקר ולאחר מכן התוודה, חייב הוא להשיב את הגזלה ולשלם קנס. אך חז״ל ביארו שהווידוי הוא הנחיה כללית; הביטוי ״והתוודו את חטאתם״ מלמד שהחוטא חייב היה לנהוג כך, ומכאן נלמד שבנוגע לכל חטא נחוץ וידוי כמרכיב מרכזי של התשובה.

המקור הספציפי השני בנוגע לתשובה, המוכר יותר לרובנו, מופיע בחלק האחרון של הפרשייה באחרי מות, העוסקת בעבודת המקדש ביום הכיפורים: ״כִּי בַיּוֹם הַזֶּה יְכַפֵּר עֲלֵיכֶם לְטַהֵר אֶתְכֶם מִכֹּל חַטֹּאתֵיכֶם לִפְנֵי ה׳ תִּטְהָרוּ״ (ויקרא טז, ל). לאור סיומו, מובן מדוע הפסוק מתפרש לעתים קרובות כהבטחה ולא כהוראה. למען מטרתנו כאן אאמץ, ולו לצורך הדיון, את עמדתו של רבנו יונה, שהביטוי ״תטהרו״ הוא בהקשר זה ציווי, ומשמעותו היא מצווה מיוחדת של תשובה ביום הכיפורים ולקראתו (**שערי תשובה** ב, יד). יתר על כן, ברצוני להתייחס לפסוק, כפי שפירשו רבנו יונה, כמאפיין סוג מסוים של תשובה, דרך של חשיבה על התשובה, גישה אליה ומימושה. את הדרך הזו אשווה לזו המגולמת בביטוי ״והתוודו את חטאתם״, המופיע בפרשיית גזל הגר.

בין שתי הדרכים הללו ישנו ניגוד בולט. הווידוי שבפרשת נשא מכונן היבט אחד של תגובה ספציפית, המחויבת מבחינה הלכתית, למעשה מסוים. במונחים אובייקטיביים, מעשה זה עלול להיראות בעל חשיבות מעטה. הסכום שנגנב יכול להיות זעיר, אפילו שווה פרוטה,

4. הרמב״ם מוסיף גם מקרה של אדם שהכחיש שקיבל הלוואה מהגר (הלכות גזלה ואבדה ז, ב).

כפי שאומרת לנו המשנה בבבא קמא (קג ע"א). הנפגע הוא גר, שיכול היה להיתפס כנמצא בפריפריה של הקהילה. ייתכן שהאירוע היה חריג, והתרחש רק פעם אחת, ברגע של חולשה או בנסיבות קשות, ואינו משקף בהכרח חולשה כללית של האדם במישור הדתי והמוסרי. ובכל זאת, "והתוודו את חטאתם".

מצד שני, הקריאה "תטהרו" בפרשת אחרי מות מופיעה בהקשר שונה בתכלית. לא מוזכר שום חטא מסוים ואולי לא נחזה בשום וידוי מפורט. היום אנו מורגלים במידה רבה לנוסח האלפביתי של "אשמנו, בגדנו", שהורחב בתקופת הגאונים לרשימה האלפביתית של "על חטא", שאותה שכללו עוד **החיי אדם** ואחרונים נוספים. אך נראה שרשימות אלו היו זרות כליל לחז"ל.

הגמרא במסכת יומא (פז ע"ב) עוסקת בווידוי שיש לומר ביום הכיפורים. היא דנה, ראשית, בשאלה באיזה חלק בתפילה יש לומר את הווידוי, ולאחר מכן בוחנת מה יש לומר. אחרי שהגמרא מציעה רשימה של כמה נוסחים לווידוי, היא מביאה את דברי מר זוטרא. לדבריו, כל הנוסחים הללו אינם נחוצים לאדם שאמר "אבל אנחנו חטאנו", והוא אינו צריך להוסיף על כך דבר. אין צורך לומר את כל "על חטא"; די בביטוי הקצר הזה. כך מסיימת הגמרא את דיונה:

> דאמר בר המדודי: הוה קאימנא קמיה דשמואל, והוה יתיב, וכי מטא שליחא דצבורא ואמר: אבל אנחנו חטאנו – קם מיקם. אמר, שמע מינה: עיקר וידוי האי הוא (יומא פז ע"ב).[5]

בנוסח הזה אין התייחסות לחטא מסוים, אין הצגה של חטאים מפורטים אלא רק הכרה כללית בהיות האדם במצב של חטא: "חטאנו". בניגוד לפסוק "והתוודו את חטאתם אשר עשו", שם נחוצים ההתמקדות

5. תרגום: שאמר בר המדודי: פעם עמדתי לפני שמואל, שהיה יושב. כאשר בא שליח הציבור ואמר: "אבל אנחנו חטאנו" – עמד. אמר: לְמד מכאן שעיקר וידוי הוא.

והפירוט, כאן עיקר הווידוי של יום הכיפורים הוא ההכרה הכללית באשמה ובחטא. וכפי שמציין הפסוק בפרשת אחרי מות, החיפוש המקביל אחרי תחייה מטהרת – "לפני ה' תטהרו" – הוא כנראה עיקר התשובה ההולמת וידוי זה.

הניגוד בין המקורות הללו משתקף בכתבי הרמב"ם. הוא פותח את הלכות תשובה בהתייחסות לאדם שחטא ורוצה לעשות תשובה. הרמב"ם מצטט את הפסוק העוסק בגזל הגר וקובע שהחוזר בתשובה מתוודה על חטאתו אשר עשה. אז מתאר הרמב"ם את הווידוי:

> כיצד מתודין, אומר: אנא השם, חטאתי, עויתי, פשעתי לפניך ועשיתי כך וכך, והרי נחמתי ובושתי במעשי, ולעולם איני חוזר לדבר זה; וזהו עיקרו של וידוי (הלכות תשובה א, א).

כדי שהתשובה תהיה מוחלטת והווידוי שלם, יש לנקוב בחטא במפורש.

מצד שני, כאשר הרמב"ם מתחיל לדבר על התשובה והווידוי של יום הכיפורים, הוא כותב:

> יום הכפורים הוא זמן תשובה לכל, ליחיד ולרבים... לפיכך חייבים הכל לעשות תשובה ולהתודות ביום הכפורים... הוידוי שנהגו בו כל ישראל: אבל אנחנו חטאנו; והוא עיקר הוידוי (שם ב, ז).

כאן אין האדם מתמקד במעשה מסוים ואפילו אינו מזכיר מעשה כזה אגב אורחא. תפיסת התשובה המוצגת כאן אינה של תיקון חטאים מסוימים אלא של דרישת א-לוהים: "דִּרְשׁוּ ה' בְּהִמָּצְאוֹ קְרָאֻהוּ בִּהְיוֹתוֹ קָרוֹב" (ישעיהו נה, ו). במידה שהווידוי עומד בבסיס החיפוש הזה, פשוט הוא ומקיף; לא על ידי מניית החטאים, אלא אדרבא – על ידי הימנעות ממניין.

אם כך, לפנינו שני אופנים שונים מאוד של תשובה: האחד ספציפי ומפורט, המתייחס למעשה מסוים, והאחר ייחודי ליום הכיפורים – החיפוש אחרי ריבונו של עולם, הערגה אליו ועיצוב אישיותנו כדי

שנהיה ראויים לדרישת א־לוהים וחדורים בה. כמובן, כל אחד מסוגי התשובה מתייחס להיבט אחר של החטא.

חמישה היבטים של החטא

רב־פנים הוא החטא; אנו יכולים לציין לפחות חמישה יסודות מרכזיים שלו. ישנו, ראשית, הרע כשלעצמו, עצם התועבה הפסולה. שנית, כל חטא מעניק קדימות לתשוקותינו שלנו, על פני היענות לסמכותו של הקדוש ברוך הוא. שלישית, ישנה ההשפעה על עצמיותנו: החטא מטמא, מכתים את הווייתנו הפנימית. רביעית, פעלנו כנגד ריבונו של עולם, ובזה פגענו כביכול בריבונותו הא־לוהית, כאשר עשינו משהו בניגוד לרצונו. לבסוף, יש קרע ביחסינו עם בורא העולם, כמתואר בפסוק: "עֲוֹנֹתֵיכֶם הָיוּ מַבְדִּלִים בֵּינֵכֶם לְבֵין אֱ־לֹהֵיכֶם" (ישעיהו נט, ב).

את חמשת ההיבטים הללו אפשר לחלק לשתי קבוצות: ההיבטים המוסריים וההיבטים הדתיים. באומרי "מוסריים" אינני מתכוון רק להלכות שהיינו מגיעים אליהן בכוחות עצמנו, בגלל משמעותן האתית. לצורך מטרתנו כאן אני כולל תחת כותרת זו גם מצוות שבין אדם למקום, ואפילו "חוקים" שאין להם טעם ברור העומד בפני עצמו. במונח "מוסרי" כוונתי כאן להיבטים של החטא שהם רעים כשלעצמם, בלי זיקה למערכת היחסים שבינינו ובין הקדוש ברוך הוא. זאת בניגוד למונח "דתי", שמשמעותו בהקשר זה היא התמקדות בממדי החטא הנוגעים ליחסינו עם בוראנו.

הממד השני הזה יכול ודאי להתפרש כבעל משמעות אוניברסלית: כל חוטא, יהא מי שיהא ויהא מקומו אשר יהא, הבדיל עצמו במעשיו מן הא־לוהים. אך יש לממד זה חשיבות יתרה עבור עם ישראל ברמה אחת ועבור היהודי היחיד ברמה אחרת, משום שמערכת היחסים היא אינטימית יותר. בהסבירו למה א־לוהים מתייחס לעצמו כ"א־ל קנא" (שמות כ, ד) בנוגע לעבודת אלילים, הרמב"ן (שם) קובע שמונח זה מופיע רק בנוגע לעבודת אלילים של עם ישראל ולא של אומות

העולם. האיסור על עבודת אלילים הוא אחת משבע מצוות בני נוח, אולם ממדי הבגידה, והקנאה כביכול שבאה בעקבותיה (יהא מובנה של קנאה זו אשר יהא),[6] מיוחדים לעם ישראל.[7] מה שנכון לגבי עבודת אלילים נכון לגבי מכלול קיומנו הדתי. כיון שיהודי קשור עם הקדוש ברוך הוא בברית שיש בה אינטימיות יתרה, כל מה שמחליש או קורע את הקשר הזה נשפט בחומרה יתרה.

כמובן, אם החטא הוא רב־פנים, כך גם התשובה. ישנה תשובה מוסרית, המתייחסת אל הרע כשלעצמו ומקבילה להכתמת העצמיות ולטומאתה – התשובה של "והתוודו". וישנה תשובה דתית, המאשרת מחדש את עול מלכות שמים ומנסה להתפייס עם הקדוש ברוך הוא – התשובה של "לפני ה' תטהרו".

תשובה חלקית לאור הממד המוסרי והממד הדתי

על רקע זה, הבה נחזור לשאלתנו הראשונית: איך נתייחס לתשובה חלקית – קטועה, לא סדירה או לא עקבית? אני מאמין שתשובה משוערת בוקעת ועולה בבהירות: לאור הפסוק "והתוודו את חטאתם", המתייחס לחטא פרטי מסוים, הרי שתשובה חלקית – אפילו נקרא לה תשובה סלקטיבית – היא אכן אפשרית. ברור שהמטרה הרצויה היא תמיד תשובה מוחלטת ומקיפה, אך היעדר הרמה המושלמת הזו של התשובה אינו מונע מבחינה הלכתית תשובה וכפרה.

6. מערכת הדימויים העשירה שבתנ"ך, המתארת את מערכת היחסים בין עם ישראל לקדוש ברוך הוא במונחים של אירוסין, נישואין, אוהב ואהובה, מחזקת את התפיסה של קנאת ה' ומבהירה שהמטפורה התואמת של בגידה כניאוף הולמת מאוד. ראו בפרק 'התכחשות, גירושין ושיקום', שם מפותח רעיון זה ביתר פירוט (להלן, עמ' 175).

7. ייתכן מאוד שיש השלכות הלכתיות להבחנה זו. נראה מדברי הרמב"ם (הלכות עבודה זרה ג, א וכן בהמשך ה-ו; והשוו: הלכות מלכים ט, ד) שעבור יהודים יש איסור כפול על עבודת אלילים: העובד אליל באופן שהוא דרך עבודתו הרגילה, וכן העובד אליל בעבודה שדרכה לשמים, אף שאין נוהגים לעבוד כך אליל זה. על אומות העולם חל רק האיסור לעבוד אלילים כדרכם.

הגמרא (חולין ה ע"ב) מתעדת מחלוקת בנוגע לשאלה אם מומר לאכול חֵלב, אדם שרגיל לאכול חלב אסור, מביא קרבן חטאת על אכילת דם בשוגג. הרמב"ם פסק (הלכות מעשה הקרבנות ג, ד) שלמעט מומר לעבודת כוכבים או לחילול בשבת בפרהסיא, מומר לעבירה אחת יכול להשיג כפרה על עבירות אחרות. יתר על כן, אפילו בנוגע לאותו החטא עצמו – אם ראובן גנב משמעון ומלוי, ורוצה לתקן את אחת הגניבות אך לא את השנייה – תשובתו מועילה. החריג היחיד הוא אדם השקוע כל כך בחטאו, עד שכל וידוי או תשובה שלו הם זיוף:

> היה מומר לעבירה והוא מפורסם וידוע לעשותה והורגל בה, בין להכעיס בין לתיאבון, אין מקבלין ממנו קרבן לאותה עבירה (שם).

מלבד יוצאי דופן אלו, חזרה חלקית בתשובה, אפילו בנוגע לאותו חטא עצמו, אכן אפשרית.

אך בכל הנוגע לתשובה הדתית, תשובתנו האינטואיטיבית שונה למדי. שיבה ופיוס מתמקדים בקשר של האדם עם הקדוש ברוך הוא. עלינו אפוא לשאול עצמנו: האם התחייה והלבלוב המחודש של מערכת היחסים הזו יכולים להיות סלקטיביים במכוון? האם בעל שהתעלל באשתו יכול להחליט להפסיק להכות אותה אבל להמשיך לצעוק עליה? האם אישה שבגדה בבעלה יכולה להיפרד ממאהב אחד רק כדי לקבוע פגישת־אהבים עם אחר? האם אהבה ונאמנות ניתנות לחלוקה, מבחינה כמותית או איכותית?

כל עוד אנו דנים בהיבט המוסרי של התשובה, בתיקונו של חטא מסוים ואפילו בתיקון עצמי בהתייחס לאותו חטא, אפשר להכיר במידה מסוימת של סלקטיביות, אף שזו ודאי אינה רצויה. אך אם אנו מדברים על איחוי ושיקום הקשר המתמיד שלנו עם ריבון העולם, הרי או שאנו מחויבים לו – או שלא.

הסתייגויות מן ההבחנה

מן התשובות האינטואיטיביות הללו, שלדעתי הן נכונות ביסודן, צריך גם להסתייג, וזאת בשני כיוונים. למרות הערותיי הקודמות, הלגיטימיות והתוקף של מעשה נתון – מצווה ראשונית או תשובה מסוג מסוים אחרי שאדם עבר עבירה – עלולים להיות מותנים ברמה מוסרית ורוחנית מסוימת; לאו דווקא בתשובה כוללת, אלא בבסיס מוצק שעליו יכולה וצריכה להיות מושתתת אפילו תשובה מינימלית. כך, למשל, אף שמומר לאכילת חֵלב יכול להביא קרבן לכפרה על אכילת דם, ייתכן שזאת רק אם הוא אוכל חלב לתיאבון ולא להכעיס.[8] דוגמה נוספת נמצא בנאום ההלל של הרמב"ם בשבח התשובה בפרק השביעי של הלכות תשובה, שבמהלכו מעלה הרמב"ם נקודה מפתיעה:

> כמה מעולה מעלת התשובה, אמש היה זה מובדל מה' א־להי ישראל, שנאמר: 'עונותיכם היו מבדילים ביניכם לבין א־להיכם'... ועושה מצות וטורפין אותן בפניו, שנאמר: 'מי בקש זאת מידכם רמוס חצרי', 'מי גם בכם ויסגר דלתים' וגו', והיום הוא מודבק בשכינה... ועושה מצות ומקבלין אותן בנחת ושמחה, שנאמר: 'כי כבר רצה הא־להים את מעשיך', ולא עוד אלא שמתאוים להם, שנאמר: 'וערבה לה' מנחת יהודה וירושלם כימי עולם וכשנים קדמוניות' (הלכות תשובה ז, ז).

לפי הרמב"ם, חלק מהניגוד בין המצב שלפני התשובה למצב שלאחריה הוא היחס למצוותיו של אותו אדם. לפני התשובה, אדם עושה מצוות – והקדוש ברוך הוא משליך אותן בפניו, כאומר: מי צריך את מצוותיך? הרמב"ם תומך יתדותיו בפסוקים מספר ישעיהו אך הוא מרחיב מאוד את השלכותיהם. ישעיהו מדבר שם על קרבנות

8. יש להודות שהרמב"ם (שם) לא הזכיר הבחנה זו.

ועל תפילה, ואפשר היה להציע שביקורתו התקיפה קשורה בעובדה שהחוטא מעז לגשת לחדרי־חדריו של הקדוש ברוך הוא,[9] אולם הרמב"ם נוקט שכך הוא בנוגע למצוות בכללן.

באופן כללי, יש לנו תחושה שתוקפה וערכה של מצווה יכולים להיות תלויים ברמה המוסרית והרוחנית הבסיסית של האדם. אנו חשים שמעבר לנקודה מסוימת, כאשר רשע רוצה לקיים מצווה, לא רק שאין כאן מעשה חיובי אלא יש כאן תועבה. הרגישות הזו משתקפת בפסוקים שמצטט הרמב"ם – אלו שבפרק הראשון של ספר ישעיהו, הנקראים בהפטרת שבת חזון, ואלו שבפרק נח, הנקראים בהפטרת יום הכיפורים. ברטוריקה צורבת, פסקאות אלו מתמקדות במידה רבה בניגוד שבין ריקבון מוסרי ובין התיימרות לתפקוד דתי, ומניחות בבירור שיכולות להיות מצוות שלא רק אינן לרצון לפני הא־לוהים אלא תועבה הן בעיניו.

באופן חריף אף יותר, אפשר לסייג את עמדתי המקורית בציטוט קביעה יוצאת דופן ומטילת יראה, המופיעה בירושלמי בקידושין (א, ט). בהתייחס לפסוק "זְבוּבֵי מָוֶת יַבְאִישׁ יַבִּיעַ שֶׁמֶן רוֹקֵחַ" (קהלת י, א), ביאר בן עזאי:

> זבוב אחד שמת, שמא אינו מבאיש שמן רוקח? וזה, על ידי חטא אחד שחטא – איבד כל זכיות שבידו.

חטא עלול להיות כה חמור, עד שימחה את כל זכויותיו של החוטא. עלולים להיות מצבים קיצוניים שבהם, אפילו במישור של המעשה היחיד, ממד התשובה של "והתוודו את חטאתם" מאפיל על כל הממדים האחרים, וקובע את ערכו ותוקפו של כל מעשה מוסרי או דתי. אך מצבים אלו הם קיצוניים ונדירים מאוד, מבחינה יהודית ומבחינה

9. יסוד זה משתקף בהלכות הנוגעות דווקא להיבטים האינטימיים במיוחד של החוויה הדתית, למשל: "זֶבַח רְשָׁעִים תּוֹעֵבָה" (משלי כא, כז), ותפילה, בתנאים מסוימים, גם היא נחשבת תועבה (ראו: ברכות כב ע"ב–כג ע"א; עירובין סד ע"א).

הלכתית, ואני מזכירם רק על דרך ההסתייגות. ההצהרה הבסיסית, שתשובה חלקית היא אפשרית ומועילה, בעינה עומדת.

ייתכן שחשיבות גדולה יותר יש להסתייגות ההפוכה: יש מקום לחלקיות ולסלקטיביות גם בממד התשובה שתיארנו כ"תטהרו". באופן תיאורטי, ההנחה שתשובת הטהרה חייבת להיות מוחלטת היא סבירה ביותר, מבחינה הגיונית ורוחנית גם יחד. אנו נרתעים בצדק מהמחשבה שאדם יתחנן לקדוש ברוך הוא לסליחה ולכפרה, ינסה לתקן את הקשר שנקרע ולייסדו על בסיס חדש, בעודו מזניח אזורים שלמים של חטא ושחיתות. אם נדבר על תשובה במונחים של טבילה מטהרת, נאמר שכשם שטבילה חלקית אינה מועילה (שולחן ערוך יורה דעה רא, א), כך גם תשובה חלקית. האדם או החפץ המיטהר חייב להיטבל כל־כולו.[10]

ובכל זאת, מבחינה קיומית, הדרישה לתשובה טוטלית ומקיפה היא דרישה כבירה, ואפילו מוחצת. האם נזכה להגשמת ההבטחה "כִּי בַיּוֹם הַזֶּה יְכַפֵּר עֲלֵיכֶם לְטַהֵר אֶתְכֶם מִכֹּל חַטֹּאתֵיכֶם", רק אם התקרבנו לשלמות? האם במצבנו הנורמלי והמדדה, ברוחנו הנלהבת לצד בשרנו החלש והמקרטע, כשאנו פוקקים חור אחד אבל מדלגים על אחר, יינעל בפנינו השער? אם רק מעטים מאתנו יצליחו אי פעם להתעלות מעבר לתשובה חלקית וקטועה, האם תידחה תשובה זו בתוקף כבלתי ראויה? אנו מקווים ומתפללים שהתשובה לשאלה הזו שלילית היא.

"תקפה עליו משנתו" לעומת "יישב ויסירם מלבו"

אם כך, מה נעשה עם האינטואיציה המוצקה שלנו שטהרה אינה יכולה להיות קטועה ושהממד הדתי של התשובה חייב להיות שלם? אני מאמין שאפשר ליישב את האינטואיציות שלנו עם תקוותינו, לאורה

10. עיינו בפירוש הרדיקלי ומטיל המורא למשנה האחרונה במסכת יומא (פה ע"ב), המצוטט בפסקה "תשובה שנתית" בפרק "לכל זמן" (להלן, עמ' 137).

של אנלוגיה מתחום אחר שבכל זאת קשורה לענייננו. המשנה באבות אומרת:

> רבי דוסתאי ברבי ינאי משום רבי מאיר אומר: כל השוכח דבר אחד ממשנתו – מעלה עליו הכתוב כאילו מתחייב בנפשו, שנאמר: 'רק השמר לך ושמור נפשך מאד פן תשכח את הדברים אשר ראו עיניך'. יכול אפילו תקפה עליו משנתו, תלמוד לומר: 'ופן יסורו מלבבך כל ימי חייך'; הא אינו מתחייב בנפשו עד שישב ויסירם מלבו (ג, ח).

מה המשמעות של "עד שישב ויסירם מלבו"? לפי רבנו יונה, אין מדובר רק באדם שמנסה במכוון לשכוח, בדומה לרבי זירא, שצם בהגיעו לארץ ישראל כדי לשכוח את תורת בבל (בבא מציעא פה ע"א). מדובר גם במי שאינו חוזר על לימודו כראוי, בהתחשב בנטייה האנושית לשכוח – מחשבה שצריכה להטריד בחורי ישיבה שאינם חוזרים על תלמודם כראוי. אך אם נניח לרגע בצד את התוספת של רבנו יונה, ברור שישנו הבדל גדול בין "ישב ויסירם מלבו" ל"תקפה עליו משנתו". מה אופיו של הבדל זה?

האדם ש"יושב ומסירם מלבו" שוכח לא בצער אלא באדישות, לא מתוך תחושת אובדן אלא מתוך חוסר אכפתיות. לא מאוד חשוב לו אם יזכור או לא. אין עבורו משמעות רבה להיותו בור במסכת מסוימת. מחויבותו ללימוד התורה ולידיעת התורה היא חלקית, לא רק מבחינת הישגיו אלא גם מבחינת שאיפותיו וערכיו. ההפך מזה הוא האדם ש"תקפה עליו משנתו"; שכחה באה אליו בגלל לחץ הנסיבות, בגלל החומר החדש שלמד או בגלל גורמים אחרים. אחרי שעשה כמיטב יכולתו, הוא מוצא עצמו עם ידע מוגבל ומעורבות מוגבלת, אך הוא צמא לעוד, ודואג משום שהישגו אינו ראוי או לפחות אינו שלם.

על דרך האנלוגיה, בהתייחס לתשובה חלקית, אני מאמין שעלינו להבחין בין זה שאינו מצליח לזה המסיר מלבו באופן פעיל. אם אדם כמה לתשובה שלמה, מתוך מחויבות ומעורבות, אך נע בנתיב הזה

לאט ובהדרגה, נתקל במכשולים שונים ולכן אינו מצליח לממש את כל שאיפתו – זוהי תשובה המייחלת לטהרה ולכן, במידה משמעותית, אכן טהורה היא. אך אדם שפועל לקראת תשובה רק בתחומים מסוימים ואינו מוטרד מכך שאינה משפיעה על תחומים אחרים, עליו אפשר לומר שהוא מסיר את לבו מתחומים אלו. ייתכן שהוא מתקן חטא מסוים וזוכה לתשובה של "והתוודו את חטאתם". אך טהרה, בנסיבות אלו, ודאי אינו משיג.

אם כך, ישנם משמעות וערך לתשובה חלקית. ראשית, ברמה של "והתוודו את חטאתם", היהדות מכירה גם בערכו של המקוטע; יש חשיבות לכל יום, לכל מעשה ולכל רגע. שנית, אפילו ברמת הטהרה יכולה להיות תשובה של טהרה חלקית. זאת, בלבד שהתשובה החלקית אינה תוצאה של חוסר עניין אלא של חוסר יכולת, ובתנאי שקיימת הערגה ומפעמת התחושה: "הקדוש ברוך הוא ליבא בעי" (סנהדרין קו ע"ב).

סלקטיביות כערך רצוי

אצעד צעד נוסף ואטען שבטהרה, כמו בעבודת ה' בכללה, מידה של סלקטיביות אינה רק מותרת אלא אף רצויה. בהינתן חובת האמונה הבסיסית בקבלת עול מלכות שמים ועול מצוות, בהינתן חובתנו לדבוק בא־לוהים ובדברו, אני מאמין שברמת המימוש דרגה מסוימת של סלקטיביות ושל קביעת סדר עדיפויות היא בלתי נמנעת ואפילו רצויה. ברור שאין לגלות אדישות כלפי חטא כלשהו. איננו יכולים לטבול כאשר שרץ בידינו. אך כדי לעקור לא רק את הטומאה כשלעצמה אלא את שורשי הרוע, כדי לנסות לחדש את אישיותנו ולהחיות את הווייתנו הרוחנית – מוטב שנתקדם מתוך דגשים מרוכזים ונבחרים. אי אפשר להסתער בלהט זהה בכל החזיתות. אפילו לו יכולנו, יש הרבה מה לומר – בנוגע לעבודת ה' בכלל ובנוגע לממד ההתחדשות שבתשובה בפרט – בזכות ניתוב האנרגיות לאזורים מסוימים.

נקודה זו הובהרה בעוצמה בידי **האורחות חיים**, המצטט כמה

מחכמי פרובנס. אחרי שכתב שהחסידים הראשונים היו מקפידים לקיים את כל תרי״ג המצוות במלואן ולא עברו עליהן מימיהם, הוסיף **האורחות חיים:**

> ותנן נמי (קידושין לט ע״ב): כל העושה מצוה אחת מטיבין לו ומאריכין [לו ימיו, ונוחל את הארץ], ואמר בירושלמי (קידושין א, ט): זה שיחד לו דבר מצוה ולא עבר עליה מימיו.[11]

כהוכחה לדבריו, מצטט **האורחות חיים** דוגמאות מהגמרא, שבהן אמוראים מציינים על איזו מצווה הם מקפידים במיוחד, כמו ציצית, תפילין או שלוש סעודות בשבת. הוא קושר רעיון זה באופן מבריק לגמרא במסכת מכות (כג ע״ב-כד ע״א), שבה ״נדחסו״ תרי״ג מצוות לכדי עקרונות כלליים – אחד עשר, שישה, שלושה או אחד:

> והיינו: בא דוד והעמידן על י״א, שאלו יעשה אותן בדקדוקן ובמאמרם, ויעשה בהן גדרים שלא יעבור עליהן מימיו, נקרא צדיק ונוחל העולם הבא. כן נמי: בא חבקוק והעמידן על אחת, לומר שאם יחזיק בה כמאמרה ובדקדוקיה, אף על פי שאין יכול לדקדק בכל המצות במאמרן ובדקדוקן, בזו לבדה נקרא חסיד ונוחל העולם הבא. וכן אמרו ז״ל: כל העושה מצוה אחת יתירה על זכיותיו מטיבין לו, ופירש בירושלמי: זה שייחד לו מצוה ולא עבר עליה מימיו.[12]

האורחות חיים מביא זאת בשם רבנו משולם בן יעקב, מחכמי פרובנס

11. **אורחות חיים** חלק א הלכות ראש השנה אות כה – ענינים אחרים מתשובה.
12. בדרך כלל מפרשים את הגמרא בקידושין במונחים כמותיים, כאומרת שאם לאדם יש מצווה אחת **מעל ומעבר** לזכויותיו האחרות, היינו: שכפות המאזניים שקולות והוא מוסיף מצווה אחת, אז ״מטיבין לו״. אך בעל **האורחות חיים** הסביר זאת באופן שונה, וקשר גמרא זו לדברי הירושלמי על אודות אדם שמקפיד במיוחד על מצווה מסוימת.

במאה השתים עשרה. רבנו משולם אינו מפרט מהו הבסיס להשקפתו אך משמעותה ברורה. קיום מצווה אחת "כמאמרה" מעניק לעבודת ה' של האדם ממד איכותי, שלא ניתן בקיום זהה ואחיד של תרי"ג המצוות. קיום מצווה "כמאמרה" מעלה את המודעות, מחדד את המחויבות, מעצים את הקשב ואת הנכונות, וממריץ את כל ישותו הרוחנית של האדם לקיום אותה מצווה נבחרת. התוצאה אינה רק קיום מצווה ברמה גבוהה יותר, אלא התעלות בכל עבודת ה' של אותו אדם, גם במצוות שלא היו במוקד תשומת הלב המיוחדת. עוצמה רוחנית שעד כה לא נוצלה, שלא הושגה ושאולי אף לא חלמו עליה, חושלה בכּוּר המצווה שקוימה "כמאמרה"; ויחד איתה מתחשלות גם זהותו הדתית וחווייתו הדתית של האדם.

כל זה בנוגע לעבודת ה' של האדם לפני שחטא. בדומה לזה, נוכל לדמיין את האיכות והרמה של התשובה שיעשה אחרי החטא, אם יקיים היבטים מסוימים של התשובה "כמאמרם". גם אם בתחומים אחרים תשובתו אינה כה נמרצת ומקיפה, יש מקום לא להתייחס אליה כפסולה.

תשובה בבקיאות ותשובה בעיון

באנלוגיה נוספת לעולם לימוד התורה, נציג השוואה בין דרכי לימוד ודרכי תשובה. בישיבות רבות היום – ויש לכך מקבילות בעולם האקדמי – מחולק יום הלימודים בין לימוד בעיון ולימוד בבקיאות. האחרון מטרתו לכסות שטח נרחב ולספק ידע מקיף, אף אם שטחי, בעוד הראשון מכוון לחדד את המיומנויות, לפתח גישה שיטתית ולחקור על אודות הפרטים הקטנים.[13]

13. להבחנה זו, הידועה יפה לחז"ל, יש השלכות הלכתיות. הגמרא בסוכה (כח ע"ב) דנה בשאלה אם אדם חייב ללמוד תורה בסוכה, ומגיעה למסקנה שאם מדובר בלימוד בבקיאות, שאין נחוץ לו ריכוז עילאי, אפשר לעשות זאת בסוכה, על אף ההפרעות השונות שאולי יהיו. אם הוא לומד בעיון – יעשה זאת בביתו. בדומה לכך, הגמרא בתענית (י ע"ב) שואלת אם תלמידי חכמים צריכים לעסוק בתורה בהולכם בדרך. שוב, התשובה מבחינה בין בקיאות לעיון: אם הנושא הוא

שני הסוגים של לימוד התורה נחוצים כמובן: מצד אחד, אדם רוצה לגעת בתורה כולה כמיטב יכולתו ולהכיר את יסודותיה הבסיסיים. אדם רוצה לוודא שמבחינת גישתו לתורה שום תחום לא יהיה זר לו ושום מושג לא ייראה לו כאילו אינו רלוונטי. מצד שני, אם אדם רוצה להיות תלמיד חכם, הוא חייב לעסוק גם בסוג הלימוד שיאפשר לו לפתח כישורים, לעצב גישה, לחדד את עצמו ולרכוש הבנה מעמיקה; זהו היבט איכותי ולא כמותי. האיזון בין לימוד מקיף ללימוד מעמיק יסייע לו להתקדם בשתי החזיתות.

כשם שיש לימוד בבקיאות ולימוד בעיון, כך יש תשובה בבקיאות ותשובה בעיון. ברמה הבסיסית ודאי חייב אדם לערוך דרישה וחקירה על כל טווח חייו, על כל ממדי פעילותו ועל כל היבטי אישיותו, ערכיו ועצמיותו. אדם צריך להיות בטוח שבשום תחום אין הוא "יושב ומסירם מלבו"; שעל שום דבר אינו אומר: "זה לא חשוב, זה לא משנה". אם זו הלכה, אם זהו ערך מוסרי – זה חשוב. אך בה בעת, יש לשבח ולהמליץ על תשובה בעיון, המתמקדת בתחומים מסוימים. אלו ייבחרו בחלקם על בסיס חשיבותם האובייקטיבית, ובחלקם, כפי שראינו בדברי **האורחות חיים**, על בסיס נטייה אישית. בתחומים הללו אדם עושה מאמץ מיוחד, מגיע לרמה גבוהה יותר, מרחיק לכת עוד ומעמיק לחקור; שם מבקש האדם לקיים תשובה "כמאמרה". ושוב, במידה שאדם שואף לתשובה מעמיקה יותר בתחום מסוים ומשיג אותה, בייחוד בתחום שהגדרנו כמישור הדתי, משם יתעלה הקשר שלו לריבון העולם לרמה גבוהה יותר.

התשובה של ראש השנה והתשובה של יום הכיפורים

כשאנו מתבוננים ביום הכיפורים, לָמה אנו שואפים ומצפים? ברמה אחת, אנו מבקשים את התשובה של "והתוודו את חטאתם", לטהר

באופן יחסי שטחי, ולא יפגע בתשומת לבם לדרך ובערנותם למתחולל סביבם, יכולים הם ללמוד; אך אל להם לשקוע עמוק בלימוד עיוני.

עצמנו מטומאות מסוימות, לגלות ולתקן את כשלינו. אנו עושים זאת כשעינינו נשואות לשלמות, אם נוכל; אך גם אם נגלה בכנות שאיננו יכולים להשיג תשובה שלמה, נכיר בערכה של תשובה חלקית ואפילו סלקטיבית. ועדיין, כל זה בתנאי **שלעולם** לא "נשב ונעקור מלבנו". אנו עומדים ביום הכיפורים מול הקדוש ברוך הוא, אחרי שניסינו במשך שנה, במידה כזו או אחרת, להיות עובדי ה׳, אחרי שהתאמצנו עוד במשך אלול ובעשרת ימי תשובה. יודעים אנו שאחרי הכול איננו שלמים ואף לא מושלמים, ומתוך חוסר שלמותנו אנו מתחננים ומפצירים, מייחלים ושואפים. ובלבד שנוכל לומר בכנות שאם איננו שלמים, הדבר כואב לנו. אם איננו שלמים, אנו דואבים על כך. אם אנו מועדים ואומרים לקדוש ברוך הוא שהנסיבות תקפו עלינו, שהלחצים והכשלים גברו עלינו, איננו יכולים להיות אדישים. מתוך התחושות והגישות הללו, אנו יכולים להציג עצמנו כטהורים במובן מסוים, גם אם איננו טהורים כליל במובנים אחרים.

בהקשר זה, יש הבדל בין ראש השנה ליום הכיפורים. ראש השנה, מלבד אופיו הייחודי, הוא גם יום תשובה; בו פותחים עשרת ימי תשובה. אך התשובה של ראש השנה שונה מזו של יום הכיפורים. המדרש מפרש כך את הפסוק הראשון של מזמור כז בספר תהילים, "לְדָוִד ה׳ אוֹרִי וְיִשְׁעִי":

> רבנין פתרי קרא בראש השנה וביום הכפורים. ׳אורי׳ בראש השנה, שהוא יום הדין, שנאמר: ׳והוציא כאור צדקך ומשפטך כצהרים׳. ׳וישעי׳ ביום הכפורים, שיושיענו וימחול לנו על כל עונותינו (מדרש תהילים כז, ד).

המדרש מתמקד בפסק דינו של הקדוש ברוך הוא, אך "אורי וישעי" מתייחס גם לפעילותנו ולגישתנו שלנו. התשובה של "והתוודו את חטאתם", של תיקון חטאים פרטיים, היא תשובה של אור; יש הארה וחזרה – והחטא מתוקן. זוהי התשובה של ראש השנה. מצד שני, ביום הכיפורים אנו מייחלים למידה של התפייסות עם הקדוש ברוך הוא,

לישועה אף אם האור אינו מלא. "אָכֵן אַתָּה אֵ־ל מִסְתַּתֵּר", אמר ישעיהו, "אֱ־לֹהֵי יִשְׂרָאֵל מוֹשִׁיעַ" (ישעיהו מה, טו). לעתים, גם א־ל מסתתר, *Deus absconditus*, מושיע הוא: אם בגלל חטאינו המתמידים, הארה ונאורות עדיין אינן מנת חלקנו, הרי בכל זאת ברחמיו הרבים זמינה הישועה שאליה אנו מתפללים ועורגים. כל זאת בתנאי שתפילתנו, ערגתנו וייחולנו נוכחים וכנים.

הגמרא מביאה מחלוקת בין רבי יהודה הנשיא לחכמים בשאלה אם יום הכיפורים מכפר רק עם התשובה או גם בלעדיה. בדרך כלל מבינים שלדעת רבי יהודה הנשיא יום הכיפורים הוא יום של חסד טהור, המשפיע עלינו כפרה גם אם אכן איננו ראויים לה, ואפילו אם לא חזרנו בתשובה. מכפר הוא לשבים ולשאינם שבים; הכפרה יורדת כמו גשם, כמו מן מהשמים. לפי חכמים, לעומת זאת, יום הכיפורים מתייחס למעלתו ולדרגתו של האדם; היום מכפר לאלו המתאמצים בו.

אך נדמה שהאמת היא בהבנה שונה של המחלוקת. המשנה ביומא (פה ע"ב) אכן מדברת על יום הכיפורים המכפר "עם התשובה", והגמרא שם אומרת שזאת לפי שיטת החכמים, ברם הגמרא בשבועות (יג ע"א) והברייתא בתורת כהנים (אמור יא, יד) אומרות שתיהן שיום הכיפורים מכפר "על השבים", על אלו שנמצאים בתהליך של תשובה. מכאן שגם לדעת החכמים יום הכיפורים הוא יום של חסד, ולא רק תגובה לבני מעלה וזכות. אכן, מתנה היא, המתנה הנעלה ביותר, והיא מוענקת לנו לא כשאנו לגמרי ראויים לה אלא כשאנו לגמרי מייחלים לה; לא כאשר השגנו שלמות אלא כאשר אנו שואפים אליה ומכירים בערכה. כדי להשיג כפרה של "לפני ה' תטהרו", אנו מתבקשים לזכך עצמנו מטומאותינו ולהכיר בחובתנו המוחלטת, בהיקפה ובעומקה. אנו מציגים עצמנו לפני הקדוש ברוך הוא, מנסים להעצים באופן איכותי את הקשר שלנו איתו, על ידי התמקדות בכמה תחומים מסוימים.

נוסיף עוד יסוד אחד. יום הכיפורים מגיע בכל שנה, ובכל שנה אנו מתאמצים; יש לנו אלול, יש לנו עשרת ימי תשובה, ובכל שנה אנו מתפללים וחוזרים בתשובה. אך עלינו לשאול עצמנו שאלה נוספת: מלבד מה שקורה בכל שנה, מה קורה לאורך השנים? באיזו מידה יש

תהליך של התקדמות ומה מצטבר משנה לשנה? רבים מוטרדים ממה שנראה כהיבט סיזיפי של התשובה: אנשים עובדים בקדחתנות, אך ביום שלמחרת יום הכיפורים הם נמצאים שוב במקום שבו התחילו. אף כאשר כך הוא, אדם עדיין צריך להוקיר את התשובה ואת יום הכיפורים; לפעמים אדם צריך לרוץ במהירות רק כדי להימנע מלסגת אחור. אך כמובן תקוותנו ושאיפתנו, ומבחן הטהרה לאורך חיינו, הם בשאיפה לצבור עוד ועוד במשך השנים. אנו מייחלים לטהרה שאינה רק "באשר הוא שם", אלא מאפשרת גישה ושאיפה לטהרה המוחלטת. "לפני ה' תטהרו" ביום הכיפורים הזה, ו"לפני ה' תטהרו" ביום הכיפורים הסופי.

תשובה — דחף ומניע

רובנו פגשנו בעלי תשובה, אנשים ששינו באופן קיצוני את אמונותיהם ואת אורח חייהם, שחצו את הרוביקון בין השקפת העולם החילונית לזו הדתית. אך התשובה הקלאסית, זו שאליה התכוונו בדרך כלל הנביאים, חז"ל והראשונים, מתחוללת בתוך הקשר אמוני, כאשר כבר קיים מראש קשר לקדוש ברוך ולתורה. מאין נובעת תשובה זו? מה באופן כללי דוחף אדם אל התשובה?

כפי שאפשר היה לצפות, הראשונים כבר סיווגו את הדחפים השונים אל התשובה. בספרו **שערי תשובה**, מציין רבנו יונה שישה גורמים המניעים אל התשובה: אם אדם סובל מצרות (ב, ב); מזדקן (ב, ז); שומע דברי מוסר ממקורות שונים של חכמה והשראה (ב, י); קורא במישרין בתורה ובנביאים (ב, יג); מצפה לעשרת ימי תשובה (ב, יד); ובאופן כללי יותר, כאשר אדם עומד מול זיכרון יום המיתה (*memento mori*), שיכול לבוא בכל עת (ב, טו). המאירי **בחיבור התשובה** (א, ב) מתייחס בעקיפין לרבנו יונה, ולאחר מכן מרחיב את הרשימה לתשעה גורמים, המדורגים לפי מה שהוא רואה כסדר מעלתם. שתי הרשימות מוגבלות בדרך כלל לגירוי המיידי שמעביר מסר לחוטא; תוכנה של

דרשה זו נישאה בכינוס התשובה על שם האוזמן־שטרן, במכון גרוס בירושלים, תשרי תשנ"ד.

התשובה עצמה מן הסתם לא יושפע באופן ניכר מהשאלה אם האדם קיבל את המסר הזה במראה עיניים או במשמע אוזניים, מספר מוסר או מרבו ומורו.

אך זוהי בדיוק השאלה שאליה ברצוני להתייחס: איכות התשובה והשפעת המניע שלה על תוכנה. בהקשר זה מועילה לנו יותר ההבחנה המוכרת של הגמרא בין תשובה מאהבה לתשובה מיראה. בגמרא ביומא (פו ע"ב) ההבחנה מתייחסת יותר לתוצאת התשובה מאשר למניע שלה:

> אמר ריש לקיש: גדולה תשובה, שזדונות נעשות לו כשגגות... איני? והאמר ריש לקיש: גדולה תשובה שזדונות נעשות לו כזכיות!... לא קשיא; כאן – מאהבה, כאן – מיראה.

אמנם, התוצאה והמניע קשורים זה בזה לכל הפחות בעקיפין, ואולי במישרין: פירות התשובה נובעים מאופיה. ועדיין, בהתייחס למוטיבציה לתשובה, ההבחנה בין יראה לאהבה אינה ממצה את הנושא, בייחוד אם נפרש "יראה" במובן של יראת הרוממות ולא יראת העונש. מבט חטוף במניעים אפשריים לתשובה מוביל אותנו מעבר לגמרא זו, ונוכל להבחין ולתאר לפחות שלושה נתיבים עיקריים של תשובה, שלכל אחד מהם מניע ראשוני משלו.

מניע המצווה

המניע הראשון לתשובה הוא נורמטיבי, ציוויי: העובדה שהתשובה היא מצווה. נעיר שהשאלה אם תשובה נמנית במניין המצוות שנויה במחלוקת. כמה ראשונים, שבהם בולטים הסמ"ק ואולי גם הרמב"ן,[1] מנו את התשובה כמצווה, בעוד הרמב"ם אולי לא. כפי שכתבנו בפרק

1. הרמב"ן הזכיר את התשובה כמצווה בפירושו לתורה (דברים ל, יא), אך לא בהשגותיו לדברי הרמב"ם ב**ספר המצוות**.

הראשון,[2] לפי דברי **המנחת חינוך** (מצווה שסד), הרמב"ם סבור שאדם שאינו עושה תשובה חוטא בעבירה שאותה לא תיקן, אך אינו נושא באחריות נוספת בגלל ההימנעות מתשובה, מעין האחריות שהייתה מוטלת עליו לו נמנע מאכילת מצה בליל הסדר, למשל. זוהי עמדה מחודשת מאוד, שהרב ז"ל ראה כבלתי אפשרית מבחינה הלכתית והשקפתית גם יחד. אפילו לו קיבלנו את טענתו של **המנחת חינוך** מבחינה הלכתית פורמלית, ודאי איש לא יכול להתייחס לתשובה כאפשרות גרידא.

לעתים תכופות הגמרא מדגישה שכאשר התורה קובעת עונש על פעולה מסוימת, חייב להיות מקור נוסף, הקובע איסור על פעולה זו.[3] **ספר החינוך** (מצווה סט) מסביר שחז"ל רצו לשלול את המחשבה שאדם רשאי לחטוא כרצונו, כל עוד הוא מוכן לשאת בעונש, שהוא מחיר החטא. מעשייה מפוקפקת מספרת על ליטאי אחד שהצהיר: "לשון הרע הוא כזה תענוג, שכדאי להיענש בשבילו". לדברי ספר החינוך, חז"ל לא היו מוכנים לשקול אפשרות כזו; לכן, לדבריהם, אם למדנו שיש עונש, חייב לעמוד מאחוריו גם איסור. על אחת כמה וכמה שערך מרכזי כמו תשובה אינו יכול להיות רק עניין של העדפה או שאלה של טעם.

אכן, הנביאים קראו שוב ושוב קריאות ברורות לתשובה, הן לציבור והן ליחיד: "שׁוּבָה יִשְׂרָאֵל עַד ה' אֱ-לֹהֶיךָ כִּי כָשַׁלְתָּ בַּעֲוֹנֶךָ" (הושע יד, ב); "דִּרְשׁוּ ה' בְּהִמָּצְאוֹ קְרָאֻהוּ בִּהְיוֹתוֹ קָרוֹב. יַעֲזֹב רָשָׁע דַּרְכּוֹ וְאִישׁ אָוֶן מַחְשְׁבֹתָיו וְיָשֹׁב אֶל ה' וִירַחֲמֵהוּ וְאֶל אֱ-לֹהֵינוּ כִּי יַרְבֶּה לִסְלוֹחַ" (ישעיהו נה, ו-ז). אלו אינן הצעות אלא דרישות. המענה להן, לדבר ה' הנורמטיבי המתבטא בהן, משקף אפוא מניע אחד לתשובה.

2. 'תשובה - חובה והזדמנות' (לעיל, עמ' 1).
3. למשל: "לא ענש אלא אם כן הזהיר" (ספרי דברים קעג, סנהדרין נו ע"ב), או: "עונש שמענו, אזהרה מניין?" (סנהדרין נד ע"א).

שני נתיבים לתשובה

בפרק הקודם דיברנו על שני ממדים בסיסיים של התשובה: תשובה "מוסרית" ותשובה "דתית".[4] הראשונה מתמקדת ביחס לחטא עצמו, והשנייה ביחס לקדוש ברוך הוא. החטא הוא רע כשלעצמו; הוא מזיק לעולם במישור הרציונלי וגם, כפי שאומר ר' חיים מוולוז'ין, במישור המטפיזי; החטא אף מכתים את נפשו של החוטא עצמו, וגם זאת הן במישור הרציונלי־הפסיכולוגי והן במישור המיסטי. לצד זאת, החטא מבטא גם פגיעה ביחסינו עם ריבון העולם. החטא מבטא העדפת רצוננו שלנו על פני רצונו; פוגע כביכול בנוכחות השכינה בעולם; וחוצץ בינינו ובין הקדוש ברוך הוא. כיון שיש שני היבטים מרכזיים בחטא, יש גם שני נתיבים מרכזיים בתשובה, מלבד התשובה כהיענות לציווי, שעל אודותיה כבר דיברנו.[5]

התשובה המוסרית שורשה בעבר, והיא מעוגנת בתשוקה להתנתק ממצבים קודמים של קיום והתנסות. המניע לתשובה כזו הוא תחושת אשמה והכרה בחטא; הן חטאים פרטיים והן החטא ככוח מקיף, שהכתים את קיומו של האדם ושעל האדם לטהרו. התשובה הדתית לעומתה מתמקדת בעתיד, ורוויה בכמיהה ובערגה. המניע לתשובה כזו הוא שאיפה, אך גם תחושת בושה על כך שאדם אכזב את הקדוש ברוך ואת עצמו.[6] חז"ל עמדו על חשיבותה של הבושה בתהליך התשובה,

4. 'שלמותה של התשובה' (לעיל, עמ' 39).
5. שני הנתיבים הללו מקבילים לשתי מילות יחס שבהן משתמשים הנביאים בדבריהם על התשובה: תנועה מהחטא, כגון "שׁוּבוּ שׁוּבוּ מִדַּרְכֵיכֶם הָרָעִים" (יחזקאל לג, יא), המשקפת את התשובה המוסרית, ותנועה **אל** א־לוהים או **עד** אליו, כגון "שׁוּבָה יִשְׂרָאֵל עַד ה' אֱ־לֹהֶיךָ כִּי כָשַׁלְתָּ בַּעֲוֹנֶךָ" (הושע יד, ב), המשקפת את התשובה הדתית. עיינו בפרקים 'תשובה - תסיסה ורוגע' (להלן, עמ' 159), ו'תשובה של נורמה ותשובה של משבר' (להלן, עמ' 121)
6. כמה סוציולוגים, החל ברות בנדיקט, מדברים על "תרבויות של בושה" ו"תרבויות של אשמה". בגלל הדגש של היהדות על חטא וכפרה הם רואים את היהדות בראש ובראשונה כתרבות של אשמה. רעיון זה שגוי ביסודו.

הן כגורם שמרתיע את האדם מן החטא,[7] והן כמניע לתשובה לאחר החטא.[8] בושה היא כוח חיוני בהקשר של התשובה.

האם התשובה היא בהכרח מצווה?

הן בנוגע לתשובה המוסרית והן בנוגע לתשובה הדתית, אנו עומדים בפני שאלה מטרידה הנוגעת ליחס של שתיהן ליסוד הראשון – תשובה כמצווה.

במישור המוסרי, האם ייתכן שללא מצווה המורה על תשובה, ייוותר יהודי שורשי שקוע עד צוואר בזוהמת צואתו וימשיך להיחנק מפסולתו שלו? האם צריך לצוות על השקועים בערימת אשפה להיחלץ, לרחוץ ולהחליף בגדיהם?

השאלה תקפה באותה מידה בנוגע למישור הדתי. ר' יצחק מקורביל, בעל הסמ"ק, מכריע שהתשובה היא מצווה, בגלל הפסוק: "וְשַׁבְתָּ עַד ה' אֱ-לֹהֶיךָ וְשָׁמַעְתָּ בְקֹלוֹ" (דברים ל, ב). בדומה לכך, בפירושו לפסוק "כִּי הַמִּצְוָה הַזֹּאת אֲשֶׁר אָנֹכִי מְצַוְּךָ הַיּוֹם לֹא נִפְלֵאת הִוא מִמְּךָ וְלֹא רְחֹקָה הִוא" (דברים ל, יא) ביאר הרמב"ן ש"המצווה" המוזכרת כאן היא חובת התשובה. פסוקים אלו מציגים כמצווה את התשובה הדתית, התשובה אל הקדוש ברוך הוא.[9]

7. הגמרא (נדרים כ ע"א) מגדירה את עצם מטרתה של נתינת התורה במונחים של בושה: "תניא: 'בעבור תהיה יראתו על פניכם' – זו בושה, 'לבלתי תחטאו' – מלמד שהבושה מביאה לידי יראת חטא; מיכן אמרו: סימן יפה באדם שהוא ביישן. אחרים אומרים: כל אדם המתבייש לא במהרה הוא חוטא, ומי שאין לו בושת פנים – בידוע שלא עמדו אבותיו על הר סיני". נראה שבמובן זה מזכירים חז"ל את הביישנות כאחד הסימנים של עם ישראל (יבמות עט ע"א).
8. "ואמר רבה בר חיננא סבא משמיה דרב: כל העושה דבר עבירה ומתבייש בו – מוחלין לו על כל עונותיו" (ברכות יב ע"ב). רבנו יונה כותב **באגרת התשובה**: "ובכל עת יראה אור הבושה על פני האדם", ואז מצטט את הפסוק שהביאה הגמרא בנדרים (ראו בהערה הקודמת): "וּבַעֲבוּר תִּהְיֶה יִרְאָתוֹ עַל פְּנֵיכֶם לְבִלְתִּי תֶחֱטָאוּ" (שמות כ, יז).
9. אם נדחה את גישתו של **המנחת חינוך** ונתמקד, כפי שעשה הרב ז"ל, בכותרת

אכן, שאלת הציווי בנוגע למישור הדתי של התשובה יכולה להיות חריפה אף יותר מהשאלה המקבילה בנוגע למישור המוסרי. הרבה מונח כאן על הכף. אם הימנעות מתשובה כרוכה בקטסטרופה קיומית מתמשכת, בגירושין נצחיים חלילה ממקומו של עולם, האם זקוק יהודי מסור לציווי שיורה לו לנצל את הרגע לתשובה?

ייתכן שאפשר להעלות התנגדות חריפה עוד יותר. האם אין עלינו להעניק שימוע הוגן יותר לעמדתו של **המנחת חינוך**? האם ייתכן שמצווה לעשות תשובה תהיה לא רק מיותרת אלא אף מזיקה? לנוכח דאגות קיומיות גורליות כל כך, האם לא ייתכן שמצווה רשמית, שתכוון את התשובה לערוצים שגרתיים ולמימוש שגרתי, תהפוך התרחשות רגשית לביצוע שבא רק לצאת ידי חובה? אלו הם שיקולים תקפים, והתעלמות מהם מסכנת אותנו.

עבודת ה' כהיות מִצְוֶה

עם זאת, שיקולים אלו אינם מתייחסים דווקא לתופעת התשובה אלא לעבודת ה' ככלל – ובמיוחד להלכה. במהותן, הטענות הללו נסמכות על ביקורת המוכרת לנו מאז ימיה הראשונים של הנצרות ועד לאקזיסטנציאליזם העכשווי, כנגד החובה הנורמטיבית כבסיס לחיי הרוח. לפי ביקורת זו, חוקים נוקשים אינם יכולים להתמודד עם מציאות גמישה ומשתנה, ולגאליזם מגביל את חירות הרוח ומחליש את האני הפנימי, שבו עניינה האמיתי של הדת.

אך התורה חשבה אחרת; הרי עצם המושג "תורה" מבטא הוראה נורמטיבית. היא התייחסה לאדם בכלל, ועל אחת כמה וכמה ליהודי בפרט, כישות קרואה ומְצֻוָּה. הקטגוריה המרכזית של היהדות היא

הרמב"ם להלכות תשובה – "מצות עשה אחת, והוא שישוב החוטא מחטאו לפני ה' ויתודה" – אפשר יהיה לטעון שהרמב"ם קובע מצווה של תשובה מוסרית.

"מצווה" – צו ה'. אפילו מה שמכונה "דבר הרשות" מאופיין בתוך הקשר של מצוות ובהתייחס אליו. כאשר התורה מתארת בפרשת בראשית את החובה האנושית ליטול חלק בעולמו של הבורא, היא מבטאת זאת במונחים של מצווה: "וַיְצַו ה' אֱ־לֹהִים עַל הָאָדָם לֵאמֹר מִכֹּל עֵץ הַגָּן אָכֹל תֹּאכֵל. וּמֵעֵץ הַדַּעַת טוֹב וָרָע לֹא תֹאכַל מִמֶּנּוּ כִּי בְּיוֹם אֲכָלְךָ מִמֶּנּוּ מוֹת תָּמוּת" (בראשית ב, טז-יז). הפתיחה "ויצו" קודמת הן להיתר והן לאיסור, ובכך רומזת שלא רק האיסור לאכול מעץ הדעת אלא גם ההיתר לאכול משאר עצי הגן הוא חלק מהסדר הנורמטיבי, שמאפיין את יחס האדם לבוראו.

אם כך הוא במישור האוניברסלי, קל וחומר לגבי המישור היהודי. אנו מאמינים שקשר הברית לא נוסד רק בהתגלות הא־לוהית כשלעצמה, אלא גם בחוק שבא בהתגלות. חז"ל כמובן ידעו, כדברי הגמרא בסנהדרין (קו ע"ב), שהקדוש ברוך הוא ליבא בעי. בכל זאת הם אחזו בדעה שציווי אינו פוגע בפנימיות אלא מעשיר אותה. בניגוד לתפיסה המוסרית הפופולרית כיום, אשר סוברת כקאנטיאנים, שהתנהגות מוסרית וולונטרית ואוטונומית עולה על כפיפות לצו מגביל, חז"ל קבעו: "גדול המְצֻוֶּה ועושה יותר ממי שאינו מְצֻוֶּה ועושה" (בבא קמא לח ע"א ועוד). זאת הן משום שהמְצֻוֶּה ימלא כנראה את משימתו ביתר נחישות, כפי שציינו כמה ראשונים, והן משום שיסוד ההיענות לרצון ה' מוסיף ממד רוחני שאי אפשר להשיגו אחרת.

כך גם בנוגע לתשובה. התשובה היא חלק מדיאלוג עם הקדוש ברוך הוא, כמו בפסוקים "שׁוּבוּ אֵלַי וְאָשׁוּבָה אֲלֵיכֶם" (מלאכי ג, ז) או "הֲשִׁיבֵנוּ ה' אֵלֶיךָ (ונשוב) וְנָשׁוּבָה" (איכה ה, כא), והיא מענה לקריאה, שהיא צו והפצרה גם יחד: "שׁוּבוּ בָּנִים שׁוֹבָבִים אֶרְפָּה מְשׁוּבֹתֵיכֶם" (ירמיהו ג, כב). הדיאלוג מעמיד אתגר ופותח אפיק שלא היו קיימים בלעדיו. עם זאת אכן קיימת סכנה של לגאליזם, חשש שהיסוד הנורמטיבי לא יעדן את הקיום הדתי אלא יצמצם אותו, וזאת הן בתחום התשובה והן באופן כללי.

סכנת הלגאליזם בתפילה ובלימוד תורה

חז"ל היו מודעים בבהירות לסכנה זו והתייחסו אליה בנוגע לשני צירים מרכזיים של החיים הדתיים: תפילה ותורה. בנוגע לתפילה, רבי אליעזר קובע עובדתית במשנה: "העושה תפלתו קבע, אין תפלתו תחנונים" (ברכות כח ע"ב). בניסיון להסביר את משמעות המילה "קבע" בהקשר זה, מציעה הגמרא בהמשך: "אמר רבי יעקב בר אידי אמר רבי אושעיא: כל שתפלתו דומה עליו כמשׂוי". בצורה דומה מורה רבי שמעון במשנה באבות: "אל תעש תפלתך קבע, אלא רחמים ותחנונים לפני המקום ברוך הוא" (ב, יג). קיימת אפוא סכנה שהתפילה תהפוך מתחנונים לחובה מקובעת.

בדומה לכך, גם ללימוד תורה אפשר להתייחס כמשא שיש לפרוק. הגמרא אומרת בשם תנא דבי רבי ישמעאל: "דברי תורה לא יהו עליך חובה, ואי אתה רשאי לפטור עצמך מהן" (מנחות צט ע"ב). כך הסביר רש"י שם קביעה זו:

> לא יהיו עליך חובה – כאדם שיש לו חוב, ואומר: מתי אפרענו ואיפטר? כך לא יאמר אדם: אשנה פרק אחד ואיפטר; שאי אתה רשאי לפטור עצמך מהן.

ברור שחז"ל והראשונים הכירו בסכנה זו. אך ההתמודדות עמה אינה על ידי דחיית החובה אלא על ידי הפנמתה עד לנקודה שנערוג לבטל רצוננו מפני רצונו. זוהי עצתה של מסכת אבות: "עשה רצונו כרצונך" (ב, ד); במידה שמממשים עצה זו, יסוד הצו מעמיק את התודעה הדתית ואת הרגישות הדתית. עדיין עלולים להיות כאלו שלא יגיעו לתודעה נשגבת זו, ועבורם החובה אכן עלולה להגביל את מכלול עצמיותם הדתית. אנו דוחים את כל צורותיו של האנטינומיזם הבז לחוק, ובה בעת יודעים שהימנעות מגורל כזה של הגבלה חייבת להיות חלק מהדרישה הרוחנית העמוקה ביותר שלנו.

מה מאפשר את התשובה?

שאלה עיקשת עדיין מצפה למענה: מה מאפשר ליסודות הללו לפעול במישור המעשי? אם אדם לא נתן דעתו למצוות התשובה אלא חש בנוח עם עצמו כפי שהוא, עם סגנון חייו, עם ערכיו ועם הקשר שלו לקדוש ברוך הוא, כיצד ומדוע יגיע לידי חיפוש, לידי שאיפה לשנות את כל אלו?

נדמה לי שנוכל לזהות שלושה גורמים שישפיעו על אדם כזה. הראשון הוא זה שהדגיש רבנו יונה: קבוצה של גירויים חיצוניים שיביאו לחוטא השאנן את מסר התשובה; בעל פה או בכתב, כתוכחה או כמאֵרה. יכולים אלו להיות קריאה בכתבי הנביאים, האזנה לנזיפה חריפה או התעוררות הנפש לנוכח עשרת ימי התשובה, למשל.

השני הוא הגורם שבו פתח רבנו יונה ואשר הוזכר בתורה עצמה: המשבר הלוחץ. כך מתארת זאת התורה בפרשת ואתחנן:

> וְהֵפִיץ ה׳ אֶתְכֶם בָּעַמִּים וְנִשְׁאַרְתֶּם מְתֵי מִסְפָּר בַּגּוֹיִם אֲשֶׁר יְנַהֵג ה׳ אֶתְכֶם שָׁמָּה... וּבִקַּשְׁתֶּם מִשָּׁם אֶת ה׳ אֱ־לֹהֶיךָ וּמָצָאתָ כִּי תִדְרְשֶׁנּוּ בְּכָל לְבָבְךָ וּבְכָל נַפְשֶׁךָ. בַּצַּר לְךָ וּמְצָאוּךָ כֹּל הַדְּבָרִים הָאֵלֶּה בְּאַחֲרִית הַיָּמִים וְשַׁבְתָּ עַד ה׳ אֱ־לֹהֶיךָ וְשָׁמַעְתָּ בְּקֹלוֹ (דברים ד, כז-ל).

כשאתה נמצא בין המצרים, משם — ממעמקים (*de profundis*) — תשוב אל ה׳ ותשמע בקולו. גורם דומה, בדגשים שונים מעט, נמצא בפרשת ניצבים:

> וְהָיָה כִי יָבֹאוּ עָלֶיךָ כָּל הַדְּבָרִים הָאֵלֶּה הַבְּרָכָה וְהַקְּלָלָה אֲשֶׁר נָתַתִּי לְפָנֶיךָ וַהֲשֵׁבֹתָ אֶל לְבָבֶךָ בְּכָל הַגּוֹיִם אֲשֶׁר הִדִּיחֲךָ ה׳ אֱ־לֹהֶיךָ שָׁמָּה. וְשַׁבְתָּ עַד ה׳ אֱ־לֹהֶיךָ וְשָׁמַעְתָּ בְקֹלוֹ כְּכֹל אֲשֶׁר אָנֹכִי מְצַוְּךָ הַיּוֹם אַתָּה וּבָנֶיךָ בְּכָל לְבָבְךָ וּבְכָל נַפְשֶׁךָ (דברים ל, א-ב).

המניע השני הזה, מצוקה, מהדהד בטון פסימי; לא רק בגלל הפחד מזניחת ה' ומהגמול עליה לפני התשובה אלא מחמת הרמיזה שהדרך לתשובה מרוצפת יגונות. אף שהרמיזה הזו מערערת, היא עולה גם מדברי חז"ל בנוגע לאירוע שבו אחשוורוש העניק להמן סמכות ביחס ליהודים: "גדולה הסרת טבעת יותר מארבעים ושמונה נביאים ושבע נביאות שנתנבאו להן לישראל, שכולן לא החזירום למוטב, ואילו הסרת הטבעת החזירתן למוטב" (מגילה יד ע"א).

פסימי ככל שיהיה הטון הזה, הפסוקים ודברי חז"ל מהדהדים גם טון מרגיע. פתגם אמריקני אומר שאין אתאיסטים בשוחות שדה הקרב; מן המקורות עולה שאפילו תשובת־שוחות כזו מתקבלת בידי ה'. ברור שזוהי תשובה נחותה, שמן הסתם גם משיגה תוצאות פחותות,[10] אך אף היא מתקבלת. יתר על כן: יהא הזרז לתשובה אשר יהא, אם היא צוברת תנופה והופכת כנה לגמרי, גם תשובה כזו יכולה להוביל לגבהים רוחניים שלא נודעו עד כה. הגמרא (שבת פח ע"א) קובעת שבזמן נס הישועה מהמן קיבלו היהודים עליהם מחדש את התורה, מרצונם החופשי. גם אחרי הפורענויות החזויות בפרשת ניצבים, הפסוק הבא (דברים ל, ו) מבטיח מחויבות מוחלטת וכמעט־משיחית לה', אשר לדעת הרמב"ן שם מבטאת את הכחדת היצר הרע, וחזרה למצב הבראשיתי של תמימות טהורה, שבה האדם משרת את א־לוהיו באופן אינטואיטיבי ובשלמות.

10. נחיתותה של תשובה כזו עולה בבירור מההבחנה שעורכת הגמרא ביומא: "רב יהודה רמי: כתיב 'שובו בנים שובבים ארפא משובתיכם', וכתיב: 'כי אנכי בעלתי בכם ולקחתי אתכם אחד מעיר ושנים ממשפחה'! לא קשיא, כאן – מאהבה או מיראה, כאן – על ידי יסורין" (פו ע"א). כפי שמסביר רש"י, הפסוק הראשון מתייחס לחוזרים בתשובה כבנים, כאשר המניע לתשובה הוא אהבה או יראה, ואילו הפסוק השני מתאר תשובה שנעשתה רק מתוך יסורים, ומתייחס לשבים כעבדים, שבסך הכול ביצעו את חובתם. כמובן, אנו יודעים שמן הזווית היהודית גם עבדות לה' היא מצב נעלה.

גורם החירות האנושית

הגורם השלישי המסביר את ההתעוררות לתשובה שונה בתכלית מקודמיו. שני הגורמים הראשונים הם דטרמיניסטיים, עד גבול מסוים, ומתייחסים לתגובה אל גירויים חיצוניים. אך מהות התשובה, בין אם היא מתייחסת לחטא זעיר אחד ובין אם לעיצוב מחדש של מכלול האישיות, היא חירות אנושית ורצון חופשי.[11] להאמין בחירות האנושית פירושו לסבור ששינוי פנימי, שנובע מהמכלול של רצון, שכל ורגש, יכול להיות עצמאי ובלתי תלוי בשינוי חיצוני. שינוי יכול לנבוע מהתבוננות בגורמים שעד כה התעלמנו מהם, בגלל אינרציה, עצלות או חוסר תשומת לב. גורמים אלו יכולים להשתרע על ספקטרום רחב, בהיותם לא רק מגוונים אלא אפילו סותרים.

שני תנאים דנו בשאלה הקשורה לשאלת התשובה – איך למנוע חטא מלכתחילה – והעלו עצות הסותרות זו את זו במישרין:

> עקביא בן מהללאל אומר: הסתכל בשלשה דברים ואי אתה בא לידי עבירה. דע מאין באת, ולאן אתה הולך, ולפני מי אתה עתיד ליתן דין וחשבון. מאין באת – מטפה סרוחה; ולאן אתה הולך – למקום עפר רמה ותולעה; ולפני מי אתה עתיד ליתן דין וחשבון – לפני מלך מלכי המלכים הקדוש ברוך הוא (אבות ג, א).

המשנה הראשונה בפרק הקודם של מסכת אבות פותחת ומסתיימת כך:

> רבי אומר: איזוהי דרך ישרה שיבור לו האדם? כל שהיא תפארת לעושיה, ותפארת לו מן האדם... והסתכל בשלשה דברים ואי

11. לא מקרה הוא שההצגה הרהוטה והנמרצת ביותר של הבחירה החופשית בעולם הדתי שלנו מופיעה בפרקים האמצעיים של הלכות תשובה לרמב"ם.

> אתה בא לידי עבירה. דע מה למעלה ממך: עין רואה, ואוזן שומעת, וכל מעשיך בספר נכתבין (ב, א).

אלו הן כמובן שתי הדרכות שונות מאוד. כפי שהעיר רבנו יונה (**שערי תשובה** ב, כ), הדרכתו של עקביא בן מהללאל היא ברוח הפסימיזם הרדיקלי של הפרקים הראשונים בספר קהלת, ומתמקדת באפסותו של האדם ובריקנותם של חיי אנוש. רוח זו מתוארת כך בידי המשוחח הספקן ב"The Two Voices" של טניסון: "חיי אין, כאין ערכם, למן האין הראשון בטרם נרקם, ועד לאין אחרון כשהקבר הוקם".[12] רבי יהודה הנשיא, בניגוד לזה, פונה לאיש ההדר, ליחיד שיש לו היכולת הסמכותית לבחור בנתיב הראוי. נתיב זה – כפי שפירשו כמה ראשונים את המשנה – יביא תפארת לו עצמו, תפארת לקדוש ברוך הוא ותפארת לעמיתיו בני האדם. הדרכתו של רבי רואה את האדם כמושא ראוי לתשומת לבו המתמדת של א־לוהים, כמי שחי ועובד, במונחי הסונטה האוטוביוגרפית של מילטון, "כתמיד, לעיני מעבידי הגדול".[13] גישה זו שונה בתכלית מ"טיפה סרוחה" ו"רימה ותולעה", אולם המטרה הסופית אחת היא.

לקריאה להתבוננות קשובה יש צליל נורמטיבי, מחייב. הצעד המכריע הראשון הוא לשים לב ולעשות חשבון. ראשיתה של התשובה היא בהכרה, המשותפת לסוקרטס ולבעלי המוסר, שחיים שאין בהם חקירה עצמית – אינם כדאים לחיותם,[14] או לפחות ההכרה שחיים שיש בהם חקירה כזו יהיו עשירים וטהורים הרבה יותר. אף שתשומת לב לעובדה זנוחה עשויה להיות תוצאה של דחף עיקש אחר, התשובה הנובעת מתשומת הלב הזו יכולה בכל זאת להיות מתוארת היטב כהתעוררות עצמית. **אור החיים** (דברים ד, כט) מתאר כך את החיפוש

12. "A life of nothings, nothing-worth, from that first nothing ere his birth, to that last nothing under earth".
13. "As ever in my great Taskmaster's eye".
14. **אפולוגיה של סוקרטס** 38a.

של בעלי התשובה אחרי א־לוהיהם: "תשובה שישראל עושים מעצמן, שיכירו חיובם עם הבורא ויכופו יצרם".

המניע לתשובה יכול להיות גם מצוקה – לא הפחד מרדיפות אויב אלא המשבר הפנימי והחרדה הנובעת מאובדן עוגן וזהות. בלי כל לחץ חיצוני, עצם ההכרה בריקנות החיים, בחיים שאין בהם ממד רוחני, דוחפת את האדם אל הקדוש ברוך הוא. גם זו היא תשובה של התעוררות, כפי שמסביר רבנו חיי בספרו **כד הקמח**, בחלק העוסק בתשובה:

> וצריך אתה לדעת כי ענין התשובה הוא שיתחייב אדם שיתבונן בשפלותו ובפחיתות עצמו, כי הוא עפר ואפר בחייו רמה ותולעה במותו, כי בזה תתכן לו יותר פעולת התשובה, ויעשה תשובה שלימה בכונה רצויה וזכה.

התבוננות ועיון ב"רימה ותולעה" לא רק מסייעים להימנע מן החטא מעתה והלאה, כפי שהציע עקביא בן מהללאל, אלא גם מסייעים לאדם לעשות תשובה לאחר החטא.

מן הכיוון ההפוך, התעוררות יכולה לבוא ברוחה של "תפילה זכה", הרואה את החטא על רקע גדולת האדם ויכולתו לעשות טוב; יכולת שנטמאה ועכשיו יש לטהרה. עבור תלמידי הרב ז"ל ההולכים בדרכו, סביר יותר שהתעוררות עצמית תתגבר מתוך מודעות לגדולה הרוחנית החבויה באדם, ולפוטנציאל שלו להשיג את הנאצלת שבמחוות היצירה: תחיית עצמיותו, כמתואר בפרק האחרון של 'איש ההלכה' ובמקומות אחרים. יהא התוכן המסוים אשר יהא, המסרים של קטנות האדם וגדולתו הפוטנציאלית אינם סותרים זה את זה, והאדם יכול לפנות לשניהם, בזה אחר זה או אף בעת ובעונה אחת. המסר הבסיסי אחד הוא: התבונן והתעורר.

ההסבר השלישי באשר למניע שדוחף את האדם לפתע אל התשובה יכול להיות פשוט שאין שום צורך בהסבר, אין שום הסבר מעבר לתפניותיה הנפתלות של רוח האדם. פה, בהסבר שאינו הסבר,

מוטבעים האתגר וההבטחה שבתשובה, במימוש יכולתנו ואחריותנו. המסר הזה כמוס בגמרא המפורסמת בעבודה זרה (יז ע"א) על אלעזר בן דורדיא, שחיפש תמיכה והגנה באיתני הטבע השונים, והושב ריקם. כך היה סופו של המעשה:

> אמר: אין הדבר תלוי אלא בי; הניח ראשו בין ברכיו וגעה בבכיה עד שיצתה נשמתו. יצתה בת קול ואמרה: רבי אלעזר בן דורדיא מזומן לחיי העולם הבא.

אכן, אין הדבר תלוי אלא בי.

הערכת קהילתנו ואדישותה הרוחנית

באיזו מידה אנחנו, המכונים אורתודוקסים מודרניים או ציונים דתיים, עומדים ביחס לאתגר ולהבטחה? דרישת התשובה כפולה היא: אתגר ומענה. חוששני שיש לנו הרבה לאן לשאוף בשני התחומים.

ביחס לראשון, לעתים קרובות אנו לוקים בחסר, לצערנו. הגירויים החיצוניים דוחפים אותנו הן להתמודד עם החטא והן להיקשר לקדוש ברוך הוא. למזלנו, אין לנו בדרך כלל תחושת מצוקה וחשש מסכנה הממשמשת ובאה. רובנו, ברוך ה', יודעים רק מעט על "הסרת טבעת"; כך שגורם מניע זה חלש אצלנו. בכל הנוגע להשפעת דבר ה' ולמודעות למסריו ממקורות חיצוניים, אף הקול הזה מושתק לעתים קרובות. המיית המסרים התרבותיים המתחרים מפעפעת לזירה הכללית ולכן גם לעולם היהודי, אשר בגלל נטייתו המודרנית בא פעמים רבות במגע עם הסביבה הכללית ורווי בחלק מיסודותיה.

במסגרת זו, גם הסיכוי להתעוררות פנימית מתעמעם לעתים תכופות. בעולם המודרני, שאנשיו מורגלים לסמוך על עצמם ושמוצף בהסחות דעת צרכניות מכל הסוגים, תדיר שהקרקע אינה בשלה לצמיחה רוחנית בכלל ולעבודת ה' בפרט. במישור הפרטי יש לא מעט מתח קיומי ותסיסה; אנשים רבים אינם חשים בנוח עם הסטטוס-קוו

הרוחני שלהם, ומחפשים משמעות עמוקה יותר לחייהם. אך תופעות אלו באות לידי ביטוי ציבורי רק באופן מוגבל.

כשלעצמה, זו אינה סיבה לעזוב ציבור זה. אך זוהי בהחלט סיבה להיות מודע באופן מלא ומעמיק לבעיותיו ולהתמודד אִתן. לכל דור, כך הציע פעם החפץ חיים, יש חטא מתמיד משלו; ואפשר להוסיף שכך הוא גם בנוגע לכל קהילה בכל דור. בהתייחס לקהילתנו שלנו, עליי להתמקד בחטא המתמיד שלנו, בסכנה הפנימית שרובצת לפתחו של הציבור האורתודוקסי המודרני, הסכנה שכנגדה עלינו להיות תמיד על המשמר. די ברור שהסכנה היא היסח הדעת, אדישות רוחנית ודתית.

אפשר להחמיץ את הקדוש ברוך הוא בשלוש דרכים שונות: אדם יכול למרוד נגדו, לסלק אותו או להתעלם ממנו. הסכנה הייחודית לעולם המודרני היא בבירור האחרונה; היסח הדעת אופייני לחברה של הצלחה, אמיתית או מדומה. כך אנו קוראים בפרשת האזינו:

> וַיִּשְׁמַן יְשֻׁרוּן וַיִּבְעָט שָׁמַנְתָּ עָבִיתָ כָּשִׂיתָ וַיִּטֹּשׁ אֱ-לוֹהַ עָשָׂהוּ וַיְנַבֵּל צוּר יְשֻׁעָתוֹ... צוּר יְלָדְךָ תֶּשִׁי וַתִּשְׁכַּח אֵ-ל מְחֹלְלֶךָ (דברים לב, טו–יח).

הפכת למצליחן, מוגן מסכנה, אתה בוטח בעצמך – ואז שכחת את בוראך, שיצר אותך ושהעניק לך חיים. במיוחד כנגד סכנת היסח הדעת והשכחה, מזהיר משה את כנסת ישראל, כשהיא על סף שיא של הצלחה: כיבוש ארץ ישראל ויישובה.[15] מבחינה דתית, היסח הדעת הוא פגם טרגי, עקב אכילס של העולם המודרני, הכללי והיהודי, שהשיג מידה של הצלחה בהרחיבו, כביטויו הנודע של בייקון, את "גבולות האימפריה האנושית", תוך התיימרות לשליטה בסביבתו ומעבר לה.

אין זאת התעלמות מוחלטת אלא אדישות, מידה של הזנחה. בסביבה כזו יש לחזור ללא לאות על המסר של הפסוק בקהלת: "וּזְכֹר

15. גם בדברים ח, י–יד מתואר רצף דומה: הצלחה חומרית המולידה יהירות ושכחת א-לוהים.

אֶת בּוֹרְאֶיךָ בִּימֵי בְּחוּרֹתֶיךָ" (קהלת יב, א). גם בעיצומם של נעורים תוססים והצלחה מסחררת – זכור את בוראך. כנגד היסח הדעת הזה עלינו להישמר ולהילחם, מבפנים ומבחוץ, באופן אישי וקהילתי. עלינו להיאבק בסכנה זו על ידי העמקת תודעתנו הדתית ורגישותנו הרוחנית, על ידי הרחבת החינוך התורני של ילדינו והעמקתו, על ידי העשרת צביונה היהודי של תרבותנו ועל ידי הרוויית עולמנו בהרבה יותר תודעת א־לוהים ותודעת תורה.

תגובה לאדישותנו הרוחנית

כשאנו עומדים מול האדישות, מה תהיה תגובתנו? גם כאן אנו בבעיה חמורה. רבי אלעזר בן דורדיא אמר: אין הדבר תלוי אלא בי, ואז נשבר ופרץ בבכי. הרמב"ם, לכאורה פילוסוף רציונליסט, כתב: "מדרכי התשובה להיות השב צועק תמיד לפני השם בבכי ובתחנונים" (הלכות תשובה ב, ד). איפה עומדים אנחנו ביחס לבכי? תחושת הבטן שלנו אומרת שבכי נועד לבורים ולמאמינים באמונות תפלות; אנו לעומתם – מתוחכמים ומשכילים, ולפיכך מנומסים ומאופקים. ריבונו של עולם! בתוך כל נימוסינו ואיפוקנו, האם לא נוכל, לפחות בזמן נעילה, לשפוך כמה דמעות כנות? וורדסוורת׳, בשורה נודעת, דיבר על "הרהורים הצפונים עמוק מכדי בכי".[16] בקהילה אורתודוקסית מודרנית ממוצעת, האם ההרהורים עמוקים מכדי בכי או שמא דווקא רדודים מכדי בכי? א־לוהים אמר על עצמו: "בְּמִסְתָּרִים תִּבְכֶּה נַפְשִׁי" (ירמיהו יג, יז; חגיגה ה ע"ב); האם לפחות שם אנו בוכים, במקום שבו אין צורך בנימוס ובאיפוק, במסתרים?

אחד מאבותינו הקדומים היה מצליחן מתוחכם המיומן בנימוסי החברה, ובכל זאת מצא את ישועתו הרוחנית, את תשובתו הרוחנית ואת שלוות נפשו השלמה רק באמצעות דמעות: "וְלֹא יָכֹל יוֹסֵף לְהִתְאַפֵּק לְכֹל הַנִּצָּבִים עָלָיו וַיִּקְרָא הוֹצִיאוּ כָל אִישׁ מֵעָלָי וְלֹא עָמַד אִישׁ אִתּוֹ

16. "Thoughts that lie too deep for tears".

בְּהִתְוַדַּע יוֹסֵף אֶל אֶחָיו. וַיִּתֵּן אֶת קֹלוֹ בִּבְכִי וַיִּשְׁמְעוּ מִצְרַיִם וַיִּשְׁמַע בֵּית פַּרְעֹה" (בראשית מה, א-ב). רק אחרי שהמשנה למלך האדיר, המתורבת והמתוחכם, התמוטט ובכה, רק אז מצא עצמו שוב בחיק משפחתו, ואפילו בחיק עצמו. ושוב, אחרי מותו של יעקב, מכל האחים התורה מציינת דווקא את בכיו של יוסף: "וַיִּפֹּל יוֹסֵף עַל פְּנֵי אָבִיו וַיֵּבְךְּ עָלָיו וַיִּשַּׁק לוֹ" (שם נ, א). אם כך מתפייס אדם עם אב בשר ודם, קל וחומר שכך הוא לגבי אבינו שבשמים. הלוואי ותפעם בנו דמותו של יוסף הצדיק; אם לא נתמוגג כליל בבכי, לפחות נמיך מעט את הסכר הנורא החוסם את תגובתנו המוסרית לחטא או את תגובתנו הדתית לקדוש ברוך הוא. הסכר הנורא הזה מונע מאתנו לתת פורקן לתחושת האשמה והבושה, וחוסם אותנו מלהתייחס לעבר ומלייחל לעתיד.

א־לוהים כיסוד חיוני לתשובה

עד כה עסקנו במניעים שונים לשוב בתשובה: הנורמטיבי, המוסרי והדתי. ניסינו לציין גורמים שידרבנו אותנו לקראת כל אחד מהנתיבים הללו. משימה מייראת היא ליישם ולאחד את כל שלושת הנתיבים הללו, אך למרות כישלונותינו וחולשותינו, איננו יכולים לאבד תקווה או להיות רכי לבב; הרי במהלך דיוננו עד כה, השמטנו יסוד חיוני אחד – א־לוהים עצמו.

הרמב"ם פותח את הלכות תשובה שלו במצוות התשובה, על כל יסודותיה הבסיסיים ועל כל הליכיה. בפרק האחרון הוא מדבר על אידיאליזם מוסרי צרוף, ולאחר מכן על מסירות נלהבת ומוחלטת:

> העובד מאהבה עוסק בתורה ובמצות והולך בנתיבות החכמה לא מפני דבר בעולם, ולא מפני יראת הרעה, ולא כדי לירש הטובה; אלא עושה האמת מפני שהוא אמת, וסוף הטובה לבא בגללה...

וכיצד היא האהבה הראויה? הוא שיאהב את ה' אהבה גדולה

> יתירה עזה מאוד, עד שתהא נפשו קשורה באהבת ה', ונמצא שוגה בה תמיד, כאלו חולה חולי האהבה (י', ב-ג).

החובה שבפרק הראשון והאידיאליזם המוסרי והמסירות הנלהבת שבפרק האחרון, מקיפים את מכלול הספקטרום רק עבור יחידים יוצאי דופן. מה לגבי כל האחרים? מה לגבי אלו שאינם מסוגלים ללכת בשלושת הנתיבים הללו, ואולי אפילו לא באחד מהם? עבורם ישנו גם סדר פחות של תשובה, ויש גורם שמניע את התשובה הזו ומקבל אותה. זהו הקדוש ברוך הוא המחולל את התשובה. במשוואה המלאה של התשובה מקומו מרכזי וחיוני.

בהקשר זה, מועיל יהיה לחזור להבחנה שהצענו בפרק הקודם בין ראש השנה ליום הכיפורים.[17] התשובה של ראש השנה מתמקדת בממד המוסרי, ומציבה רף גבוה של שלמות. יום הכיפורים, לעומת זאת, מתמקד בתשובה הדתית, בשיקום הקשר ובפיוס. זהו יום של חזרה אל ה', ודרישותיו מדוקדקות פחות. ראש השנה הוא יומם של הצדיקים, שכבר עשו תשובה. יום הכיפורים, לעומתו, הוא יומם של הבינוניים, כפי שמלמדים אותנו חז"ל (ראש השנה טז ע"ב). זהו יומם של השבים, של אלו הנמצאים בתהליך של תשובה.

א-לוהים לא רק מקבל את שאיפתו של אדם לתשובה, אלא גם מעודד ומסייע לנו לגבש אותה. הוא מעניק לנו את החסד שבקבלת התשובה שחישלנו, ברוח "הֲשִׁיבֵנוּ ה' אֵלֶיךָ (ונשוב) וְנָשׁוּבָה חַדֵּשׁ יָמֵינוּ כְּקֶדֶם" (איכה ה, כא). בנוסף, אנו יכולים גם לראותו כמסייע לנו באופן פעיל בדרכנו אליו.

חז"ל לימדונו: "בא ליטהר – מסייעים אותו" (שבת קד ע"א). אם אדם הוא בין השבים והשואפים, אם זהו כיוונו, אזי הקדוש ברוך בעצמו מסייע לו. אין יום שבו באים ליטהר יותר מיום הכיפורים, ואין יום שבו מסייעים לנו יותר מיום הכיפורים, שזוהי תמציתו: "כִּי בַיּוֹם הַזֶּה יְכַפֵּר עֲלֵיכֶם לְטַהֵר אֶתְכֶם מִכֹּל חַטֹּאתֵיכֶם לִפְנֵי ה' תִּטְהָרוּ"

17. 'שלמותה של התשובה' (לעיל, עמ' 39).

(ויקרא טז, ל). ב"יום ה' הַגָּדוֹל וְהַנּוֹרָא" (מלאכי ג, כג) אנו עומדים בפני ריבון העולם ומפללים: "פתח לנו שער, בעת נעילת שער, כי פנה יום" (תפילת נעילה). ביום זה נכיר בחסרונות, בחולשות ובפגמים של תשובתנו, ובכל זאת נשאף ליום טוב יותר ולעצמיות טובה יותר. הלוואי שנזכה לתת הלל והודאה לקדוש ברוך הוא לא רק על קבלת תשובתנו אלא על הנעתה, על שסייע לנו לממש את קריאתו של רבי עקיבא:

> אשריכם ישראל, לפני מי אתם מטהרין, מי מטהר אתכם – אביכם שבשמים, שנאמר: 'וזרקתי עליכם מים טהורים וטהרתם', ואומר: 'מקוה ישראל ה'', מה מקוה מטהר את הטמאים – אף הקדוש ברוך הוא מטהר את ישראל (יומא פה ע"ב).

קלות וחמורות –
דירוג החטאים בתשובה

תשובה מובחנת ושאינה מובחנת

מקורות רבים מציינים את קיומן של רמות חומרה וחשיבות שונות בעולמה של שמירת מצוות. ברצוני לבחון באיזו מידה, אם בכלל, אנו רגישים לדירוגים אלה בהקשר של תשובה. הבה נפתח בציטוט שני מקורות קלאסיים. כך פותח הרמב"ם את הלכות תשובה שלו:

> כל מצות שבתורה, בין עשה בין לא תעשה, אם עבר אדם על אחת מהן, בין בזדון בין בשגגה, כשיעשה תשובה וישוב מחטאו חייב להתודות לפני האל ברוך הוא, שנאמר: 'איש או אשה כי יעשו וגו' והתודו את חטאתם אשר עשו', זה וידוי דברים. וידוי זה מצות עשה.
>
> כיצד מתודין? אומר: אנא השם, חטאתי, עויתי, פשעתי לפניך ועשיתי כך וכך, והרי נחמתי ובושתי במעשי, ולעולם איני חוזר לדבר זה, וזהו עיקרו של וידוי. וכל המרבה להתודות ומאריך בענין זה – הרי זה משובח.

דרשה זו נישאה בכינוס התשובה על שם האוזמן־שטרן, במכון גרוס בירושלים, תשרי תשס"ו.

תיאורו של הרמב"ם כאן מקיף ולא מובחן. הוא מציג קביעה גורפת בנוגע ל"כל מצוות שבתורה, בין עשה בין לא תעשה". אין כל רמז להערכת חשיבותם או מהותם של חטאים מסוימים. התהליך פחות או יותר אחיד, הנוסחה זהה, מלבד העובדה שאדם צריך להזכיר בדיוק מה עשה: אמר לשון הרע, התגלח בתער, הלווה בריבית וכיוצא בזה.

בניגוד לזה, השער השלישי של **שערי תשובה** של רבנו יונה פותח באזהרה לבעלי תשובה, שיבחינו בין רמות שונות של מצוות ואיסורים:

> מפני שהוזהר בעל התשובה לחפש דרכיו, וכמה לו עונות וחטאות, ואחרי אשר תם חפש מחופש הוזהר לחקור גודל כל חטא מחטאיו, כמו שנאמר: 'נחפשה דרכינו ונחקורה'. להודע אליו כל חטאתו אשר חטא, כמה הגדיל לאשמה בה. כי יש אשמה עד לשמים גדולה, ויש רעה כנגד כמה חטאים גדולים שקולה. והתשובה הגדולה כפי היות גדולים חקרי לב כאלה. כי לדעתו רב העון וגדלו, נפשו ירעה לו, 'או אז יכנע לבבם הערל ואז ירצו את עונם'.

לפי רבנו יונה, חשוב להבחין בין דרגות שונות של חטא בגלל כמה סיבות. ראשית, כדי שהתשובה הנחוצה תהיה תואמת לחטא. שנית, כדי שתחושות האשמה והבושה – שתי תגובות שונות אך קשורות[1] – תהיינה בממדים הראויים.

ברור שתיאורו של רבנו יונה שונה מהותית מזה של הרמב"ם. הרמב"ם, בין בדיונו שהוזכר לעיל בנוגע לווידוי ובין בדיונו בשלבי התשובה בפרק השני, אינו מדגיש את הצורך לחקור בנוגע לדרגות השונות של החטא. רבנו יונה, לעומת זאת, הקדיש את השער השלישי של ספרו לקטלוג מפורט של רמות שונות של חטא, המנויות בסדר יורד.

1. ראו בפרק 'תשובה - דחף ומניע' פיתוח של רעיון זה (לעיל עמ' 61).

בכל הנוגע להתנסותנו, למטרותינו וליעדינו, האם עלינו להניח בדומה לרמב"ם, שישנו מובן אחיד של תשובה, או בדומה לרבנו יונה, שהבחנה היא חיונית לתשובה ראויה? ואם נבחר בדרכו של רבנו יונה, איזה סוג של הבחנה עולה בדעתנו ובאילו קטגוריות עלינו להשתמש?

בין אדם למקום ובין אדם לחברו

הבה נתחיל בהבחנה המוכרת בין עבירות שבין אדם למקום לעבירות שבין אדם לחברו. המשנה בסוף יומא קובעת: "עבירות שבין אדם למקום – יום הכפורים מכפר; עבירות שבין אדם לחברו – אין יום הכפורים מכפר, עד שיְרצה חברו" (ח, ט). את ההבחנה הזו אפשר להבין בכמה אופנים.

הרא"ש (יומא ח, יז) ואחרים אומרים שחטאים שבין אדם לחברו חותרים באופן מעשי תחת הסולידריות של כלל ישראל. אם כך הוא, לריצוי של הנפגע יש ערך עצמאי, אך אין הוא קשור במישרין לאיכות התשובה. מלבד התשובה הפרטית, אפשר להשיג עוד דבר – אחדות ישראל.

הגמרא בראש השנה (יז ע"ב) מציעה הסבר שונה:

> שאלה בלוריא הגיורת את רבן גמליאל: כתיב בתורתכם: 'אשר לא ישא פנים', וכתיב: 'ישא ה' פניו אליך'. נטפל לה רבי יוסי הכהן, אמר לה: אמשול לך משל, למה הדבר דומה – לאדם שנושה בחברו מנה, וקבע לו זמן בפני המלך, ונשבע לו בחיי המלך. הגיע זמן ולא פרעו, בא לפייס את המלך. ואמר לו: עלבוני מחול לך, לך ופייס את חבירך. הכא נמי, כאן – בעבירות שבין אדם למקום, כאן – בעבירות שבין אדם לחברו.

ביחס לעבירות שבין אדם למקום, הקדוש ברוך הוא מוכן להרעיף עלינו מחסדו. אך המחילה על עבירות שבין אדם לחברו אינה תלויה רק בקדוש ברוך הוא. אדם חייב לרצות את חברו משום שא־לוהים

אינו הכתובת הנכונה היחידה; עליך לשלם לאדם שממנו שאלת או לפייס את האדם שנגדו חטאת.

אפשר שהפירוש הפשוט ביותר הוא שיש בעיה באיכות תשובתו של האדם שאינו מרצה את חברו. ההנחה הבסיסית ביותר של התשובה היא עזיבת החטא. אם אדם לא עושה זאת, הרי הוא כטובל ושרץ בידו. בנוגע לעבירות שבין אדם למקום מתוודה החוטא לפני א־לוהים, ובכך מתקיימת עזיבת החטא. אולם אם אדם פגע באדם אחר ולא התאמץ לרצות אותו, העבירה ממשיכה להתקיים; זהו פצע מדמם. תשובה זו אינה ראויה אפוא להשיג את המחילה הציבורית שמציע יום הכיפורים, משום שאותו חוטא לא חזר בתשובה כראוי.

כוונה ונסיבות מקלות

מלבד סיווג המצוות והעבירות, גורמים נוספים משפיעים על רמתו של החטא. הגמרא ביומא (לו ע״ב) מדברת על הווידוי ״חטאתי, עוויתי, פשעתי״, המבחין בין רמות שונות של מרידה. אף שחכמים ורבי מאיר נחלקים בנוגע לסדר המילים בווידוי זה ובנוגע למשמעותן, מסכימים הם שיש להבחין בין מרה, זדון ושגגה.

בדומה לכך, בהקשרים אחרים מתואר ניגוד בין עבירות הנעשות להכעיס ובין כאלו הנעשות לתיאבון. אם אדם חוטא כדי להכעיס את הקדוש ברוך הוא או כדי למרוד נגדו, הרי שמלבד חטאו המסוים הוא עובר גם על איסור חילול השם (ראו: רמב״ם, הלכות יסודי התורה ה, י). אם אדם נדחף לחטא בידי תיאבונו ולא בגלל מרדנותו, הרי שאמנם חטא במזיד, אך לא עשה זאת כדי להילחם בא־לוהים אלא בגלל חולשת הבשר, ולכן חטאו חמור פחות.

בנוסף לגורמים אלו, ישנה שאלת ההרגל. בהקשרים מסוימים, אם אדם חוטא שוב ושוב, העונש יהיה תואם.

ישנו גם עניין הנסיבות המקלות. באופן כללי, חז״ל לא אחזו בעמדתם של פנולוגים, קרימינולוגים, סוציולוגים ופסיכולוגים רבים בעידן המודרני, שלפיה אפשר לייחס הכול לטבע או לסביבה, ושבמידה

רבה אדם פטור מאחריות אישית. תחושת האחריות האישית היא מרכזית בעבורנו, והיא קשורה לאמוננו באנושות, לאמונתנו בבחירה החופשית ולידיעתנו שהאדם יכול לפעול אם רק ירצה. אף על פי כן ישנה הכרה מסוימת בנסיבות שיכולות לקדם פעולות מסוימות או להקל על עבירות מסוימות, כדברי הגמרא בברכות (לב ע"א): "משל לאדם אחד שהיה לו בן, הרחיצו וסכו והאכילו והשקהו, ותלה לו כיס על צוארו, והושיבו על פתח של זונות; מה יעשה אותו הבן שלא יחטא?". בנסיבות כאלו קשה הרבה יותר להימנע מהחטא מאשר בתנאים רגילים.

חומרת המעשה

מעבר לכל זה, קיימת ההבחנה, שאליה התייחס רבנו יונה, בין רמות שונות של חומרת העבירה עצמה, בין קלות לחמורות. הגמרא ביומא (פג ע"א) אומרת שמי שאחזו בולמוס ביום הכיפורים ובריאותו בסכנה, מאכילים אותו. אם אין שם אוכל כשר, מאכילים אותו את המאכל שאיסורו קל יותר. כך למשל: "טבל ונבילה – מאכילין אותו נבילה", משום שאכילת נבלה עונשה מלקות ואילו אכילת טבל עונשה מיתה בידי שמים. הסוגיה ממשיכה לדון בשאלה אילו איסורים חמורים יותר ואילו פחות, ורבנו יונה מרחיב זאת.

סוג זה של "קלות וחמורות" מתייחס לדרגות שונות לאורך רצף אחד, אך יש גם הבחנות אחרות. בעולם האיסורים למשל, יש איסורים שעונשם מלקות ויש שעונשם מיתה, ובכל זאת הרמב"ם (הלכות תשובה א, ב) מונה את החטא של שבועת שקר בין החמורות, אף שעונשו מלקות, משום שיש בו חילול השם. גם כמה מצוות עשה מצוינות כבעלות משקל מיוחד, למשל: "שקולה מצות ציצית כנגד כל מצות שבתורה" (נדרים כה ע"א, שבועות כט ע"א); "חייבין אנו להזהר במצות צדקה יותר מכל מצות עשה" (רמב"ם, הלכות מתנות עניים י, א); "ואין לך מצוה רבה כפדיון שבויים" (שם ח, י).

ישנו גם סוג נוסף של הבחנה בין קלות לחמורות. המשנה ביומא (פה ע"ב) מלמדת:

> חטאת ואשם ודאי – מכפרין. מיתה ויום הכפורים – מכפרין עם התשובה. תשובה מכפרת על עבירות קלות, על עשה ועל לא תעשה, ועל החמורות הוא תולה עד שיבא יום הכפורים ויכפר.

הגמרא (יומא פו ע"א), המכילתא (יתרו בחודש ז) והירושלמי (יומא ח, ז ועוד) מצטטים בהקשר זה את הסיווג הנודע של חילוקי הכפרה:

> שאל רבי מתיא בן חרש את רבי אלעזר בן עזריה ברומי:
> שמעת ארבעה חלוקי כפרה שהיה רבי ישמעאל דורש?
> אמר: שלשה הן, ותשובה עם כל אחד ואחד. עבר על עשה ושב – אינו זז משם עד שמוחלין לו...
> עבר על לא תעשה ועשה תשובה – תשובה תולה, ויום הכפורים מכפר...
> עבר על כריתות ומיתות בית דין ועשה תשובה – תשובה ויום הכפורים תולין ויסורין ממרקין...
> אבל מי שיש חילול השם בידו – אין לו כח בתשובה לתלות, ולא ביום הכפורים לכפר, ולא ביסורין למרק; אלא כולן תולין, ומיתה ממרקת...

הרמב"ם (הלכות תשובה א, ד) מביא גמרא זו, וקובע עוד (שם, ב) שהשעיר המשתלח מכפר על כל החטאים המלווים בתשובה; אך אם החוטא לא חזר בתשובה, השער מכפר רק על הקלות. כך מגדיר הרמב"ם את הקלות והחמורות בהקשר זה:

> ומה הן הקלות ומה הן החמורות, החמורות הן שחייבין עליהם מיתת בית דין או כרת, ושבועת שוא ושקר אף על פי שאין בהן

> כרת הרי הן מן החמורות, ושאר מצות לא תעשה ומצות עשה שאין בהן כרת הם הקלות.

לפי ההבחנה הזו אין רצף של חטא, אלא שתי קבוצות שונות ומובחנות מבחינת הכפרה. קבוצת הקלות משיגה כפרה על ידי השעיר המשתלח לבדו, אפילו בלי תשובה; כאשר יש תשובה, הקלות משיגות כפרה מיידית, בעוד החמורות עדיין צריכות להמתין.

האם עלינו להתייחס לקלות ולחמורות כשתי קטגוריות נפרדות ביסודן, כמרומז במשנה ובדברי הרמב"ם, או כנקודות שונות לאורך ספקטרום של חומרה, באופן העולה בקנה אחד עם הגמרא (יומא פג ע"א), המבחינה בין איסורי מאכל שונים בזמן פיקוח נפש ביום הכיפורים? נוכל לקבל הדרכה בנוגע לשאלה זו מקביעה מפתיעה של הרמב"ן.

רמב"ן: שני יסודות של כפרה

הפסוק קובע בנוגע לאדם המביא קרבן עולה: "וְנִרְצָה לוֹ לְכַפֵּר עָלָיו" (ויקרא א, ד). חז"ל שואלים: אנו יודעים על מה מכפרים קרבנות חטאת ואשם, אך על מה מכפר קרבן עולה? רש"י (שם) מצטט את התשובה המופיעה בתורת כהנים (נדבה פרשה ג פרק ד, ח):

> על מה הוא מרצה לו? אם תאמר על כריתות ומיתות בית דין או מיתה בידי שמים או מלקות – הרי עונשן אמור; הא אינו מרצה אלא על עשה ועל לאו שנתק לעשה.

הרמב"ן שם מסביר מה הניע את חז"ל להסביר כך. בכל הנוגע לחטאים שעונשם מיתה או כרת, התורה קובעת מה העונש במקרה של מזיד ואיזה קרבן יש להביא במקרה של שוגג. אך התורה אינה מזכירה שום קרבן שיש להביא במקרה של שוגג לגבי חטאים שעונשם במזיד הוא

מלקות או מיתה בידי שמים. לכאורה, אין זה סביר שבנוגע לחטאים מסוימים התורה תציין את העונש הן למזיד והן לשוגג, ובנוגע לחטאים אחרים – רק את העונש למזיד. מכאן מגיע הרמב״ן למסקנה הבאה: ״ולכך ראו שאין בחייבי מיתה בידי שמים ובחייבי מלקות אלא עונשן המפורש בהן במזיד, אבל בשוגג אין עליהם שום נשיאות חטא, ואין צריכין רצוי כלל״. לבסוף, ישנה קבוצה שלישית, שבנוגע אליה אין התורה מזכירה עונש כלל, אף בנוגע למזיד: מצוות עשה ולאו הניתק לעשה. לא ייתכן שאין שום צורך בכפרה על חטאים אלו, ולכן הגיעו חז״ל למסקנה שקרבן עולה הוא המכפר עליהם.

הרמב״ן עצמו צועד עוד מעבר לגישה זו:

> ויתכן לומר, כי בעבור שלא הזכיר בקרבנות הנדבה ׳לכפר עליו על שגגתו אשר שגג׳ כאשר בקרבנות החטא, ואמר ׳ונרצה׳, היה לרבותינו במשמעות הזה שיכפר על המזידים שאינם רצויים לפניו, כי השוגג, אף על פי שחטא, רצוי ה׳ הוא. אם כן, אי אפשר לו לכפר על המזידים, זולתי על עשה ועל לא תעשה שניתק לעשה, שלא נזכר בהם עונש, אלא שאינם רצויים למלך בעבור שעברו על מצותו, ובמה יתרצו אל אדוניהם? בדורון הזה.

לדברי הרמב״ן, אם אדם חוטא בשוגג, הוא עדיין ״רצוי ה׳״, אבל לא כך בחוטא במזיד. הפסוק ״ונרצה לו״ אינו יכול להתייחס לאדם שחטא בשוגג, כי אדם זה הוא רצוי ה׳ גם בלי הקרבן, ובהכרח שהוא מתייחס לחוטא במזיד. כיון שאנו כבר יודעים מהם העונשים שהוקצו לחוטאים במזיד, הפסוק חייב להתייחס לחוטא במזיד שאינו מקבל עונש, ובכל זאת אינו רצוי ה׳, כלומר: אדם המבטל מצוות עשה או עובר על לאו הניתק לעשה.

הערה זו של הרמב״ן ראויה לציון משתי בחינות. ראשית, היא מזמינה את השאלה הברורה, ששאל הרב מאיר דן פלוצקי (**כלי חמדה** ויצא לח ע״ב): האם עלינו להבין שהחוטא בשוגג הוא רצוי ה׳, ואינו

צריך תשובה או כפרה? שנית, אנו יודעים שאדם שעבר בשוגג על איסור שעונשו במזיד הוא כרת חייב להביא קרבן. אך אם נאמץ את ההנחה שעולה לכאורה מדברי הרמב"ן, שחוטא בשוגג אינו צריך כפרה, מדוע חייב הוא בקרבן? האם אין הוא רצוי ה'?

אפשר להציע שני הסברים להערתו של הרמב"ן. ראשית, אולי השאלה השנייה מתרצת את הראשונה. מידת האשמה של החוטא בשוגג תלויה בחומרת החטא. מעבירה קלה יחסית, כזו שאפילו כשנעשתה במזיד אינה חמורה, אפשר להתעלם כשנעשתה בשוגג. עבירה חמורה, לעומתה, מטילה מידה גדולה יותר של מחויבות ואשמה, ואדם שחטא בעבירה כזו בשוגג לא ייחשב רצוי ה'.

אני סבור שאפשר להציע הסבר נוסף, אם נתחשב במטרה שונה של הקרבן, מלבד תפקידו בהשבת חסד ה' לחוטא. הרמב"ן מבדיל בבירור בין קלות לחמורות. כשאדם עובר בשוגג על איסור מן השורה, אין הוא זקוק לכפרה. אך איסורים שעונשם במזיד הוא כרת או מיתה צריכים כפרה גם אם נעשו בשוגג. להבחנה זו יש השלכות חשובות.

ביחס לקלות, חומרת העבירה קשורה פחות בטבעו של המעשה ויותר בדמותו של החוטא. כאשר התעמת האדם במזיד עם הקדוש ברוך הוא, בחר הוא להעדיף את רצונו שלו על פני רצון ה'. אם נניח בצד שיקולים מוסריים מסוימים, לא המעשה הוא שצריך להיגאל, אלא האדם. לאור זאת, אם האדם לא היה רווי בתשוקה פסולה אלא ביצע את המעשה בשוגג, אין הוא זקוק לגאולה, ונותר הוא רצוי ה'. אך בנוגע לחמורות, לא רק האדם זקוק לגאולה, אלא גם המעשה וגם העולם שבמסגרתו התבצע החטא.

עלינו לשקול אפוא את טבעה של התשובה בשני הקשרים נבדלים. בתשובה על עבירות קלות, גאולת האדם וטיהורו הם מרכיבים חיוניים ומרכזיים. אך בהתייחס לחמורות אין די בכך שהאדם יחזור בתשובה ויקבל מחדש את המעמד של "רצוי ה'"; כדי לטהר את הסדר החברתי ואת הסדר המטפיזי מתוצאות החטא – נחוץ קרבן חטאת. עם הטומאה הזו צריך להתמודד. התשובה על החמורות צריכה לכלול הן גאולה אישית והן תיקון הטומאה.

ביטול רצוננו מפני רצון ה׳

נשוב לשאלתנו המקורית, בנוגע להבדל בין גישת הרמב״ם לזו של רבנו יונה. האם עלינו לחשוב על החטא כעל תופעה אחידה או שמא עלינו להבחין ולסווג קטגוריות ונסיבות שונות של חטאים? שאלה זו נוגעת לעבודת ה׳ ככלל ולתשובה בפרט. דומני שהתשובה ברורה היא: אנו זקוקים הן לגישתו של הרמב״ם והן לגישתו של רבנו יונה.

מצד אחד, ישנו מכנה משותף לחטאים כולם, ועלינו להתעמת עמו אם ברצוננו להשתפר. בכל פעם שאדם נכשל בשדה התורה, ההלכה או המוסר, הוא עומד בפני השאלה איזה מין אדם הוא ואיזה סוג חיים הוא מוביל. האם הוא מעדיף את רצונו שלו או את רצון שמים? האם הוא חושב במונחים אגוצנטריים או תיאוצנטריים? בכל פעם שאדם עומד מול רצון הא־ל, בוקעת ועולה שאלתו של פרוספרו: ״רגלי – מורתי?״;[2] מי ינהיג את האדם – ראשו או רגלו?

במישור זה, כשאדם שוקל אם לבטל רצונו מפני רצון ה׳, ההבחנות בין קלות לחמורות נעלמות. כל החטאים, במובן זה, חמורים הם. פלוטרכוס כתב **בחיי סולון** (XVII, 4): ״אומרים שדראקון עצמו החזיר לשואל, למה הוא דן את רוב עוברי עבירה במיתה, ואמר לו, שלפי דעתו ראויות העבירות הקלות לעונש זה, אלא שלחמורות שבהן לא מצא גדול ממנו״.[3] יש משהו בגישה זו. הירושלמי (מכות ב, ו) מספר: ״שאלו לנבואה: חוטא – מהו עונשו? אמרה להן: הנפש החוטאת היא תמות״. אין שואלים באיזה חטא מדובר – גדול או קטן, קלות או חמורות. אם אדם משליך את תפקידו כמְצֻוֶּה, וחלף זאת מתיימר להשתלט על תפקיד המְצווה, זהו המרד האולטימטיבי. אף שלעתים החומרה מרוככת בגין הנסיבות, וכמה חטאים נעשים מתוך חולשה

2. שייקספיר, **הסערה**, מערכה 1, תמונה 2.
3. פלוטארכוס, **אנשי יוון**, תרגום: א״א הלוי, הוצאת מוסד ביאליק, ירושלים תשמ״ו, עמ׳ 55.

ולא מתוך מרדנות, השורה התחתונה היא עדיין שאדם העדיף את רצונו על פני רצון שמים.

כאשר אדם עומד לא רק בפני עבירה מסוימת אלא בפני השאלה הקיומית המכריעה: רצונו של מי יגבר – שלו או של א־לוהים, הווידוי ההולם הוא פשוט להכיר במרידתו: "חטאתי, עוויתי פשעתי לפניך". מרדתי בך בכמה רמות; עמדתי לפניך, הייתי בצומת, ופניתי לכיוון השגוי. זהו היבט אחד של התשובה.

פרטים ויחסים

אך אין זה ההיבט היחיד. התשובה רבת פנים היא, משום שהחטא הוא מגוון. לעיל, בפרק השלישי, הזכרנו חמישה היבטים של החטא:[4] הרוע כשלעצמו; הפרת דברו של ה'; הכתמת אישיותו של החוטא; המרי כנגד בורא העולם, היריקה בפניו, כביכול; והפגיעה בקשר של החוטא איתו. אם אדם רוצה לעסוק בתשובה, עליו להתייחס לכל אחד מההיבטים הללו ולתקן אותו. נחוצים אפוא הן תיקון החטא, הן תיקון הקשר והן תיקון העצמי. כל אחד מההיבטים הללו אמור להיבדק בפני עצמו, ולשם כך צריך לשוב להבחנה נוספת שהזכרנו בפרקים הקודמים: בין תשובה שאפשר לכנותה "מוסרית", תשובה מהחטא, ובין תשובה שאפשר לכנותה "דתית", תשובה אל א־לוהים.[5]

תיקון החטא קשור בהוראתו של יחזקאל: "שׁוּבוּ שׁוּבוּ מִדַּרְכֵיכֶם הָרָעִים" (לג, יא), בתשובה המוסרית. אדם צריך לשקול, בדרכו של רבנו יונה, את כובד חטאו ואת פרטיו. כפי שרמז הרמב"ן, עליו גם לחשוב איך לתקן את הנזק שחטאו הביא לעולם, תוך תשומת לב גדולה לפרטים.

ישנן מסורות דתיות ואסכולות מחשבה שלא רק מזניחות את תשומת הלב לפרטים, אלא אף בזות לה. המסורת הלותרנית, למשל,

4. 'שלמותה של התשובה' (לעיל, עמ' 39).
5. שם.

מאמינה שהאדם כה שקוע בחטא, עד שהוא יכול רק לנסות להשלים עם א־לוהים, באופן פעיל או סביל, בחפשו אחר החסד הא־לוהי או בהמתינו לו. פעולה לתיקון חטאים, גדולים או קטנים, אינה רלוונטית. זוהי עבודת א־לוהים "דתית", המתמקדת רק במערכת היחסים עם א־לוהים, ולא בממד ה"מוסרי", בתיקון הרעות. אם אדם מאמץ מוקד זה, אין לו צורך בהבחנה בין חטאים. האיכות והכמות של החטאים אינן חשובות כמו קיומו של מחסום בין האדם לאל, ואדם צריך להתמקד בהתעלות מעל מחסום זה, להתחנן לחסד, להשליך יהבו על רחמי הא־לוהים.

יש מה לומר בזכות גישה שאינה מסתפקת רק באיסוף השברים ובניסיון לאחות ולתקן אלא מחפשת שיקום בהקמתו מחדש של הגשר אל הקדוש ברוך הוא, גשר המאפשר לאדם למצוא את דרכו אל א־לוהים והמאפשר לא־לוהים לבוא אליו. לצד זאת, אף שאנו מבינים שבעבודת ה' בכלל ובתשובה בפרט אין אדם יכול להתמקד **רק** בפרטים, אנו ודאי מאמינים שישנו יסוד "מוסרי" בתשובה ובעבודת ה' ועל האדם לתקן את הרע ולקטוע את קיומו. מכלול תפיסתנו את עבודת ה' נשען על שני עמודים: האחד הוא מודעות לחשיבות העצומה של מערכת היחסים שלנו עם א־לוהים – "וַאֲנִי קִרֲבַת אֱ־לֹהִים לִי טוֹב" (תהילים עג, כח) וכן "כְּאַיָּל תַּעֲרֹג עַל אֲפִיקֵי מָיִם כֵּן נַפְשִׁי תַעֲרֹג אֵלֶיךָ אֱ־לֹהִים" (שם מב, ב). העמוד השני הוא תשומת הלב לחיים ממושמעים ולפרטיהם המדוקדקים, הגודשים את עולם ההלכה.

אנו דוחים כליל את ההשקפה האומרת שכאשר אדם מתמסר למערכת היחסים המקיפה עם א־לוהים, לבקשת האינטימיות עמו ולשיקום הקשר, נמוגים הדקדוקים והופכים חסרי חשיבות. מצד שני, אנו גם דוחים את ההשקפה שלפיה די יהיה במעשים מסוימים על פרטיהם. איננו מעזים להתמקד רק באחד משני העמודים הללו. עולמנו בנוי באופן רב־פנים ורב־קומות, והוא מתייחס לשני ההיבטים ומשלב את שניהם. היכולת להיקשר לא־לוהים היא ההיבט היסודי והבסיסי ביותר בקיום האנושי, וגם ההישג המקיף, המוחלט והמאושר ביותר של האדם. בו בזמן, תשומת הלב לפרטיה של כל הלכה והיכולת

לשלב את השירה והפרוזה של עבודת ה׳, מרכזיות הן לתפיסתנו ולחווייתנו.

המוקד הכפול הזה מרכזי בהשקפתנו על אודות התשובה, ויכול להוביל אותנו להבחנה מסוג אחר בין קלות לחמורות: לא כציון סוגים שונים של חטא, אלא כציון גישות שונות לתשובה. תשובת החמורות, המתמקדת במעשים וברצון לתקנם, דורשת שנשקול, נדרג ונקבע סדר עדיפויות. תשובת הקלות, שאינה מתמקדת במעשה שעשינו אלא בניסיון לשקם את הקשר עם א־לוהים, מאפשרת התמקדות במטרות העל, המתבטאות בקטגוריות כלליות ובווידוי האחיד.

בעוד תיקון החטא ותיקון הקשר שנפגע עם א־לוהים מתבטאים בגישות שונות לתשובה – תשובת החמורות ותשובת הקלות, בהתאמה – שתי הגישות קשורות ומשתלבות ביסוד השלישי, תיקון העצמי שהוכתם על ידי החטא. כדי לתקן ולטהר את עצמו צריך האדם לאשש ולבסס מחדש את הקשר שלו לא־לוהים, וגם לעסוק בטיהור מוסרי ורוחני, המתחשב במעשים ובפרטיהם.

שני וידויים

בפרק השלישי הזכרנו שני סוגי וידוי:[6] וידוי כללי, ״אבל אנחנו חטאנו״, הנזכר בגמרא יומא (פז ע״ב), והווידוי המפורט בהרבה, שאנו נוהגים לומר היום. לגמרא די היה בווידוי של הרמב״ם, אך הווידוי בגישתו של רבנו יונה חדר לנתיב המרכזי של חיינו וחווייתנו ביום הכיפורים.

ועדיין, חוויה זו של יום הכיפורים היא עצמה מורכבת. באופן כללי, אנו עומדים ביום הכיפורים כשעלינו מוטלת אחריות כפולה. אנו עומדים עם הרמב״ם, מנסים לעקור את שורשי החטא ולבער את הנטייה והתשוקה לחטא. באומרנו את הווידוי ״אבל אנחנו חטאנו״, אנו מתעמתים עם מקומנו לנוכח הקדוש ברוך הוא, מנסים להגיע אליו ומקווים שהוא יגיע אלינו. בו בזמן, אנו עומדים עם רבנו יונה,

6. ׳שלמותה של התשובה׳ (לעיל, עמ׳ 39).

בהגשמת עצתו של ספר איכה: "נַחְפְּשָׂה דְרָכֵינוּ וְנַחְקֹרָה" (איכה ג, מ). כשאנו מפרטים את חטאינו זה לאחר זה, אנו בוחנים מה עשינו ואיך עשינו ושוקלים את חומרתה של כל עבירה, כדי שנדע לא רק אם חוטאים אנחנו אלא גם איזה סוג בדיוק של חוטאים. ביום הכיפורים, אנו עוסקים במשימה דתית מאוד ובמשימה מוסרית מאוד; זהו יום הכיפורים כמכלול שלם.

אך בסיומו של היום, כשאנו מגיעים לתפילת נעילה, הנימה משתנה מעט. בארבע התפילות הראשונות של יום הכיפורים אנו אומרים "אבל אנחנו חטאנו", ואז עוברים על כל הרשימה של "על חטא". עם דמדומי חמה, כאשר קץ היום וכפרתו מופיעים באופק, אנו פונים לא־לוהים ואומרים: ריבון העולם, במשך כל השנה, ובמיוחד מאז שהתחיל חודש אלול, אנו עובדים לשפר עצמנו, אנו שוקלים ומעריכים את חטאינו. במשך כל יום הכיפורים נאבקנו, גיששנו וייחלנו. אבל כעת בסיומו של יום נותר לנו רק דבר אחד: להשליך עליך את יהבנו ואת תפילותינו. אנו נושאים פנינו אליך אחרי שעשינו מאמץ חריג, שאולי אין די בו. היום עומד לפנות ואיננו יכולים לשקוע שוב בחשבונות הללו, לזהות ולדרג חטאים הרודפים זה את זה. כעת אנו עצמנו עומדים לפניך ואנו מתחננים לפניך ומפצירים בך שתעניק לנו סליחה, מחילה וכפרה.

בנעילה איננו אומרים "על חטא"; אנו מסתפקים באמירת "אבל אנחנו חטאנו" ולאחריה "אשמנו". אנו עושים זאת בתקווה שבזכות מה שעשינו במהלך השנה, בזכות מה שעשינו במהלך חודש אלול, בסליחות, בעשרת ימי תשובה, בארבע התפילות הראשונות של יום הכיפורים – שבהם צעדנו בעקבות רבנו יונה, ניסינו כמיטב יכולתנו לתקן את הרעות, לבחון ולחקור – נהיה ראויים למחילה. אך עכשיו אנו מבקשים דבר נוסף: טהרה – "לִפְנֵי ה' תִּטְהָרוּ" (ויקרא טז, ל).

לטהרה שאנו מבקשים יש אופי כפול. כאשר אדם טובל במקווה, כל אבר מאבריו שקוע במים אבל גם כל־כולו. ביום הכיפורים אנו עורגים לשני סוגי טהרה דומים. הטהרה המוסרית באה מהעמידה לנוכח החטא, מהניסיון לעקור אותו ולהתגבר עליו. זהו היבט של

תיקון עצמי ותיקון החטא. אנו עורגים גם לטהרה של "מִקְוֵה יִשְׂרָאֵל ה'" (ירמיהו יז, יג) – "מה מקוה מטהר את הטמאים, אף הקדוש ברוך הוא מטהר את ישראל" (יומא ח, ט). הסוג השני הזה של טהרה מתייחס לשיקומנו ולכינון הקשר שלנו עם א־לוהים, הנובע לא רק מלמטה, אלא גם מלמעלה.

מהפסוק "לפני ה' תטהרו" למד רבנו יונה שיש חובה מיוחדת לחזור בתשובה ביום הכיפורים (**שערי תשובה** ד, יז). כאן אנו פוגשים טהרה כתביעה, כחובה, המטילה עלינו לבחון ולחקור את דרכינו; זהו ההיבט המפורט והמדוקדק של התשובה. ברם "לפני ה' תטהרו" פירושו גם שאיפה והבטחה שאם התעמתנו עם "מכל חטאתיכם", אזי יכריז הקדוש ברוך הוא: "תטהרו".

תשובה בינונית ותשובתו של הבינוני

תשובה למעטים ותשובה לרבים

מושג התשובה מכיל שני היבטים הנראים כסותרים. מצד אחד, לתשובה שהושלמה בהצלחה יש גוון אליטיסטי. כפי שאומרים חז"ל: "מקום שבעלי תשובה עומדין – צדיקים גמורים אינם עומדין" (ברכות לד ע"ב; סנהדרין צט ע"א). במובן זה, בעלי תשובה הם סוג של אריסטוקרטיה רוחנית, וכפי שאומרים חז"ל במקום אחר: "ראיתי בני עלייה והן מועטין" (סוכה מה ע"ב). יש להניח שבעלי תשובה הם בין אותם בני עלייה, מועטים ככל שיהיו.

מצד שני, לתשובה יש צביון דמוקרטי ועממי מאוד. חיונית היא לכול, כפי שמצהיר קהלת: "כִּי אָדָם אֵין צַדִּיק בָּאָרֶץ אֲשֶׁר יַעֲשֶׂה טּוֹב וְלֹא יֶחֱטָא" (קהלת ז, כ), וגם נגישה היא לכול.

חז"ל הבליטו כמה דמויות היסטוריות וכמה מאורעות תנ"כיים כדי להעביר את המסר שהתשובה אוניברסלית היא. הגמרא (סנהדרין קג ע"א-קג ע"ב) מציגה השקפות שונות בנוגע להערכת דמותו של מנשה בן חזקיהו. יש הרואים אותו כרשע וכוללים אותו ברשימה הקצרה של אישים שאין להם חלק לעולם הבא. אחרים מבססים את

דרשה זו נישאה בכינוס התשובה על שם האוזמן־שטרן, במכון גרוס בירושלים, תשרי תשס"ד.

הערכתם על הנאמר בדברי הימים ב (לג, יב-יט), שלקראת סוף ימיו החל מנשה להתפלל לא־לוהים בעת צרתו. לאור זאת, אחת ההשקפות בגמרא קובעת: "כל האומר מנשה אין לו חלק לעולם הבא – מרפה ידיהן של בעלי תשובה" (סנהדרין קג ע"א).

קביעה נועזת אף יותר מופיעה בגמרא בעבודה זרה (ד ע"ב-ה ע"א), בנוגע למעשה דוד ובת שבע: "לא דוד ראוי לאותו מעשה, ולא ישראל ראוין לאותו מעשה... אלא למה עשו? לומר לך, שאם חטא יחיד – אומרים לו: כלך אצל יחיד, ואם חטאו ציבור – אומרים להו: לכו אצל ציבור". כביכול הקדוש ברוך הוא חולל את המפגש בין דוד לבת שבע, כדי לכונן דגם של תשובה לכול.

מה טבעו של דגם זה? ראשית, יש קשר ברור של סיבה ותוצאה בין תשובה ומחילה. אך מעבר למחילה, תשובה מייצגת יסוד משווה. הרמב"ם מדגיש שכיון שלכולם יש רצון חופשי, תשובה מטילה חובה על כולם ומספקת הזדמנות לכולם:

> הואיל ורשות כל אדם נתונה לו, כמו שבארנו, ישתדל אדם לעשות תשובה ולהתודות בפיו מחטאיו ולנעור כפיו מחטאיו, כדי שימות והוא בעל תשובה[1] ויזכה לחיי העולם הבא (רמב"ם, הלכות תשובה ז, א).

כיון שתשובה היא כה חשובה, השגת מעמד של "בעל תשובה" שיזכה לחיי העולם הבא אינה מוגבלת למעמד מסוים או לקבוצה מסוימת, ואף לא ליחידים בולטים או יוצאי דופן במובן כלשהו. זוהי מטרה אוניברסלית.[2]

1. הרמב"ם משתמש כאן במושג "בעל תשובה" באופן שונה מהשימוש הרווח בעולם המונחים שלנו. כיום, "בעל תשובה" הוא אדם שבעבר לא היה מחויב לתורה ולמצוות, ואז שינה את דרכו ואימץ מחויבות לערכים אלו. בעל התשובה של הרמב"ם לעומת זאת הוא אדם שהיה תמיד מחויב לתורה ולמצוות אך חטא מדי פעם, ואז החליט לתקן עצמו על ידי תשובה.
2. עבור הרמב"ם, זוהי מטרה אוניברסלית במלוא מובן המילה, כפי שהוא אומר:

לפיכך, לתשובה יש מצד אחד טון אריסטוקרטי, ומצד שני צביון מקיף, אוניברסלי ואפילו דמוקרטי. לשניות הזו נתייחס כאן, בייחוד בכל הנוגע לקשר שבין תשובה לבינוניות. בעוד למילה "בינוניות" יש בשפתנו צליל אפרורי או אף שלילי בתכלית, אצל חז"ל ובספרות היהודית המסורתית אין למילה הזו הקשר דומה. למעשה, ר' שניאור זלמן מלאדי פותח את ספרו הגדול **תניא**, בברייתא הדנה בגורלו של הבינוני (נידה ל ע"ב). הוא מוסיף ומצטט גמרא שבה גדולי האמוראים מביאים את עצמם כדוגמה לבינוניים (ברכות סא ע"ב). עם זאת, במסגרת מטרותינו כאן נניח ש"בינוני" אינו יותר ממה שמציע מובנה המילולי של המילה: אדם ממוצע.

חשוב במיוחד להתמקד בגורלו ובייעודו של הבינוני במהלך עשרת ימי תשובה. כך אומרת הגמרא:

> שלשה ספרים נפתחין בראש השנה: אחד של רשעים גמורין, ואחד של צדיקים גמורין, ואחד של בינוניים. צדיקים גמורין – נכתבין ונחתמין לאלתר לחיים; רשעים גמורין – נכתבין ונחתמין לאלתר למיתה; בינוניים – תלויין ועומדין מראש השנה ועד יום הכפורים. זכו – נכתבין לחיים, לא זכו – נכתבין למיתה (ראש השנה טז ע"ב).

לפי פסקה זו, עשרת ימי התשובה, הימים של "דִּרְשׁוּ ה' בְּהִמָּצְאוֹ קְרָאֻהוּ בִּהְיוֹתוֹ קָרוֹב" (ישעיהו נה, ו), מייצגים את שעת ההכרעה עבור הבינוני. למרות השאלות הברורות שמעלה הסיווג על פי מידת הצדיקות,[3] אנו רואים כאן מודעות לחשיבותה של התשובה, בייחוד

"רשות כל אדם נתונה לו"; אך למטרותינו כאן נגביל עצמנו לאוניברסליות בתוך עם ישראל.

3. האם אכן אנו רואים מבחינה מעשית שכל הצדיקים, שנכתבו לטובה בראש השנה, שורדים את השנה העוקבת? לא נראה שהמציאות מאשרת את החלוקה החותכת של הגמרא. יתר על כן, הרמב"ם (הלכות תשובה ג, א) מגדיר את הבינוני כאדם שנמצא בשיווי משקל מדויק. אם הוא רע ברובו – הוא רשע;

בתקופה מקודשת זו, עבור הבינוניים, אשר "תלויין ועומדין מראש השנה ועד יום הכפורים". נושא זה רלוונטי במיוחד עבורנו, משום שמן הסתם כולנו נמנים על הבינוניים הללו.

האליטיזם של הטוהר

נפתח את דיוננו בטקסט שאינו מתייחס במישרין לתשובה, ובכל זאת נוגע בנושא המרכזי של אליטיזם אל מול עממיות. בפרק השישה עשר של **מסילת ישרים**, הרמח"ל פותח בדיון על טיבה של הטהרה: "הטהרה היא תיקון הלב והמחשבות". הוא מוסיף ומבהיר שטהרה היא זיכוך המעשה והמניע, עד שאין בנפש האדם כל רבב טומאה, שיוכל לפגום בלבבו ובמחשבותיו. אם אדם עוסק במעשה שהוא חיובי ביסודו – אולי אפילו מצווה – אך יש נימה דקה של טומאה במניע שלו או בגישתו, אי אפשר לומר שפעולה זו טהורה היא. "אף על פי שאיסור כזה בטל במיעוטו", אומר הרמח"ל, "על כל פנים, המעשה שתערובת כזה בתוכו טהור לגמרי איננו". כאן מציג הרמח"ל השוואה חשובה ליסוד הלכתי:

> כי הנה כשם שאין עולה על גבי המזבח שלמטה אלא סולת נקיה מנופה בשלש עשרה נפה, שכבר טהור לגמרי מכל סיג, כך אי אפשר לעלות על רצון מזבחו העליון, להיות מעבודת הא־ל השלמה והמובחרת, אלא המובחר שבמעשים, הטהור מכל מיני סיג. ואינני אומר שמה שהוא זולת זה יהיה נדחה לגמרי, כי הרי הקדוש ברוך הוא אינו מקפח שכר כל בריה ומשלם שכר המעשים לפי מה שהם. אמנם, על העבודה התמימה אני מדבר, הראויה

אם הוא טוב ברובו – הוא צדיק. מעשה טוב אחד או חטא אחד יכולים להטות את כפות המאזניים באחד משני הכיוונים; הבינוני נמצא בדיוק באמצע. על כך נקשה: מי נמצא בדיוק באמצע? הרמב"ם נראה כמוטרד קמעא מקשיים אלו בדבריו בתחילת הפרק השלישי של הלכות תשובה, והראב"ד מתנגד בנחרצות לגישתו.

> לכל אוהבי ה׳ באמת, שלא יקרא בזה השם אלא העבודה הטהורה לגמרי, שלא תהיה הפניה בה אלא לשם יתברך ולא לזולתו.

טהרה, אומר הרמח״ל, אינה יכולה להיות חלקית; חייבת היא להיות טהורה כליל ובשלמות. כמו הסולת העולה למנחה על המזבח, שיש לנפות בשלוש עשרה נפות, כדי להסיר ממנה כל טומאה, כך צריך אדם לזכך כליל את אישיותו ואת מעשיו כדי להגיע למעלת הטהרה. הרמח״ל אינו מרחיק לכת עד כדי האמירה שבהעדר טהרה מוחלטת זו אין האדם או המעשה ראויים להערכה. אכן, כל אדם מקבל את הגמול הראוי וההולם למעשיו הטובים; פגם קטן במניע למעשה מסוים אינו מבטל אותו כליל. אך לפי הרמח״ל, אותו אדם ואותו מעשה אינם יכולים להיחשב טהורים באמת.

לפני שנעריך את הגישה הלכאורה־אליטיסטית הזו לשיפור עצמי, חשוב לספק רקע אינפורמטיבי מסוים ביחס להקשר שבו מופיעות קביעותיו של הרמח״ל. בהקדמה ל**מסילת ישרים** מצטט הרמח״ל ברייתא, המציגה סקאלה של מעלות וערכים בסדר עולה:

> אמר רבי פנחס בן יאיר: תורה מביאה לידי זהירות, זהירות מביאה לידי זריזות, זריזות מביאה לידי נקיות, נקיות מביאה לידי פרישות, פרישות מביאה לידי טהרה, טהרה מביאה לידי חסידות, חסידות מביאה לידי ענוה, ענוה מביאה לידי יראת חטא, יראת חטא מביאה לידי קדושה (עבודה זרה כ ע״ב).

במהלך הספר **מסילת ישרים** בוחן הרמח״ל כל אחת מהמעלות הללו לפי סדרן, מגדיר את מהותה ואופיה של כל מעלה, מתווה את אופני מימושה ומזהיר בפני מכשולים אפשריים בדרך להשגתה.

אפשר לחלק את **מסילת ישרים** לשני חלקים. באופן כללי, החצי הראשון מציג את המעלות הנחוצות לאדם בדרך למדרגה שנוכל לכנות ״צדיק״. לשם כך עליו להקפיד לציית להלכה; אדם חייב למלא את המצופה ממנו ולהימנע ממה שנאסר עליו. בניגוד לזה, החצי השני של

הספר מתמקד באדם השואף להיות "חסיד", המוגדר על ידי הרמב"ם כמי שנוהג לפנים משורת הדין (הלכות דעות א, ה). יכול אדם להיקרא צדיק גם אם כתם קטן מעיב על טהרתו וגם אם לא נופה בשלוש עשרה נפות. אך מעלת הטהרה גדולה היא ממדרגתו של הצדיק; זהו צעד בדרך למעלתו של החסיד, השותף בעילית הרוחנית. בטהרה אין נקודת אמצע ואין סקאלה; אדם יכול להיות טהור או טמא. הפגם הקטן ביותר באדם פירושו שהחמיץ את הרכבת, ואינו נחשב טהור.

אדם יכול להשלים עם העובדה שאין הוא חלק מהעילית, שאין הוא בין אלו שעליהם אומר הפסוק: "אִסְפוּ לִי חֲסִידָי כֹּרְתֵי בְרִיתִי עֲלֵי זָבַח" (תהילים נ, ה). אדם יכול להיות שבע רצון אף כשאין הוא נהנה מהגנתו המיוחדת של ה', שעליה מעיד הפסוק: "רַגְלֵי (חסידו) חֲסִידָיו יִשְׁמֹר" (שמואל א ב, ט). יכול הוא להיות יהודי טוב ואדם הגון, החי בשלווה עם הידיעה שאין הוא אחד מקומץ החסידים שבקרבנו. ובכל זאת, עקרון האליטיזם של החסיד מטריד למדי, ואפילו מדכא. אם אדם חייב להיות זך לחלוטין כדי שייחשב "טהור", אין למעשה שום שלבי ביניים. זוהי תחזית מייראת.

במידה מסוימת, תפיסה זו מטרידה גם מבחינה מוסרית. אדם יכול להשקיע מאמץ גדול בניסיון להשיג את מעלת הטהרה, ואז למעוד בגלל עוון זעיר או כוונה פגומה, בגלל חטא קטן בכוונה או במעשה. אף שהמעידה הזו נראית עניין של מה בכך, די בה כדי להדיח את האדם משורותיהם של הטהורים. גם מבחינה דתית, במונחי עבודת ה' של האדם, מטריד שהסיווג הזה כה מחמיר הוא; סיווג כה נוקשה מעורר תחושה הקרובה לדיכוי. לבסוף, רף השלמות המוצג כאן הוא כה גבוה, עד שהוא כנראה ירתיע אנשים רבים מלבקש טהרה מלכתחילה. הם עלולים לטעון באופן הגיוני שאת הטהרה יכולים להשיג אנשים בשיעור קומתו של החפץ חיים, אך היא מעבר ליכולתם של אנשים כמותם.

מובן בתכלית שהטהרה המוחלטת שבה דן כאן הרמח"ל אכן קיימת בתחומים מסוימים של עבודת ה', ורף כזה אף נחוץ בזירות אלו. אפילו מום קטן עלול לפסול. פרה אדומה נפסלת מבחינה הלכתית אם יש בה אפילו שתי שערות שאינן אדומות. בהמה שיש בה פגם זעיר,

כמו נקודה לבנה בשחור שבעינה, פסולה לקרבן. בנוסף לזה, אפילו במקום שבו לא חלות הדרישות הגבוהות של דיני מומים – בנוגע למשל לקרבנות עוף,[4] מנחות ועצים למערכה – עדיין קיים האידיאל של "תמימות", שלמות: "תְּמִימִם יִהְיוּ לָכֶם וְנִסְכֵּיהֶם" (במדבר כח, לא).

בעולם החומרי – בפרט ביחס לרף הטהרה הנדרש במקדש – רמה כזו של דקדקנות היא ודאי מובנת.[5] אך אפילו בנסיבות רגילות, האם אפשר ליישם רמה זהה של חומרה, דיכוטומיה בינארית של בחוץ־או־בפנים, גם בנוגע למישור האנושי ובפרט בנוגע למישור הרוחניות האנושית? בהקשרים מסוימים, אין הבדל בין החמצה כחוט השערה לפספוס ענקי. אך האם כך הוא גם בעולם הרוח? ואם אכן כך הוא, כמה גבוה הוא רף הכניסה לממלכת הטהרה?

מן הזווית ההלכתית, אדם הטובל במקווה יכול להיות טהור או טמא, בלי כל מעמד ביניים – עלתה לו טבילה או שלא – בגלל חציצה או סיבה אחרת. האם נוכל ליישם את הרף הזה בנוגע לבקשת הטהרה שמתווה רבי פנחס בן יאיר, ולטעון שחציצה זעירה מבטלת את התהליך כולו ומפקיעה את חשיבותו וערכו? זוהי מציאות מבהילה.

האליטיזם של התשובה

סוג מיוחד של טהרה הוא זה שמבקשי התשובה מחפשים כחלק מתהליך הכפרה: "כִּי בַיּוֹם הַזֶּה יְכַפֵּר עֲלֵיכֶם לְטַהֵר אֶתְכֶם מִכֹּל

4. קרבן עוף נפסל רק בחסרונו של אבר שלם, ולא במום פחות חמור.
5. ישנה גם סברה שהדקדקנות הזו עלולה בנסיבות מסוימות לגרום נזק. הגמרא בגיטין (נו ע"א) מספרת שגורלו של המקדש נחרץ בגלל התמסרותו העיקשת של רבי זכריה בן אבקולס לרף הזה של טהרה. בר קמצא רצה לעורר מחלוקת בין הקיסר לחכמים, ועודד אותו לשלוח למקדש בירושלים עגל כקרבן כדי לבחון את נאמנותם. בעגל הטיל בר קמצא מום זעיר, כזה שהרומאים מתעלמים ממנו אך לפי ההלכה פוסל את הקרבן. רבי זכריה בן אבקולס סירב להתפשר ולהתיר את הקרבן, ובכך עורר את זעם הרומאים והביא את רבי יוחנן להכריז: "ענוותנותו של רבי זכריה בן אבקולס החריבה את ביתנו ושרפה את היכלנו והגליתנו מארצנו".

חַטֹּאתֵיכֶם לִפְנֵי ה' תִּטְהָרוּ" (ויקרא טז, ל). האם רמה זו של טהרה שייכת רק לאלו שטבילתם מושלמת, שלא רק השליכו את השרץ מידם אלא גם נמנעו מכל חציצה פסולה? קשה להאמין שרק הם יזכו לטהרה ביום הכיפורים.

יתר על כן, אם אכן נגיע למסקנה זו, אם נרומם ונשגיב את התשובה ואת דרישותיה עד לגבהים שמעבר להשגתו של הבינוני מן השורה, קשה לחשוב על דרך מוצלחת יותר להחליש את נחישותם ואת החלטיותם של בעלי תשובה. אם אדם אכן טוען שטהרה היא זכות יתר של יחידים נבחרים, ואם אכן אין דרך ביניים בין הפגום למושלם, האם על הבינוני פשוט להנמיך את הרף הרוחני שלו, להשלים עם חיים רוחניים ממוצעים בכלל ועם תשובה ממוצעת בפרט? לאידיאליזציה של תשובת העילית עלולה להיות השלכה שלילית על הבינוני, בהובילה אותו לא להעצמת מאמציו הרוחניים אלא לרפיונם.

נסכם את שתי הבעיות שגורמת האידיאליזציה של התשובה: מצד אחד, אנו חוששים שאיננו יכולים להשיג אידיאל אצילי ונשגב כזה; מצד שני, אנו עלולים להשלים עם ההבנה שאם איננו יכולים להשיג את תשובת העילית, ננמיך את ציפיותינו ואת מאמצינו ונשלים עם תשובה בהילוך נמוך. הרמח"ל מודה, לכל הפחות בנוגע לטהרה, שגם גרסה פחותה שלה היא עדיין מידה טובה הראויה לתגמול; אך בכל זאת שייכת היא למישור אחר ולסדר אחר.

לא בשמים היא

במובן מסוים, הפתרון לשתי הבעיות נמצא בכמה פסוקים מפרשת ניצבים:

> כִּי הַמִּצְוָה הַזֹּאת אֲשֶׁר אָנֹכִי מְצַוְּךָ הַיּוֹם לֹא נִפְלֵאת הִוא מִמְּךָ וְלֹא רְחֹקָה הִוא. לֹא בַשָּׁמַיִם הִוא לֵאמֹר מִי יַעֲלֶה לָּנוּ הַשָּׁמַיְמָה וְיִקָּחֶהָ לָּנוּ וְיַשְׁמִעֵנוּ אֹתָהּ וְנַעֲשֶׂנָּה. וְלֹא מֵעֵבֶר לַיָּם הִוא לֵאמֹר מִי יַעֲבָר לָנוּ אֶל עֵבֶר הַיָּם וְיִקָּחֶהָ לָּנוּ וְיַשְׁמִעֵנוּ אֹתָהּ וְנַעֲשֶׂנָּה.

> כִּי קָרוֹב אֵלֶיךָ הַדָּבָר מְאֹד בְּפִיךָ וּבִלְבָבְךָ לַעֲשֹׂתוֹ (דברים ל, יא-יד).

על איזו מצווה מדברת התורה? בפירושו לפסוק האחרון מבאר רש"י שהתורה אינה מתייחסת כאן למצווה מסוימת אחת אלא למכלול השלם של המצוות, לכל העולם של עבודת ה'. אך הרמב"ן חולק עליו. אחרי ציטוט דברי רש"י, אומר הרמב"ן:

> והנכון, כי על כל התורה יאמר: 'כל המצוה אשר אנכי מצוך היום', אבל 'המצוה הזאת' – על התשובה הנזכרת, כי 'והשבות אל לבבך', 'ושבת עד ה' א-להיך' – מצוה שיצוה אותנו לעשות כן. ונאמרה בלשון הבינוני [= ולא בציווי], לרמוז בהבטחה כי עתיד הדבר להיות כן (דברים ל, יא).

לפי הרמב"ן, פסוקים אלו מתייחסים במיוחד לתשובה, ועל התשובה אומרת התורה: "לא נפלאת היא ממך, ולא רחוקה היא".

אם אנו מקבלים את פרשנותו של הרמב"ן, מהו המסר של פסקה זו? התוכן והנעימה של פסוקים אלו מכוונים, כמעט במפורש, להרגיע. אל תדאג שמא יהיה קשה מדי להשיג תשובה. אדרבא – "קרוב אליך הדבר מאוד", יהיה בסדר. ועדיין, לצד ההרגעה, המסר הוא גם תובעני מאוד.

ראשית, פסקה זו חוזה את הרציונליזציה הבלתי נמנעת של הבינוני להתנהגותו – ודוחה אותה. הבינוני עלול להרגיש שהוא היה רוצה ללמוד תורה, להתפלל בכוונה יתרה ולרומם את נשמתו, אך פשוט אינו יכול. זה קשה מדי ומעבר לכוחותיו – הוא לא גדל בבית הראוי; הוא לא קיבל את החינוך הראוי; אין הוא חי בחברה הנכונה; אין לו הכוחות האינטלקטואליים או המוסריים הנחוצים לתשובה – הוא פשוט אינו יכול. הבינוני מעלה את העיקרון "אונס רחמנא פטריה" (בבא קמא כח ע"ב), וטוען שאי אפשר היה לצפות ממנו לעשות יותר או להשתפר; זה מעבר לטווח השגתו. התורה חוזה תגובה זו ומתעקשת

שאף על פי כן עליו להמשיך בלי להפסיק. כאשר התורה אומרת לא לדאוג, משום שהתשובה היא בהישג ידו של האדם, אין היא רק מרגיעה ומספקת תמיכה פסיכולוגית. להרגעה נלווית דרישה, לאמור: אין מקום לרציונליזציה הגורסת שאי אפשר לחזור בתשובה. יהא אדם בינוני ככל שיהא, מעידה התורה, תשובה היא תמיד בהישג ידו.

ישנו גם ממד נוסף לדרישתה של התורה כאן. בקוראם בין השורות של הפסוקים, חז״ל מצאו מסר שני, רמוז ולכאורה מנוגד:

> מאי דכתיב: ׳לא בשמים היא ולא מעבר לים היא׳? ׳לא בשמים היא׳ – שאם בשמים היא אתה צריך לעלות אחריה, ואם מעבר לים היא – אתה צריך לעבור אחריה (עירובין נה ע״א).

בניגוד למשמעות המילולית של הפסוק, הרומז שבאופן תיאורטי אדם היה פטור מן התשובה לו הייתה זו מעבר לכוחותיו, דברים אלו של חז״ל מציינים שאין כל תירוץ להשתמטות מן התשובה, אף אם היא ״בשמים״ או ״מעבר לים״. לאור הבנה זו, הפסוק מכונן קביעה עובדתית, הנושאת בחובה הן יסוד מרגיע והן התעקשות ותביעה מוחלטת. אם בשמים היא, חייב אתה לחגור מצנח ולהחזיר אותה. אם מעבר לים היא, חייב אתה להפליג למרחקים כדי להשיג את היעדים שקבעה התורה.

מה שהוצג לעיל כפסקה מרגיעה הפך, לאור פרשנות הגמרא בעירובין, לתביעה חזקה וקיצונית. בקריאה זו, הרעיון העיקרי של הפסוקים הוא שקושי איננו תירוץ – לא ביחס לשמירת מצוות בכלל, ולאור פירוש הרמב״ן, אף לא ביחס לתשובה בפרט. מצד אחד, נאמר לנו שדי בכישרונותיו הרוחניים המוגבלים של הבינוני כדי להשיג תשובה שרמתה מספקת, מנקודת מבטה של התורה. התשובה היא בת השגה. האם מושלמת היא? האם אפשר להשוותה לתשובה של החפץ חיים? ברור שלא. אך גם תשובתו של הבינוני היא עבודת ה׳. א־לוהים מקבל גם סוג כזה של תשובה וגם לה יש משמעות דתית ורוחנית. אך המסר המקביל הוא שעל אדם לעשות כמיטב יכולתו,

לגייס את כל מאמציו, לרתום את כל האנרגיות שלו ואת כל כישוריו כדי להשיג את התכלית הדתית הנאצלת. אם אנו קוראים את שני המסרים הללו יחדיו, הרי שאמנם קיבלנו התחשבות רחומה בכל הנוגע להישג – א־לוהים יהיה מרוצה עם כל מה שביכולתנו להשיג – אך לא בכל הנוגע למאמץ. איננו אחראים על התפוקה, אך אנו בהחלט אחראים על התשומה.

אתוס המאמץ בתורה

בניגוד לכמה נטיות דתיות זרות שהן סובייקטיביות לגמרי, ההלכה היא מערכת שבה יסודות אובייקטיביים תופסים מקום מרכזי. אך כשהתורה מעודדת אותנו לנסות כמיטב יכולתנו כדי להגיע לרמת התשובה הגבוהה ביותר, נראית היא כמקדמת אתוס של מאמץ בתוך מערכת אובייקטיבית מאוד, ולדבר ישנה חשיבות סובייקטיבית רבה. נניח שאדם מנסה ומשתדל, אך אינו מצליח להגיע לשמים או מעבר לים. התורה מתעקשת שמאמציו לא היו לריק; להפך, יש בהם משמעות רבה. האתוס הזה מרכזי הוא בתפיסתנו את עולם הרוח.

חז"ל התעקשו שהאתוס של מאמץ וכוונה משקף באופן חלקי את טעמם של כמה דינים הלכתיים. המשנה האחרונה במסכת מנחות מציינת שהביטוי "ריח ניחוח" נאמר בתורה בנוגע לכמה קרבנות, הנבדלים זה מזה מבחינה אובייקטיבית בדרכים שונות, בין היתר בעלות הכלכלית לאדם המקריב: "נאמר בעולת בהמה 'אשה ריח ניחוח', ובעולת עוף 'אשה ריח ניחוח', ובמנחה 'אשה ריח ניחוח', לומר לך: אחד המרבה ואחד הממעיט, ובלבד שיכוין לבו לשמים" (מנחות קי ע"א). אין זה בא לומר שאדם צריך להתייחס לשמירת מצוות באופן סובייקטיבי לגמרי, אלא שישנה לכל הפחות הכרה בערכו של המאמץ, יהיו התוצאות אשר יהיו.[6]

6. כמובן, אדם אינו יכול פשוט להעלות את העיקרון "הקדוש ברוך הוא ליבא בעי" (סנהדרין קו ע"ב), ולדמיין שדי בכך שלבו נמצא במקום הנכון. השאלה

מבחינה זו, הדגש על המאמץ מרגיע אותנו, הבינונים הממוצעים. הצד השני הוא שאמנם התוצאות פחות חיוניות אך המאמץ הופך להיות חיוני הרבה יותר.

במידה מסוימת, לאתוס המאמץ והכוונה יש היבט אוניברסלי; חז״ל ראו אותו כרלוונטי לא רק לעולם המצומצם של תורה ומצוות, אלא גם במובן רחב הרבה יותר, למצב האנושי בכללו. בהקשר זה יש קטע ראוי לציון בתלמוד, שלעולם איני נלאה מלצטט לתלמידיי:

> תנו רבנן, ארבעה צריכין חזוק, ואלו הן: תורה ומעשים טובים, תפילה ודרך ארץ. תורה ומעשים טובים מנין, שנאמר: ׳רק חזק ואמץ מאד לשמר ולעשות ככל התורה׳; ׳חזק׳ – בתורה, ׳ואמץ׳ – במעשים טובים. תפלה מנין, שנאמר: ׳קוה אל ה׳ חזק ויאמץ לבך וקוה אל ה׳׳. דרך ארץ מנין, שנאמר: ׳חזק ונתחזק בעד עמנו׳ (ברכות לב ע״ב).

רש״י מסביר את משמעותה של פסקה זו:

> צריכין חזוק – שיתחזק אדם בהם תמיד בכל כחו.
> דרך ארץ – אם אמן הוא – לאמנותו, אם סוחר הוא – לסחורתו, אם איש מלחמה הוא – למלחמתו.

אם אדם עושה יותר או פחות בעבודתו את ה׳ אינה זניחה. בדיונה על אודות היחסים בין תלמידי חכמים להדיוטות, מזכירה הגמרא בברכות את המשנה במנחות: ״אני בריה וחברי בריה, אני מלאכתי בעיר והוא מלאכתו בשדה, אני משכים למלאכתי והוא משכים למלאכתו, כשם שהוא אינו מתגדר במלאכתי כך אני איני מתגדר במלאכתו. ושמא תאמר אני מרבה והוא ממעיט, שנינו: אחד המרבה ואחד הממעיט ובלבד שיכוין לבו לשמים״ (ברכות יז ע״א). חז״ל לא אמרו שאין זה חשוב אם אדם לומד מעט או הרבה; ודאי שזה חשוב. המסר הוא שהכול תלוי באפשרות, ביכולת ולפעמים בנסיבות. תוצאות פעולותיו של האדם בתחום עבודת ה׳ עלולות להיות לקויות מבחינה אובייקטיבית, אך לתוכנן הסובייקטיבי יש פוטנציאל לרומם פעולות אלו לדרגה נשגבה בעיני הא־לוהים.

"חיזוק" כאן אין פירושו תמיכה חיצונית אלא התגברות פנימית; לפי רש"י, המשמעות היא שאדם צריך להשקיע מאמץ מרבי וזמן מקסימלי. זוהי כמובן הוראה תובענית מאוד. אך שוב אנו מוצאים מרגוע בהכרה שאיננו נמדדים רק לפי התוצאות שהשגנו. ניסינו כמיטב יכולתנו, שיחקנו לפי הכללים ונתוגמל באופן הולם. בו בזמן, לשחק לפי הכללים פירושו לתת את הנשמה.

היישום של אתוס המאמץ בנוגע לתשובה ברור הוא, בייחוד בנוגע לבינוני במשך עשרת ימי התשובה. יכול הוא לשאוב מרגוע מהעובדה שהמאמץ שהוא משקיע, אפילו בהשגת המידה הזעירה ביותר של תשובה, מוכר ומתוגמל. אך הוא גם נתבע לתת את הנשמה, לעשות כמיטב יכולתו כדי להשיג את הדרגה הגבוהה ביותר של התשובה, אפילו אם זו נראית בבירור מעבר ליכולתו.

השקפת התורה על הבינוניות

באופן כללי, לא נמצא במחשבת ישראל ובהלכה אותו בוז לבינוני, או למעמד הביניים המייצגו, שהוא נושא נפוץ בהרבה מספרות המאה התשע עשרה. לא נמצא גם את ההערצה והאידיאליזציה של החייתי, הפרימיטיבי והבור, הרווחים בחלק גדול מהספרות הרומנטית, ולא את האידיאליזציה של הכוח, הנוכחת רבות בספרות שלהי המאה התשע עשרה, כולל זו של ניטשה. מקורות אלו בזו לבינוניים בשל היותם בורגנים, "פיליסטרים"; "אומה של חנוונים", כפי שאמר בזלזול נפוליאון על אנגליה. ב**כתבים מן המרתף** של דוסטוייבסקי קובע המספר שהוא רוצה להיות "גיבור או טינופת – אין שום דבר באמצע". עם גישה כזו לא נוכל להזדהות; אין היא בת בית בעולמנו.

למעשה, לעתים נראה שהספרות התורנית מאדירה את הממוצע. בהפטרה של היום הראשון של ראש השנה אנו קוראים שחנה מבקשת מא-לוהים "זֶרַע אֲנָשִׁים" (שמואל א א, יא). הפירוש המילולי הוא פשוט "ילד", אך לפי דעה אחת בגמרא (ברכות לא ע"ב) חנה מבקשת:

"זרע שמובלע בין אנשים", ממוצע ולא בולט: לא גבוה ולא נמוך, לא חזק ולא חלש, לא חכם מאוד ולא כסיל; ממוצע בתכלית. אף כאשר מקורותינו מקדמים חזון של גדולה, אין הוא מלווה בבוז לבינוני ולחיי היום־יום של האנשים הרגילים. עדיין, לא בהכרח נובע מכך שבינוניות בעולם הרוח יכולה להיות מקובלת, שלא לומר נערצת.

מהו אם כן תפקידה של הבינוניות בעולם התשובה? ראשית, נסביר מה כוונתנו בניסוח "תשובה בינונית". תשובה בינונית עלולה להיות נרפית מבחינה רגשית, חיוורת מבחינה הלכתית, תפלה מבחינה רוחנית, מוגבלת בשאיפותיה, חסרת חיות, שאינה מונעת מתוך תחושה חריפה של אשמה. היא יכולה להתאפיין בכמיהה להתקרב לא־לוהים, אך בהילוך נמוך מאוד, בלי מאמץ רגשי או רוחני גדול בעולם הפנימי ובלי התאמצות לתקן ולהתוות דרכים חדשות בעולם החיצוני.

סוג כזה של תשובה בינונית אינו עונה לרף הדרישות שהציבה התורה, כאשר תבעה מאתנו ללכת לשמים או מעבר לים כדי לבקש את התשובה, אם כך נחוץ. תשובה בינונית כזו אינה לגמרי חסרת ערך, אך היא בהחלט אינה מספקת. אף אם נניח, כנגד דברי הרמב"ם (הלכות תשובה ב, ד), שאדם אינו צריך ליצור עצמו מחדש כדי לחזור בתשובה, ושדי בכך שיתבונן בעצמו וינסה להשתקם ולהתחדש בעודו משמר את זהותו – הרי אפילו זה דורש מאמץ גדול ומעורבות. כאשר אלו חסרים, התוצאה החיוורת בקושי הולמת את האידיאלים או את הסטנדרטים של התשובה.

לאור זאת, איננו יכולים מבחינה הלכתית או פילוסופית להשלים עם תשובה הנולדת מתוך נוחות ומוגבלת על ידי נוחות. אף אין זה חכם, צודק או מקובל לצפות שא־לוהים יסתפק בסוג כזה של תשובה. אך אם אנו מנסים כמיטב יכולתנו, בעזרת מיטב כוחותינו האינטלקטואליים והמוסריים, ובכל זאת נכשלים, בגלל יכולתנו המצומצמת, אופקינו המוגבלים או נסיבותינו העוינות, תשובה כזו מתקבלת במלואה. "אחד המרבה ואחד הממעיט"; לא רק בעולמם של לימוד תורה וקרבנות אנו מתייחסים למאמץ בניגוד לתוצאה, אלא גם בעולמה של תשובה.

"נחפשה דרכינו ונחקורה"

התשובה השלמה, שאליה אנו מתפללים בתפילת עמידה וב"אבינו מלכנו", מוגדרת ביסודה על ידי התשומה הרוחנית, ולא רק, או בעיקר, על ידי תוצאותיה. כאשר הבינוני עושה תשובה, התוצאה האובייקטיבית תהיה אף היא בינונית בהכרח, משום שנובעת היא מדעת בינונית ומנפש בינונית. מוגבלת היא בידי היכולות והאופקים של מחוללה. אך סוג כזה של בינוניות מרכזי הרבה פחות בהגדרת "תשובה שלמה". במקום שיש בינוניות בהישג אך לא במאמץ ובכוונה, קיימת אכן תשובה שלמה.

בשלוש אבני בוחן אפשר להשתמש כדי לוודא שהושגה תשובה שלמה: שאלת היוזמה, שאלת הגישה ושאלת השאיפה.

השאלה הראשונה, שאני מכנה שאלת היוזמה, מתייחסת לחקירה פנימית ועמוקה, הקובעת אם אנו במסלול הנכון ואם מאמצינו מכוונים כראוי. הפסוק באיכה אומר: "נַחְפְּשָׂה דְרָכֵינוּ וְנַחְקֹרָה וְנָשׁוּבָה עַד ה'" (איכה ג, מ) – נקודת המוצא של התשובה היא אפוא: "אם רואה אדם שיסורין באין עליו – יפשפש במעשיו" (ברכות ה ע"א). אדם דתי אינו מתייחס לתלאותיו ולמצוקותיו כעניין שבמקרה, אלא כנובעים במובן מסוים מהשגחה. לפיכך מתבונן הוא בעצמו כדי לראות אם שינוי בהתנהגותו יכול לשפר את מצבו. יישום זה של הפסוק נראה כמגביל את הצורך לחפש דרכינו ולחקור דווקא בזמני משבר. בהקשרו של פסוק זה, הבנה זו סבירה מאוד. ספר איכה מתאבל על המשבר הלאומי של חורבן הבית, הטבח בעם והרס הארץ. היה זה אכן מקרה של אדם שרואה שייסורים באין עליו, לא במישור האינדיבידואלי אלא במישור הקולקטיבי.

אך אפשר לפרש את הפסוק גם באופן רחב יותר, כפי שאכן עושה הרמב"ם בדיונו בנושא הבחירה החופשית והיקפה: "כל אדם ראוי לו להיות צדיק כמשה רבינו או רשע כירבעם" (הלכות תשובה ה, ב). זוהי קביעה ראויה לציון, שכמעט לא תיאמן. הרעיון שלאדם יש החופש להגיע לשני הקצוות של המידה הטובה והחטא מנוגד למדי

לדימוי העצמי שלנו. איננו מדמיינים שנגיע לפסגות הרוחניות של משה רבנו, ואף לא שנעמיד עגלי זהב כירבעם בן נבט. אך הרמב"ם, במאבקו כנגד חסידי הפילוסופיה של הגזירה הקדומה, מעביר את המסר שהישגינו וכישלונותינו הרוחניים – אפילו עד לקצוות של משה או ירבעם – לא נחקקו באבן. לפיכך, ממשיך הרמב"ם ואומר:

> הואיל ורשותנו בידינו, ומדעתנו עשינו כל הרעות, ראוי לנו לחזור בתשובה ולעזוב רשענו, שהרשות עתה בידינו. הוא שכתוב אחריו: 'נחפשה דרכינו ונחקורה ונשובה' וגו'.

עבור הרמב"ם, תשובה לא נועדה רק לאלו שמוצאים עצמם בחרדה ובמצוקה; התשובה נועדה לכולם.

הרב סולוביצ'יק השתמש בהשוואה לחמץ כדי להסביר איך צריך אדם להתייחס אל התשובה. בפסח, אסור שיהיה חמץ בביתו של אדם. אך אין די בכך שאדם ישליך בערב פסח את הלחם מן המזווה; ההלכה מחייבת אותו לערוך "בדיקת חמץ" – חיפוש מדוקדק ונמרץ אחרי חמץ בכל פינות ביתו. הרב הסביר שזהו שורש ההבדל בין התשובה של כל השנה כולה לתשובה של עשרת ימי תשובה ויום הכיפורים. במשך השנה, אם אדם מגלה שחטא, חייב הוא לחזור בתשובה. זוהי חובה צרה וממוקדת, שמטרתה לתקן משבר רוחני מיידי. תשובה זו אינה מיועדת לקדם ולהעשיר את חייו הרוחניים של האדם באופן רחב ומקיף. אין היא מטילה עליו חובה לקום בכל בוקר ולבחון את נשמתו באופן מדוקדק. אך בעשרת ימי תשובה, זו בדיוק החובה שמוטלת על האדם. אדם חייב לעסוק במעין בדיקת חמץ רוחנית: "נחפשה דרכינו ונחקורה".

בהקשר זה יש להדגיש שתי נקודות. ראשית, הפסוק אינו מגביל את הדרישה לחפש ולחקור את עצמנו אך ורק למעשינו. יש תשובה המתמקדת במעשים; ואכן, בשני הפרקים הראשונים של הלכות תשובה הרמב"ם מדבר על דפוס ממוקד מאוד של תשובה, שבה אדם מתייחס לכל עבירה פרטית שביצע. אך בהמשך דבריו, מהפרק החמישי ואילך,

הרמב"ם מדבר על תשובה במובן רחב של בחינה עצמית ותחייה פנימית. לשון הפסוק רומזת להיקף הרחב הזה, כשהיא קוראת לבחון את "דרכינו", ולא רק את פעולותינו.

המונח "דרך" מופיע בהקשר של תשובה בכמה פסוקים נוספים. הרב הרחיב בעניין זה, בצטטו את הפסוק הראשון בספר תהילים: "אַשְׁרֵי הָאִישׁ אֲשֶׁר לֹא הָלַךְ בַּעֲצַת רְשָׁעִים וּבְדֶרֶךְ חַטָּאִים לֹא עָמָד". הפסוק אינו מתייחס רק למעשיהם של החוטאים, אלא גם לדרכם, לסגנון חייהם, לסולם הערכים ולסדר העדיפויות שלהם – לאופן קיומם. כן הוא גם לגבי ציטוט מישעיהו, הממצה את מהותם של עשרת ימי תשובה: "דִּרְשׁוּ ה' בְּהִמָּצְאוֹ קְרָאֻהוּ בִּהְיוֹתוֹ קָרוֹב. יַעֲזֹב רָשָׁע דַּרְכּוֹ וְאִישׁ אָוֶן מַחְשְׁבֹתָיו" (נה, ו-ז).

עלינו לבחון לא רק אם אכלנו אוכל שאינו כשר, אם היינו מעורבים ביחסים אסורים או אם עשינו עבירה כזו ואחרת. בתפילת זיכרונות בראש השנה אנו קובעים שהקדוש ברוך הוא רושם "מעשה איש ופקודתו ועלילות מצעדי גבר, מחשבות אדם ותחבולותיו ויצרי מעללי איש". א-לוהים זוכר לא רק את מעשינו אלא גם את המחשבות ואת ההשליה העצמית שמאחורי המעשים, אלו שהוליכו אותנו שולל – ושאף אנו חייבים להתייחס אליהן. מזווית רוחנית אי אפשר להתייחס רק לפעולותיו החיצוניות של האדם, לשפוט, לטהר או אפילו לתקן אותן. חייבים להתייחס לתיקון מכלול אישיותו של האדם.

ניתן דעתנו לכך שבפסוק ישנם שני פעלים: לחפש ולחקור. חיפוש מתייחס לאיסוף המידע, ואילו חקירה מתייחסת לניתוחו. התהליך של חיפוש עצמי הוא לעתים קרובות בלתי נעים. כשאדם מתחיל לגרד את פני השטח של דימויו העצמי, הוא עלול לגלות שאף שמעשיו סבירים, המניעים שמאחוריהם אינם נאותים כפי שהם אמורים להיות. הוא עלול אז לגלות שאין הוא ברמה הרוחנית שסבר. למרות אתגר זה, תשובה משמעותית חייבת לכלול חיפוש. הפסוק קובע: "נֵר ה' נִשְׁמַת אָדָם חֹפֵשׂ כָּל חַדְרֵי בָטֶן" (משלי כ, כז). כפי שה' מחפש בחדרי בטננו, עלינו לעשות כך גם בעצמנו. עלינו לחפש בתוכנו, לבחון לא רק מה אנו עושים בידינו, בפינו וברגלינו, אלא גם

מה בלב־לבנו. רק אחרי שנחפש יכולים אנו לחקור, בנסותנו להבין ולהעריך מה שראינו.

ישנה מקבילה לזה בשדה הרפואה. לפני שאדם עובר פרוצדורה רפואית או מתחיל משטר טיפולי מסוים, על הרופאים להגיע לדיאגנוזה נאותה. לפני שנוכל לתקן את עצמיותנו הרוחנית, עלינו ראשית להבין את ההיקף ואת הפירוט של כישלונותינו. הדבר נכון לגבי תשובתו של הבינוני כשם שהוא נכון לגבי תשובתו של איש המעלה. כמובן, מומחים רגישים וידענים יבדקו באופן עמוק יותר, הבנתם תהיה עשירה יותר ורגישה יותר לפרטים, אך תהליך החיפוש והחקירה כשלעצמו, כמוהו כמודעות לחשיבותו ולצורך המחייב בו – משותפים הם למשכיל ולהמוני, לבינוני ולמעולה. השאלה הקריטית אינה עד כמה אנו מיטיבים להעריך את עצמנו ומה אנו "שמים על השולחן" בסיומו של התהליך, אלא איך אנו מבינים את התהליך עצמו ועד כמה אנו מעורבים בו ומחויבים אליו.

בפילוסופיה הדתית, אמת מובנת מאליה היא שאנו למעשה שומרים. מצד אחד, אנו שומרים של העולם הרחב; א־לוהים שם את האדם בגן עדן "לְעָבְדָהּ וּלְשָׁמְרָהּ" (בראשית ב, טו). אך בראש ובראשונה אנו שומרי עצמנו, וההוראה "לעבדה ולשמרה" מתייחסת גם לתחום זה. התלמוד מדבר על ארבעה סוגי שומרים: שומר חינם, שומר שכר, שוכר ושואל. שומר שכר חייב לשלם לבעלים במקרה של גנבה או אבדה, ואילו שומר חינם פטור במקרים אלו. אך לפי התלמוד (בבא מציעא צג ע"ב) יש גם הבדל באיכות וברמה של השירות שמצפים מהשומר לספק. לפי דעה אחת בגמרא, די לשומר חינם לשמור "כדנטרי אינשי", כפי שנוהגים אנשים לשמור על נכסיהם שלהם – ברמה נמוכה יחסית. אדם רגיל איננו עומד בדלת ביתו במשך כל היום כשהוא חמוש ברובה ואיננו שומר את כספו ברכב משוריין, ולכן די לשומר חינם לעמוד באותו רף. אך שומר שכר מספק שירות מקצועי, ולפיכך מצפים ממנו לבצע שירות זה באופן מקצועני. בדומה לכך, אם אנו שומרי עצמנו, ו"נחפשה דרכינו ונחקורה" הוא אחד הפנים של שמירה זו, אז חייבים אנו להתייחס לעצמנו לא כשומרי

חינם אלא כשומרי שכר. אין זה די להעריך עצמנו "כדנטרי אינשי"; אין די במינימום, בעשייה אדישה, המסתפקת בכך שאין היא מזניחה בפועל ממש. שומרי שכר אנו, ולכן "נחפשה דרכינו ונחקורה" הוא הרף הגבוה המצופה מאתנו.

זוהי מהותו של יסוד היוזמה, שהוא כה חיוני לתשובה בכלל, ונוגע לתשובתו של הבינוני לא פחות מאשר לתשובת העילית. משמעו לצלול לתהומות, לחקור את קיומנו הפנימי ולעשות זאת כמיטב יכולתנו. בעוד אדם מתוחכם יכול להגיע מעט עמוק יותר מאשר עמיתו המתקדם פחות, הגורם הקריטי הוא שכל אדם, בכל מעמד רוחני, חייב לחפש ולחקור.

קבע לעומת תחנונים

אבן הבוחן השנייה לתשובה שלמה היא שאלת הגישה. התלמוד במסכת ברכות דן בקביעתה של המשנה, שהתפילה צריכה להיות תחנונים. תפילה אינה רק הצגה של רשימת דרישות אלא הפצרה נרגשת. לעיל הזכרנו את דברי המשנה, "העושה תפלתו קבע, אין תפלתו תחנונים" (ברכות כח ע"ב), ואת הסבר הגמרא: "כל שתפלתו דומה עליו כמשׂוי" (שם כט ע"ב).[7] הקביעה הזו רלוונטית לא רק בנוגע לתפילה, אלא ביחס לעבודת ה' ככלל ולתשובה בפרט. מדובר באדם שומר מצוות, המחויב כליל להלכה; לא יעלה על דעתו לבטל מצווה כדוגמת תפילה. אך איך הוא מיישם זאת? האם יש בו התרגשות? האם הוא חש בזכות הגדולה שניתנה לו, בשר ודם, לעמוד בתפילה לפני קונה שמים וארץ? האם הוא מכיר בצורך הרגשי והרוחני להתפלל, מעבר לדרישה ההלכתית הטכנית? או שמא אין זה אלא משא על צווארו: שלוש פעמים ביום הפעמון מצלצל, לאות שהגיע הזמן לתפילה – ובכן, מתפלל הוא.

הרב סולוביצ'יק העיר פעם שסוג מסוים של יהודים "אינו רוצה להתפלל; הוא רוצה להיות מפולל". אדם כזה רואה בתפילה חובה

7. 'תשובה - דחף ומניע' (לעיל, עמ' 68).

שיש למלא אבל אינו מרגיש את הדחף הרוחני להתפלל; הוא רק רוצה שהמשימה תסתיים. לעולם לא ישתמט ממחויבותו ללכת להתפלל בבית הכנסת ולא יחמיץ את קריאת התורה. אך היא אינה ממלאת אותו, והוא רק ממלא את חובתו.

גם לתשובה יש הניגשים כאל חובה צוננת, ובכלל זה גם לחיפוש ולחקירה שתיארנו קודם. כאשר מתחילים עשרת ימי תשובה, אדם עלול להיוועץ ברמב"ם וב**שולחן ערוך** ולמצוא את ההלכה הקובעת שעליו לעשות תשובה בתקופה זו. אם הוא רואה עצמו כיהודי הלכתי וכחייל טוב, הוא יעשה זאת – אך כעול על צווארו. הוא היה מעדיף לא להשכים קום לסליחות, ולא לעבור את התלאות הלא־נעימות הכרוכות בתהליך של "נחפשה דרכינו ונחקורה". הוא עושה זאת, כמעט נגד רצונו, משום שהוא מרגיש שהוא חייב. אך תשובה שלמה חייבת להיות כנה ומלאת משמעות, במונחים של גישת האדם. החשוב ביותר לענייננו הוא שאיכות זו של התשובה רלוונטית לבינוני כמו לבני העילית. אין שום סיבה שלאדם שכישרונותיו הדתיים בינוניים לא יהיה להט דתי כן, בדומה לאדם שדתיותו מעמיקה ורגישה. אם אדם שיש לו פחות פוטנציאל חוזר בתשובה מתוך מוטיבציה טהורה ורצינות, תשובתו מתקבלת בשלמותה.

שני סוגי תשובה

אבן הבוחן השלישית היא שאלת השאיפה. מהו חזונו של האדם? על מה הוא חולם במיטתו לעת ליל ובמהלך עמל יומו? תשובה עלולה להיות בינונית, אם אין בה שאיפה. תשובה כזו, נטולת חזון היא: אדם יכול לחפש ולחקור עצמו, אולי אף במוטיבציה הראויה, אך אין זה חלק מחזון גדול או מתהליך מתמשך. פעולות התשובה שלו הן שרשרת איים – אולי אפילו ארכיפלג שלם – אך החיסרון בכמיהה דן את תשובתו לבינוניות. כה הרבה מהתשובה תלוי בכמיהה. הכמיהה היא הן ה־*terminus a quo* והן ה־*terminus ad quem* של התשובה – הן נקודת המוצא והן היעד שלה.

כפי שכתבנו בפרקים הקודמים,[8] לתשובה שני ערוצים בסיסיים: תשובה "מוסרית", תשובה מהחטא, ותשובה "דתית", תשובה אל הא־לוהים. התשובה המוסרית אינה מסתפקת ברחיצת ידיו של החוטא מן החטא ותו לא. היא חייבת לכלול גם תשוקה וחזון להשיג טוב רוחני, טהרה ושלמות. גם התשובה הדתית כוללת כמיהה: כמיהת האדם לתקן את יחסיו עם הקדוש ברוך הוא, ושוב להנות מרחמיו ומחסדיו. אדם חייב לשאוף לגשת לא־לוהים ולחוש בקרבתו.

שני הערוצים כוללים את יסוד השאיפה, החיוני להשלמת התשובה, אף שאולי במינונים שונים. יסוד זה של שאיפה, כמו היסודות של יוזמה וגישה, בן בית הוא בתשובתו של הבינוני, נגיש הוא לבינוני, ויש לקוות שאף אופייני הוא לתשובתו. אף הצליין הבינוני ביותר בעולם הרוח יכול וצריך להתעלות מעל לגבולות בינוניותו, להגיע לפסגות שטרם כבש ואולי אף לפתח בדרך זהות חדשה.

השתדלות מתמדת

במובן מסוים אפשר לומר שהשאיפה היסודית היחידה של תשובת הבינוני היא לעזוב את שורות הבינוניים. זמן רב היה הוא בינוני, וחושק הוא במהפכה שתתחולל בעצמיותו הרוחנית; לא עוד בינוני יהיה אלא אדם אחר בתכלית, כפי שאומר הרמב"ם (הלכות תשובה ב, ד). יצטרף הוא לשורות העילית האריסטוקרטית; יהיה אחד מבני העלייה המועטים. יעמוד הוא במקום שצדיקים גמורים אינם יכולים לעמוד. זהו, אכן, היבט אחד. אך מבחינה מציאותית, סוג זה של שינוי מוחלט והפיכה עצמית – נדיר הוא. אין הוא מושג בקלות ואין הוא נפוץ.

ובכל זאת, גם אדם המכיר בכך שבינוני הוא ושבינוני ייוותר, יכול להשיג את יסוד השאיפה, גם אם באופן מוגבל. ישנן רמות שונות של בינוניות, הן מבחינה כמותית והן מבחינה איכותית. חלק מיסוד השאיפה שבתשובה הוא ההכרה בספקטרום הזה, בניגוד להתייחסותו

8. 'שלמותה של התשובה' (לעיל, עמ' 47).

של **מסילת ישרים**, שלפיה אדם הוא בפנים או בחוץ, בלא כל דרגות ביניים. חייבים אנו לדעת שהתשובה אינה רק יעד שיש להשיג, אלא כיוון שבו יש לצעוד.[9]

מילה יוצאת דופן מופיעה בהלכות תשובה לרמב"ם, בהלכה שציטטנו לעיל:

> הואיל ורשות כל אדם נתונה לו, כמו שבארנו, **ישתדל** אדם לעשות תשובה ולהתודות בפיו מחטאיו ולנעור כפיו מחטאיו, כדי שימות והוא בעל תשובה ויזכה לחיי העולם הבא (ז, א).

מה משמעות הקביעה שהאדם "ישתדל"? הרמב"ם לעולם אינו אומר שהאדם "ישתדל" לאכול מצה בפסח, או ש"ישתדל" לאכול בסוכה בסוכות. אלו הן חובות, נקודה. בפרק הראשון של הלכות תשובה משתמש הרמב"ם במינוח המדויק, כאשר קובע הוא שאם אדם גילה שחטא, **חייב** הוא לערוך תהליך מסוים של כפרה. אך כאן, בפרק השביעי, מדובר על הכיוון הרוחני הכולל של חיי האדם, ובהקשר זה ההשתדלות היא חיונית ומרכזית. כאן משתקפת העובדה שהתשובה היא תהליך, ולאו דווקא רוביקון שהאדם צריך לחצות.

פסיקתו של הרמב"ם, שעל האדם להשתדל לעשות תשובה, משליכה אלינו את הכפפה. אף כשאין אנו עוסקים ביסוד ממוקד בחדות של התשובה, הדחף לנוע לאורך נתיב זה, לעזוב את דרך החטאים ולשוב מדרכינו הרעות בחיפוש אחר דרכים חדשות, מרכזי הוא עבור התשובה. יתר על כן, מרכזי הוא לא רק עבור תשובתם של המשכילים והמתוחכמים; חיוני הוא לתשובתו של האדם הממוצע,

9. ישנם כמובן יסודות הלכתיים בתשובה שאנו חייבים להגדיר במדויק, לצורך מטרות שונות. האם אדם עשה תשובה? האם יכול הוא להביא קרבן? האם נחשב הוא מומר? חשוב שנענה על שאלות אלו ועל עוד שאלות מקומיות ונקודתיות. אך במובן הרחב, במושגים כלליים ורוחניים יותר, אפשר להניח להגדרות אלו ולדבר על תשובה כעל תהליך, נטייה או כיוון.

היהודי הממוצע. אנשים אלו אולי בינוניים הם מבחינות מסוימות, אך אין סיבה שתשובתם תהיה בינונית, במונחים של מאמץ וכוונה. "ישתדל אדם": אף כשתשובה זו עצמה בינונית מבחינת תוצאותיה האובייקטיביות, יש לה פוטנציאל גדול להתקבל ולסייע לאדם להשיג כפרה. יכולה היא להיות חיונית ומלאת משמעות הן בשבילו והן בעיני הקדוש ברוך הוא עצמו.

"לפני ה' תטהרו"

במהלך עשרת ימי תשובה עומדים אנו בציפייה ובחרדה, בתערובת של יראה הגובלת באימה, ביודענו שספרי חיים וספרי מתים פתוחים לפניו (ראש השנה לב ע"ב). נרגשים אנו לדעת שיום הכיפורים לא תובע מאתנו רק לטהר עצמנו אלא גם מטהר אותנו בעצמו. לא אחר מאשר א־לוהים עצמו – "מקווה ישראל" – יטהר אותנו. בעיצומם של רגשות מסחררים אלו, מתחילים אנו לשאול עצמנו היכן אנו עומדים והאם אנו אכן ראויים לכפרה ולטהרה. האם מתוך תהומות בינוניותנו אכן עשינו כל שביכולתנו?

הרמב"ם מתאר את נפלאות התשובה:

> כמה מעולה מעלת התשובה, אמש היה זה מובדל מה' א־להי ישראל... צועק ואינו נענה... ועושה מצות וטורפין אותן בפניו (הלכות תשובה ז, ז).

היה הוא בזוי ומאוס; א־לוהים לא רצה לשמוע עליו או ממנו. אך כל זה היה אתמול –

> והיום הוא מודבק בשכינה... צועק ונענה מיד... ועושה מצות ומקבלין אותן בנחת ושמחה, שנאמר: 'כי כבר רצה הא־להים את מעשיך', ולא עוד אלא שמתאוים להם, שנאמר: 'וערבה לה' מנחת יהודה וירושלם כימי עולם וכשנים קדמוניות' (שם).

פסקה זו אינה פונה רק לפילוסוף או לבעל התובנה המעמיקה והתבונה; פונה היא לאדם הממוצע.

בייחוד במשך עשרת ימי תשובה, חייב הבינוני לשאול עצמו אם עשה די, אם השקיע די מאמץ כדי להיות ראוי למצב נעלה של קשר אינטימי עם א־לוהים, שלדברי הרמב"ם הוא גמול התשובה. אם נתאמץ, בתוך כל מגבלותינו, נוכל לעמוד לפני בוראנו ביום הכיפורים ולומר בענווה שעשינו כל שיכולנו, שניסינו כמיטב יכולתנו. בשפתן של הסליחות של ערב ראש השנה: עשינו כאמנותנו, ועתה נבקש ממך לעשות כאמנותך – לראות שכלל ישראל טהור וראוי לברכה של "וְנִסְלַח לְכָל עֲדַת בְּנֵי יִשְׂרָאֵל" (במדבר טו, כו). כאשר ימלא א־לוהים את בקשתנו, נהיה ראויים לטהרה ולקדושה המתוארות בפסוק: "כִּי בַיּוֹם הַזֶּה יְכַפֵּר עֲלֵיכֶם לְטַהֵר אֶתְכֶם מִכֹּל חַטֹּאתֵיכֶם לִפְנֵי ה' תִּטְהָרוּ" (ויקרא טז, ל).

תשובה של נורמה ותשובה של משבר

תשובה של נורמה

ברצוני לבחון שני סוגים של תשובה, את מקורותיהם, אופיים וטיב הזיקה ביניהם. הראשון הוא תשובה של נורמה, כאשר למושג זה יש משמעות כפולה: נורמליות ונורמטיביות, מה שמצוי ומה שצריך להימצא. במישור אחד, תשובה של נורמה היא בפשטות תחזוקה רוחנית שוטפת. אם אדם מבקר בקביעות אצל רופאו לבדיקה שגרתית או בודק בקביעות את תקינות רכבו, האם יכול הוא לעשות פחות בממלכת הרוח? ממלכת הרוח חיונית הרבה יותר; גובלת היא בחיי הנצח. יתר על כן, רגישה היא יותר לפגעים: "כִּי אָדָם אֵין צַדִּיק בָּאָרֶץ אֲשֶׁר יַעֲשֶׂה טּוֹב וְלֹא יֶחֱטָא" (קהלת ז, כ).

הבשר וגם הרוח חלשים הם, ולכן החטא הוא בלתי נמנע. הצורך להתמודד איתו הוא מרכיב קבוע של קיומנו בעולם הזה. אין זה מושג נוצרי, תפיסה רדופת אשמה של החטא הקדמון. "יֵצֶר לֵב הָאָדָם רַע מִנְּעֻרָיו" (בראשית ח, כא) הוא, בסופו של דבר, פסוק מן התורה. חז"ל למדו מן הפסוק שהיצר הרע נתון באדם "משעה שהוא ננער לצאת

דרשה זו נישאה בכינוס התשובה על שם האוזמן־שטרן, במכון גרוס בירושלים, תשרי תשס"ו.

ממעי אמו" (בראשית רבה לד, י), ואילו היצר הטוב נתון בו רק מגיל שלוש עשרה; את הפער הזה קשה לסגור. ביתר חריפות קבעו זאת חז"ל כאשר העידו: "יצרו של אדם מתגבר עליו בכל יום... ואלמלא הקדוש ברוך הוא שעוזר לו – אינו יכול לו" (סוכה נב ע"ב; קידושין ל ע"ב).

ברמה הזו התשובה היא נורמלית, חלק שגרתי מהתחזוקה הרוחנית שלנו. לצד זאת התשובה היא גם נורמטיבית, מחייבת, באופן שהוא מעל לזמן וגם בתוכו. התשובה היא על־זמנית במובן זה שהתבוננות פנימית מצופה מהאדם ונדרשת ממנו כחלק מקיומו כישות רוחנית שנבראה בצלם א־לוהים: "נוח לו לאדם שלא נברא יותר משנברא, עכשיו שנברא – יפשפש במעשיו, ואמרי לה: ימשמש במעשיו" (עירובין יג ע"ב). התשובה היא גם תלוית זמן, משתנה עם מעגל השנה; ישנה רמה בסיסית וקבועה של אחריות רוחנית וישנן תקופות התובעות יותר מהרגיל.

עשרת ימי התשובה הם תקופה כזו. הגמרא מסבירה שאף שהקדוש ברוך הוא נענה לציבור "בְּכָל קָרְאֵנוּ אֵלָיו" (דברים ד, ז), היחיד צריך לדרוש את ה' "בְּהִמָּצְאוֹ" (ישעיהו נה, ו) – "אלו עשרה ימים שבין ראש השנה ליום הכפורים" (ראש השנה יח ע"א; יבמות מט ע"ב). בעוד הגמרא מבינה זמן זה כחלון הזדמנויות, הרמב"ם (הלכות תשובה ב, ו) מתרגם אותו למחויבות: בתקופה זו התשובה "יפה ביותר ומתקבלת היא מיד" ולכן מוטלת על כל אחד מאתנו חובה לחזור בתשובה.[1]

התמקדות במעשים מסוימים

אם נשאל עצמנו בנוגע לאופי ולהיקף של התשובה כנורמה, דומני שמתאים להציע שהיא נושאת תבנית מוסרית ולא דתית. במושגים

1. הרמב"ם מיישם היגיון זה בנוגע ליום הכיפורים (שם, ז), אך הוא רלוונטי גם בנוגע לעשרת ימי תשובה; אם זהו הזמן של "בהיותו קרוב", אזי יש לנצל את הרגע ולהפיק מההזדמנות את המיטב.

אלו, כפי שהסברתי אותם בפרקים הקודמים,[2] כוונתי לומר שתשובה זו מתמקדת בעצם הרע שנעשה, ולא בפגיעה במערכת היחסים עם א־לוהים. כך עולה בבירור מההלכה הראשונה בהלכות תשובה של הרמב"ם, אשר מתמקדת בחובה להתייחס לחטא מסוים, שעמו יש להתעמת, ובאמצעים הכמעט טכניים שבעזרתם מתקנים אותו:

> כל מצות שבתורה, בין עשה בין לא תעשה, אם עבר אדם על אחת מהן, בין בזדון בין בשגגה, כשיעשה תשובה וישוב מחטאו חייב להתודות לפני הא־ל ברוך הוא.

בפרקים הראשונים של הלכות תשובה עוסק הרמב"ם בתשובה כמצווה, ולכן מתמקד ביסוד הרע ובחובת האדם להתעמת אתו; רק לאחר מכן, בפרק השביעי, דן הוא בקשר עם הקדוש ברוך הוא.

יתר על כן, בהלכה הפותחת מדבר הרמב"ם על מקריות התשובה, במובן זה שברגעים בלתי צפויים נדרשת תשובה, משום שהופיע חטא. כל חטא דורש תשובה משלו, ולכל אחד נראה שמתייחסים בנפרד, כארכיפלג של איים, בלי להתבונן במכלול. יום הכיפורים, הזמן המחויב בתשובה, תובע מאתנו טיהור משולב ומקיף. עם זאת, אולי תחת הרושם של קטלוג החטאים המפורט "על חטא", הווידוי הארוך הנאמר ביום הכיפורים, לעתים קרובות אנו נוטים להתמקד בפעולות מסוימות, במעשי החטא הרבים שלנו, שכל אחד מהם דורש את התשובה המיוחדת לו.

האופי החלקי וההיקף המוגבל של התשובה משליכים על עוצמתה. אני חושש שעוצמתה של התשובה הנורמלית היא מתונה באופן יחסי. ודאי, אם רגישותו המוסרית והדתית של אדם יסודית היא, ואם התבצע מעשה מכוער במיוחד, גם כישלון אחד עלול להיות הרסני. מזמור נא של ספר תהילים למשל, מתייחס כך לעבירה מסוימת,

2. 'שלמותה של התשובה' (לעיל, עמ' 47).

אשר איך שלא נבין את אופיה ואת תכניה, השפיעה על דוד המלך באופן עמוק:

> לַמְנַצֵּחַ מִזְמוֹר לְדָוִד. בְּבוֹא אֵלָיו נָתָן הַנָּבִיא כַּאֲשֶׁר בָּא אֶל בַּת שָׁבַע. חָנֵּנִי אֱ־לֹהִים כְּחַסְדֶּךָ כְּרֹב רַחֲמֶיךָ מְחֵה פְשָׁעָי. (הרבה) הֶרֶב כַּבְּסֵנִי מֵעֲוֹנִי וּמֵחַטָּאתִי טַהֲרֵנִי. כִּי פְשָׁעַי אֲנִי אֵדָע וְחַטָּאתִי נֶגְדִּי תָמִיד. לְךָ לְבַדְּךָ חָטָאתִי וְהָרַע בְּעֵינֶיךָ עָשִׂיתִי לְמַעַן תִּצְדַּק בְּדָבְרֶךָ תִּזְכֶּה בְשָׁפְטֶךָ. הֵן בְּעָווֹן חוֹלָלְתִּי וּבְחֵטְא יֶחֱמַתְנִי אִמִּי.

לאדם בעל תפיסה רוחנית חדה, גם חטא יחיד עלול להיות מכריע. ברור שמלבד התוכן וההקשר המסוימים של פעולה חוטאת, יש בכל פעולה כזו העדפה בולטת של רצוננו על פני רצון ה׳. זהו מרד, חד וחלק, ולכן כל חטא צריך לזעזע אותנו עמוקות. ובכל זאת לעתים קרובות לא כך קורה. אף כשאנו רוצים לחזור בתשובה על חטא מסוים ולתקנו, אף כשאנו רותמים את האנרגיות שלנו למימוש כל מרכיביו של תהליך התשובה (עזיבת החטא, חרטה על העבר, קבלה לעתיד ולבסוף וידוי), לעתים נדירות אנו חשים זעזוע מחריד וסערת נפש קיצונית. תשובה נורמלית, תשובה מוסרית, אף כאשר כנה היא, לעתים תכופות היא גם מרוסנת, שלא לומר דוממת.

משבר כזרז לתשובה

בניגוד לזה, זעזוע וסערת נפש שוכנים במוקד הסוג השני של התשובה, הלוא הוא תשובת המשבר. היחס בין משבר לתשובה הוא רב־פנים כשלעצמו. ראשית, המשבר מחולל תשובה והיא מהווה לו מענה. משבר זה יכול לבוא בצורות שונות. יכול הוא לבטא מודעות לכישלון: ״שׁוּבָה יִשְׂרָאֵל עַד ה׳ אֱ־לֹהֶיךָ כִּי כָשַׁלְתָּ בַּעֲוֹנֶךָ״ (הושע יד, ב), ויכול הוא גם לנבוע מפרפורי הסבל של היחיד או של הציבור.[3]

3. ברמה האישית, הגמרא בברכות (ה ע״א) מעמידה תביעה כמעט זהה לזו של

אף שבזווית פסיכולוגית או סוציולוגית אולי אמת היא שחוויית המשבר נוטה לחולל תשובה, ייתכן מאוד שהמשבר מחייב תשובה גם מן הבחינה ההלכתית. אפשר להקביל זאת לגישתו של הרמב"ן בנוגע לתפילה. בעוד הרמב"ם האמין שתפילה יומית היא מצוות עשה מן התורה (הלכות תפילה א, א), הרמב"ן חלק עליו, והציע שתי חלופות. אחת היא **שהחובה** להתפלל היא מדרבנן, אך **הקיום** הוא מן התורה. האפשרות השנייה היא שתפילה היא חובה מדאורייתא רק בזמן צרה, ובזמנים אחרים החובה רק מדרבנן.[4] לפי דעה זו, בזמן משבר צריך האדם לחוש תלות בא־לוהים וצורך בו. בזמן מצוקה אין האדם יכול לראות עצמו כיש עצמאי המספיק לעצמו – השקפה שהיא תמצית היהירות – ולכן עליו לפנות אל המקור, למי שרק הוא יכול לספק את צרכיו ולנחם אותו מסבלותיו.

כך גם בנוגע לתשובה. ייתכן שהפסוק "בַּצַּר לְךָ... וְשַׁבְתָּ עַד ה'

הגמרא בעירובין שראינו לעיל, אך תולה אותה במצב אישי מסוים: "אמר רבא ואיתימא רב חסדא: אם רואה אדם שיסורין באין עליו – יפשפש במעשיו". האם אדם צריך לפשפש במעשיו רק אם יסורים באים עליו? התשובה היא כמובן שכל אחד חייב לפשפש במעשיו; אך כאשר אדם מתייסר, זהו סוג אחר של תשובה – סוג אחר של חיפוש, גישוש והתחבטות בנוגע למצבו הרוחני.

בדומה לכך, כמה פסקאות בתורה מדברות על תשובה בהקשר של סבל וצרה ציבוריים, למשל: "כִּי תוֹלִיד בָּנִים וּבְנֵי בָנִים וְנוֹשַׁנְתֶּם בָּאָרֶץ וְהִשְׁחַתֶּם וַעֲשִׂיתֶם פֶּסֶל תְּמוּנַת כֹּל וַעֲשִׂיתֶם הָרַע בְּעֵינֵי ה' אֱ־לֹהֶיךָ לְהַכְעִיסוֹ. הַעִידֹתִי בָכֶם הַיּוֹם אֶת הַשָּׁמַיִם וְאֶת הָאָרֶץ כִּי אָבֹד תֹּאבֵדוּן מַהֵר מֵעַל הָאָרֶץ אֲשֶׁר אַתֶּם עֹבְרִים אֶת הַיַּרְדֵּן שָׁמָּה לְרִשְׁתָּהּ לֹא תַאֲרִיכֻן יָמִים עָלֶיהָ כִּי הִשָּׁמֵד תִּשָּׁמֵדוּן. וְהֵפִיץ ה' אֶתְכֶם בָּעַמִּים וְנִשְׁאַרְתֶּם מְתֵי מִסְפָּר בַּגּוֹיִם אֲשֶׁר יְנַהֵג ה' אֶתְכֶם שָׁמָּה. וַעֲבַדְתֶּם שָׁם אֱלֹהִים מַעֲשֵׂה יְדֵי אָדָם עֵץ וָאֶבֶן אֲשֶׁר לֹא יִרְאוּן וְלֹא יִשְׁמְעוּן וְלֹא יֹאכְלוּן וְלֹא יְרִיחֻן. וּבִקַּשְׁתֶּם מִשָּׁם אֶת ה' אֱ־לֹהֶיךָ וּמָצָאתָ כִּי תִדְרְשֶׁנּוּ בְּכָל לְבָבְךָ וּבְכָל נַפְשֶׁךָ. בַּצַּר לְךָ וּמְצָאוּךָ כֹּל הַדְּבָרִים הָאֵלֶּה בְּאַחֲרִית הַיָּמִים וְשַׁבְתָּ עַד ה' אֱ־לֹהֶיךָ וְשָׁמַעְתָּ בְּקֹלוֹ" (דברים ד, כה-ל); "וְהָיָה כִי יָבֹאוּ עָלֶיךָ כָּל הַדְּבָרִים הָאֵלֶּה הַבְּרָכָה וְהַקְּלָלָה אֲשֶׁר נָתַתִּי לְפָנֶיךָ וַהֲשֵׁבֹתָ אֶל לְבָבֶךָ בְּכָל הַגּוֹיִם אֲשֶׁר הִדִּיחֲךָ ה' אֱ־לֹהֶיךָ שָׁמָּה. וְשַׁבְתָּ עַד ה' אֱ־לֹהֶיךָ וְשָׁמַעְתָּ בְקֹלוֹ כְּכֹל אֲשֶׁר אָנֹכִי מְצַוְּךָ הַיּוֹם אַתָּה וּבָנֶיךָ בְּכָל לְבָבְךָ וּבְכָל נַפְשֶׁךָ" (דברים ל, א-ב).

4. ראו בהשגותיו **לספר המצוות** לרמב"ם, מצוות עשה ה.

אֱ־לֹהֶיךָ וְשָׁמַעְתָּ בְּקֹלוֹ" (דברים ד, ל) נושא משמעות כפולה. ראשית, הוא מנבא ומתחייב, כביטוי לטענתו יוצאת הדופן של הרמב"ם:

> כל הנביאים כולן צוו על התשובה, ואין ישראל נגאלין אלא בתשובה, וכבר הבטיחה תורה שסוף ישראל לעשות תשובה בסוף גלותן, ומיד הן נגאלין, שנאמר: 'והיה כי יבאו עליך כל הדברים וגו' ושבת עד ה' א־להיך ושב ה' א־להיך' (הלכות תשובה ז, ה).

ברמה אחרת אפשר לראות בפסוק זה קביעה נורמטיבית: תערובת של עתירה, ביטחון וציווי.

צביונה של תשובת המשבר

התשובה שמתעוררת על ידי משבר מתמקדת פחות בחטא, שאיתו יש להתעמת ושאותו יש לתקן, ויותר בהשלכותיו של החטא על מערכת היחסים עם הקדוש ברוך הוא. במושגים שבהם השתמשנו לעיל, תשובה זו היא דתית יותר מאשר מוסרית. כפי שהערנו בפרקים קודמים,[5] תשובה כזו מתוארת במונחים טלאולוגיים, הפונים לעתיד, יותר מאשר במונחי תיקון, המתייחסים לעבר; זוהי תשובה "אל" יותר מאשר תשובה "מ".

בזמן משבר אמיתי, אדם אינו מרגיש את הצורך בכל פרטיה של התשובה המתקנת, או שאין לו האמצעים לנסות את התיקון הזה. הוא זקוק נואשות לעוגן. הוא חש כמי שהושלך לחלל החיצון וצף בו, ובייאושו ובכמיהתו הוא מתבונן בא־לוהים ומחפש אותו. אולי מאוחר יותר תהיה לו הזדמנות לדאוג לחטא ולווידוי, אך בשעת המשבר הנורא הוא עסוק פחות בממד המוסרי, ויותר בזה הרוחני. בהשוואה לתשובה הנורמלית, תשובת המשבר נוטה להיות מקיפה יותר ורבת עוצמה יותר.

5. לדוגמה, 'תשובה - דחף ומניע' (לעיל, עמ' 64).

איכויות אלו משתקפות בהבנות השונות בנוגע למקור ההלכתי למצוות התשובה. חז"ל ודאי התייחסו לתשובה כהזדמנות נפלאה וכחובה משמעותית, אך לא סיפקו מקור ברור לתשובה כמצווה. כפי שראינו בפרקים הקודמים,[6] הרמב"ם והרמב"ן בחרו פסוקים שונים כמקור למצווה זו – ועד כמה שונים הם!

עבור הרמב"ם, שורש מצוות התשובה הוא בווידוי, כעולה בהלכה הפותחת את הלכות תשובה שלו:

> כשיעשה תשובה וישוב מחטאו חייב להתודות לפני האל ברוך הוא, שנאמר: 'איש או אשה כי יעשו וגו' והתודו את חטאתם אשר עשו' – זה וידוי דברים.

כפי שכתבנו לעיל,[7] הפסוק שמצטט הרמב"ם מופיע בפרשת נשא, בהקשר הצר של אדם שגנב משהו, ולאחר שנתפס – נשבע לשקר שחף מפשע הוא. כאשר בסופו של דבר הוא מתוודה על חטאו, התורה מחייבת אותו להביא קרבן ולפצות את האדם שנפגע בתשלום הקרן שגנב, בתוספת קנס.[8]

הרמב"ם דיבר על אדם שסגנון חייו הכולל, אישיותו וסולם

6. 'תשובה - דחף ומניע' (לעיל, עמ' 61) ו'תשובה בינונית ותשובתו של הבינוני' (לעיל, עמ' 97).
7. 'שלמותה של התשובה' (לעיל, עמ' 39).
8. הלכה זו מופיעה כבר בפרשת ויקרא ונשנית כאן כדי להוסיף כמה פרטים. כך אומרים הפסוקים הרלוונטיים בפרשת נשא: "דַּבֵּר אֶל בְּנֵי יִשְׂרָאֵל אִישׁ אוֹ אִשָּׁה כִּי יַעֲשׂוּ מִכָּל חַטֹּאת הָאָדָם לִמְעֹל מַעַל בַּה' וְאָשְׁמָה הַנֶּפֶשׁ הַהִוא. וְהִתְוַדּוּ אֶת חַטָּאתָם אֲשֶׁר עָשׂוּ וְהֵשִׁיב אֶת אֲשָׁמוֹ בְּרֹאשׁוֹ וַחֲמִישִׁתוֹ יֹסֵף עָלָיו וְנָתַן לַאֲשֶׁר אָשַׁם לוֹ. וְאִם אֵין לָאִישׁ גֹּאֵל לְהָשִׁיב הָאָשָׁם אֵלָיו הָאָשָׁם הַמּוּשָׁב לַה' לַכֹּהֵן מִלְּבַד אֵיל הַכִּפֻּרִים אֲשֶׁר יְכַפֶּר בּוֹ עָלָיו" (במדבר ה, ו-ח). הפרשייה נפתחת בחובה הנראית מקיפה – "איש או אישה כי יעשו מכל חטאת האדם" – אך כמעט מיד מצמצמת חובה זו למקרה ספציפי, הן על ידי המילה "מעל", שיש לה כאן משמעות טכנית מסוימת, בדומה למשמעותה בסוף פרשת ויקרא (ה, כא), והן על ידי הביטוי "והשיב את אשמו בראשו", שהוא בבירור חזרה על התבנית הבסיסית הנמצאת בפרשת ויקרא (ה, כ-כו).

ערכיו אינם תחת סימן שאלה. המקור שהוא מביא לתשובה מתייחס לאדם שביצע טעות חמורה, אך יחידה. טעות זו היא כתם על חייו ועל נפשו אבל היא אינה מערערת על זהותו הרוחנית, על מחויבותו הדתית, על הקשר הבסיסי שלו עם א-לוהים, על אמונותיו ומנהגיו ועל קיום המצוות שלו ככלל. כמובן, אף במקרה הזה התשובה דורשת מאמץ; אף אחד אינו אוהב להתוודות, משום שהווידוי מנוגד לגאוותו; ואף אחד אינו אוהב לשלם קרן וקנס. אך מן הסתם אפשר להסתדר עם תשובה כזו ועם המחויבות הכרוכה בה. בהקשר זה, התשובה אינה מקיפה ואינה רבת עוצמה, והיא מתמקדת בהתמודדותו של האדם עם כישלון מסוים.

הרמב"ן, בניגוד אליו, מוצא את מקורה של מצוות התשובה בפרשת ניצבים, בפסוקים שהוא מבין כהוראה וכהבטחה גם יחד:

> וְאַתָּה תָשׁוּב וְשָׁמַעְתָּ בְּקוֹל ה' וְעָשִׂיתָ אֶת כָּל מִצְוֹתָיו אֲשֶׁר אָנֹכִי מְצַוְּךָ הַיּוֹם... כִּי יָשׁוּב ה' לָשׂוּשׂ עָלֶיךָ לְטוֹב כַּאֲשֶׁר שָׂשׂ עַל אֲבֹתֶיךָ. כִּי תִשְׁמַע בְּקוֹל ה' אֱ-לֹהֶיךָ לִשְׁמֹר מִצְוֹתָיו וְחֻקֹּתָיו הַכְּתוּבָה בְּסֵפֶר הַתּוֹרָה הַזֶּה כִּי תָשׁוּב אֶל ה' אֱ-לֹהֶיךָ בְּכָל לְבָבְךָ וּבְכָל נַפְשֶׁךָ. כִּי הַמִּצְוָה הַזֹּאת אֲשֶׁר אָנֹכִי מְצַוְּךָ הַיּוֹם לֹא נִפְלֵאת הִוא מִמְּךָ וְלֹא רְחֹקָה הִוא. לֹא בַשָּׁמַיִם הִוא לֵאמֹר מִי יַעֲלֶה לָּנוּ הַשָּׁמַיְמָה וְיִקָּחֶהָ לָּנוּ וְיַשְׁמִעֵנוּ אֹתָהּ וְנַעֲשֶׂנָּה. וְלֹא מֵעֵבֶר לַיָּם הִוא לֵאמֹר מִי יַעֲבָר לָנוּ אֶל עֵבֶר הַיָּם וְיִקָּחֶהָ לָּנוּ וְיַשְׁמִעֵנוּ אֹתָהּ וְנַעֲשֶׂנָּה. כִּי קָרוֹב אֵלֶיךָ הַדָּבָר מְאֹד בְּפִיךָ וּבִלְבָבְךָ לַעֲשֹׂתוֹ (דברים ל, ח-יד).

הרמב"ן שם מפרש את הביטוי "המצווה הזאת" כמתייחס למצוות התשובה. את תפיסתו יש להבין לאור הפסוקים הקודמים בפרשת ניצבים:

> וְהָיָה כִי יָבֹאוּ עָלֶיךָ כָּל הַדְּבָרִים הָאֵלֶּה הַבְּרָכָה וְהַקְּלָלָה אֲשֶׁר נָתַתִּי לְפָנֶיךָ וַהֲשֵׁבֹתָ אֶל לְבָבֶךָ בְּכָל הַגּוֹיִם אֲשֶׁר הִדִּיחֲךָ ה' אֱ-לֹהֶיךָ שָׁמָּה. וְשַׁבְתָּ עַד ה' אֱ-לֹהֶיךָ וְשָׁמַעְתָּ בְקֹלוֹ כְּכֹל אֲשֶׁר אָנֹכִי מְצַוְּךָ הַיּוֹם

> אַתָּה וּבָנֶיךָ בְּכָל לְבָבְךָ וּבְכָל נַפְשֶׁךָ... כִּי תִשְׁמַע בְּקוֹל ה' אֱ־לֹהֶיךָ לִשְׁמֹר מִצְוֹתָיו וְחֻקֹּתָיו הַכְּתוּבָה בְּסֵפֶר הַתּוֹרָה הַזֶּה כִּי תָשׁוּב אֶל ה' אֱ־לֹהֶיךָ בְּכָל לְבָבְךָ וּבְכָל נַפְשֶׁךָ (שם, א-ב, י).

עד כמה שונה כל זה מדבריו של הרמב"ם. התשובה כאן – מקיפה היא, וכרוכה בה מחויבות כוללת: "כי תשמע בקול ה' א־להיך לשמור מצוותיו וחוקותיו"; אף רבת עוצמה היא: "בכל לבבך ובכל נפשך", בכל ישותך. בעוד שמצוות התשובה "לא בשמים היא... ולא מעבר לים היא", כבר הערנו על הגמרא בעירובין (נה ע"א), המציינת שמן הפסוק עולה שאפילו אם הייתה המצווה בשמים או מעבר לים, היינו צריכים למצוא דרך להגיע לשם.[9] בניגוד לזה, בהתייחס למקור שהביא הרמב"ם למצוות התשובה, המשנה (בבא קמא קג ע"א) אומרת לנו: "הגוזל את חברו שוה פרוטה ונשבע לו [= לשקר], יוליכנו אחריו למדי"; אך יש להניח שלא יצטרך לעלות לשמים או להפליג מעבר לאוקיינוס.

משבר התשובה

דיברנו על יחס כפול בין משבר לתשובה: ראשית, המשבר מעורר לתשובה, ושנית, הוא מחייב תשובה. מעבר לזה, עלינו להכיר בכך שתשובה אינה רק תוצאת המשבר, אלא היא עצמה משבר. מנקודת מבט פסיכולוגית מסוימת החטא הוא הפגנת דעתנות, אותה רברבנות המשתמעת בהתנהגות השטן של מילטון ובמוטו שלו: "מוטב למלוך בגיהינום מאשר לשרת בגן עדן".[10] אך רגישות דתית רואה את החטא – שתיאר ספנסר באופן כה חי: "זוחל לאטו בין מוח העצם והעור"[11] – כסרטן מאכל. הכמיהה אליו והכניעה אליו מסמלות

9. 'תשובה בינונית ותשובתו של הבינוני' (לעיל, עמ' 97). הגמרא בעירובין מבינה שהביטוי "המצווה הזאת" מתייחס ללימוד תורה ולא לתשובה, אך בכל אופן לפירוש זה לפסוק יש השלכות דומות.

10. John Milton, *Paradise Lost*, Book 1, 1667.

11. Edmund Spenser, *The Faerie Queene*, 1590.

ואפילו מכוננות את התמוטטותה של האישיות הרוחנית, אם לא את קריסתה.

לפיכך, בתוך תהליך תשובה עצמו יכול להיות משבר. ההכרה בחטא עלולה להיות הרסנית ולהותיר את האדם בתוהו ובוהו. המשנה יועצת: "והסתכל בשלשה דברים ואי אתה בא לידי עבירה: דע מה למעלה ממך – עין רואה, ואוזן שומעת, וכל מעשיך בספר נכתבין" (אבות ב, א). מכאן משתמע שהכרה בחטא תעורר תערובת של פחד, אשמה ובושה. רגשות אלו עלולים לשבור את האישיות, אף בשעה שהצורך לשקם, להיערך ולבנות מחדש הוא דחוף וחיוני ביותר.

בתוך ההקשר של חטא ותשובה, אדם עלול למצוא עצמו במשבר משולש: משבר של זהות, משבר של יכולת ומשבר בעמידתו לפני הא־לוהים. תהליך התשובה הופך אז למרתיע.

בנסיבות אלו, כאשר תחושת הערך העצמי של האדם וביטחונו ביכולותיו מתערערים מיסודם, היוזמות הקוסמטיות של תשובה נורמלית לא יועילו לבדן. אדם יכול לתקן פגם פה וכתם שם, אך הוא זקוק ללידה מחדש. האם נוכל להשיג זאת על ידי מחיקת עוונות, על ידי זיכרונן של מעידות קודמות, על ידי שיפור זה או אחר? כדי להשיג תחייה מחודשת, אדם צריך ליצור אנרגיות וזהויות רוחניות, אף שהוא רוצה לרסן אותן. אך בזמן שכלים אלו נחוצים כדי לבנות מחדש, אלו הם בדיוק הכלים שנותצו.

אנו מוצאים עצמנו עומדים בפני הדילמה שתיארו חז"ל: "אין חבוש מתיר עצמו מבית האסורים" (ברכות ה ע"ב). ועדיין, בזה בדיוק כרוך משבר התשובה: בצורך ובאתגר שהאסיר ישחרר את עצמו מבית הסוהר. כמובן, אין הוא לבדו במשימה זו; א־לוהים בא לעזרו, הן באמצעות הפיוס הגואל של "שׁוּבוּ אֵלַי וְאָשׁוּבָה אֲלֵיכֶם" (מלאכי ג, ז), והן על ידי תרומתה של סייעתא דשמיא, המטעינה את השב באנרגיה, במובן של "בא ליטהר – מסייעים אותו" (שבת קד ע"א). זהו מסייע שיש בו ממש (עיינו שבת קג ע"א) – אך באופן בסיסי הכדור נמצא במגרש שלנו. "אין הדבר תלוי", כפי שאמר רבי אלעזר בן דורדיא,

"אלא בי" (עבודה זרה יז ע"א). לכן, אף כשהמשבר נראה הרה אסון, ממתינה התחייה.

בכי ותחנונים

אנו קוראים בהפטרת היום השני של ראש השנה: "בִּבְכִי יָבֹאוּ וּבְתַחֲנוּנִים אוֹבִילֵם אוֹלִיכֵם אֶל נַחֲלֵי מַיִם בְּדֶרֶךְ יָשָׁר לֹא יִכָּשְׁלוּ בָּהּ כִּי הָיִיתִי לְיִשְׂרָאֵל לְאָב וְאֶפְרַיִם בְּכֹרִי הוּא" (ירמיהו לא, ח). הנביא אמר זאת על החזרה לארץ ישראל, אך הרמב"ם השתמש באותם יסודות ביחס לחזרה לא־לוהי ישראל. בהלכות תשובה מתווה הרמב"ם את המרכיבים הנורמטיביים של התשובה, ומתאר את מנהגיהם של השבים: "מדרכי התשובה להיות השב צועק תמיד לפני השם בבכי ובתחנונים" (ב, ד). הרמב"ם משתמש באותם מושגים שהופיעו בדברי הנביא ירמיהו.

ביחס לבכי, יש מדרש נפלא על פרשת תצווה. אנו קוראים בהפטרת שבת שובה: "קְחוּ עִמָּכֶם דְּבָרִים וְשׁוּבוּ אֶל ה'" (הושע יד, ג). כך מסביר המדרש:

> לפי שישראל אומרים: רבון העולם, הנשיאים חוטאים – ומביאים קרבן ומתכפר להם, משיח חוטא – ומביא קרבן ומתכפר לו, אנו אין לנו קרבן! אמר להם: 'ואם כל עדת ישראל ישגו' וגו'.
>
> אמרו לו: עניים אנו ואין לנו להביא קרבנות. אמר להם: דברים אני מבקש, שנאמר: 'קחו עמכם דברים ושובו אל ה'', ואני מוחל על כל עונותיכם. ואין דברים אלא דברי תורה, שנאמר: 'אלה הדברים אשר דבר משה'.
>
> אמרו לו: אין אנו יודעין. אמר להם: בכו והתפללו לפני ואני מקבל. אבותיכם כשנשתעבדו במצרים, לא בתפלה פדיתי אותם, שנאמר: 'ויאנחו בני ישראל מן העבודה ויזעקו'? בימי יהושע, לא בתפלה עשיתי להם נסים, שנאמר: 'ויקרא יהושע שמלותיו'?

> ומה אמרתי לו: 'נטה בכידון'. בימי השופטים, בבכיה שמעתי צעקתם, שנאמר: 'ויהי כי זעקו בני ישראל אל ה''. בימי שמואל, לא בתפלה שמעתי להם, שנאמר: 'ויזעק שמואל אל ה' בעד ישראל ויענהו ה''? וכן אנשי ירושלים, אף על פי שהכעיסוני, בשביל שבכו לפני רחמתי עליהם, שנאמר: 'כה אמר ה' רנו ליעקב שמחה' וגו'. הוי איני מבקש מכם לא זבחים ולא קרבנות, אלא דברים, שנאמר: 'קחו עמכם דברים ושובו אל ה''. לכך אמר דוד: 'ארחץ בנקיון כפי', איני אומר להקריב לך אלא 'לשמיע בקול תודה' (שמות רבה לח, ד).

התורה חשובה היא והקרבנות חשובים הם, ואלו שיכולים ללמוד תורה ולהביא קרבנות יסתייעו בהם בתהליך התשובה. אך אין לתורה ולקרבנות הכוח הקיומי והחשיבות של תשובת המשבר – כפי שגם קובע הרמב"ם: "מדרכי התשובה להיות השב צועק תמיד לפני השם בבכי ובתחנונים". הבכי בא כאשר נופלות הגנותיו של האדם; כשנופלות ההגנות, מתחילה המתקפה.

תשובה כתחנונים וכמשא

דיברתי לעיל על הקבלה אפשרית בין תפילה לתשובה לפי הרמב"ן: בזמן משבר, שתי החובות הללו גדלות ומתעצמות. בפרקים קודמים הזכרנו את דברי המשנה: "העושה תפלתו קבע, אין תפלתו תחנונים" (ברכות כח ע"ב), ואת הסבר הגמרא: "כל שתפלתו דומה עליו כמשׂוי" (שם כט ע"ב).[12] הזכרנו גם שכשם שיש תפילת קבע, כך יכולה להיות גם תשובת קבע, הדומה על האדם כמשא כבד שיש לפרקו. כפי שהתפילה צריכה להיות תחנונים ולא קבע, כך גם התשובה.

כמובן, אנו פועלים מתוך תחושת חובה ומחויבות, וזהו מושג

12. 'תשובה - דחף ומניע' (לעיל, עמ' 61) ו'תשובה בינונית ותשובתו של הבינוני' (לעיל, עמ' 97).

יסודי ביהדות: "גדול המְצֻוֶּה ועושה יותר ממי שאינו מְצֻוֶּה ועושה" (בבא קמא לח ע"א ועוד). אך אין זה אומר חלילה שהאדם המְצֻוֶּה יבצע את המִצווה בעודו מעדיף שלא היה מתחייב בה. באופן אידיאלי היה הוא מקיים את המצווה גם לולא נצטווה, אך לאחר שנצטווה מקיים הוא אותה ביתר שלמות. תחושת ההזדהות, כניגוד ל"דומה עליו כמשוי", מהותית היא לתפיסתנו את החיים הדתיים בכלל ואת התשובה בפרט.

בגמרא ישנו הסבר נוסף מהו "קבע": "ורבנן אמרי: כל מי שאינו אומרה בלשון תחנונים" (ברכות כט ע"ב). לשון התחנונים – לא בהכרח אפשר לתארה במונחים בלשניים; זוהי שפת גוף וחוויה ייחודית. החסידים אומרים שיש שלוש רמות של ניגונים: ניגון שיש לו מילים; ניגון שאין לו מילים; וניגון שאין לו אפילו ניגון, התנסות כה פנימית עד שאין להביעה אפילו במוזיקה. זוהי לשון התחנונים – הפצרה, חיפוש ובכייה.

שילוב שני סוגי התשובה

יש להדגיש נקודה חשובה. לשני סוגי התשובה – משבר ונורמה – יש מקום; "לַכֹּל זְמָן וְעֵת לְכָל חֵפֶץ תַּחַת הַשָּׁמָיִם" (קהלת ג, א). בנסיבות מסוימות יש להתמקד בתשובה של נורמה, ובאחרות צו השעה הוא תשובה של משבר. ברגעים מסוימים מרכזי היסוד המוסרי שבתשובה, העמידה מול החטא, וברגעים אחרים חיוני היסוד הדתי של חזרה, שיקום ותחייה של העצמיות ושל מערכת היחסים עם הקדוש ברוך הוא.

בל ניסחף, ולו לרגע, להחלטה שרק אחת התבניות של התשובה תקפה, היא ולא רעותה. כשעינינו כלפי מכלול חווייתנו הדתית, וכשעינינו כלפי יום הכיפורים בפרט, עלינו לסרב באופן קטגורי לבחור בין השתיים. אדרבא – עלינו לשאוף לא רק לכל אחת מהן בפני עצמה, אלא להשיג זיקה משולבת בין שתיהן.

היהדות מעולם לא נסחפה למחלוקת בין הפרוטסטנטים לקתולים בנוגע להצדקה על ידי האמונה או על ידי מעשים. אנו מזהים את ההבדל, אך איננו מזהים את הקונפליקט. השילוב והזיקה בין שני

הנתיבים מרכזיים הם לחיי הלכה. עולם ההלכה גדוש בפרטים מדוקדקים. יש שמתקשים לקבל זאת, ומעדיפים לדבר במושגים של הכללות רוחניות וסדרי עדיפויות ערכיים. איך מתייחסת לזה התורה? "וְעַתָּה יִשְׂרָאֵל מָה ה' אֱ־לֹהֶיךָ שֹׁאֵל מֵעִמָּךְ" – התורה מציעה כאן הגדרה של החיים הדתיים – "כִּי אִם לְיִרְאָה אֶת ה' אֱ־לֹהֶיךָ לָלֶכֶת בְּכָל דְּרָכָיו וּלְאַהֲבָה אֹתוֹ וְלַעֲבֹד אֶת ה' אֱ־לֹהֶיךָ בְּכָל לְבָבְךָ וּבְכָל נַפְשֶׁךָ" (דברים י, יב). הפסוק הבא מפרט הכללה זו: "לִשְׁמֹר אֶת מִצְוֹת ה' וְאֶת חֻקֹּתָיו אֲשֶׁר אָנֹכִי מְצַוְּךָ הַיּוֹם לְטוֹב לָךְ". הפסוק הראשון מדבר על הערכים הדתיים המוחלטים, התואמים לערכים אוניברסליים: יראת א־לוהים, הידמות לא־לוהים (*imitatio Dei*) ואהבת א־לוהים. שמא יחשוב אדם שדי בזה ושההלכה משנית היא? ובכן, הפסוק הבא מדגיש את הצורך לקיים, לשמור ולפתח את מלוא ההיקף של ההלכה, "את מצוות ה' ואת חוקותיו".

שילוב זה מופיע בפרשת כי תבוא, המדברת על הכתרת הא־לוהים, כביכול, והתעלותו של עם ישראל. היא פותחת בהוראה נורמטיבית ברורה: "הַיּוֹם הַזֶּה ה' אֱ־לֹהֶיךָ מְצַוְּךָ לַעֲשׂוֹת אֶת הַחֻקִּים הָאֵלֶּה וְאֶת הַמִּשְׁפָּטִים וְשָׁמַרְתָּ וְעָשִׂיתָ אוֹתָם בְּכָל לְבָבְךָ וּבְכָל נַפְשֶׁךָ" (דברים כו, טז). הביטוי "בכל לבבך ובכל נפשך" אינו מתאר כיצד צריך אדם לירא מא־לוהיו, לאהוב אותו וללכת בדרכיו, אלא כיצד עליו לשמור "את החוקים האלה ואת המשפטים". הפסוק הבא, "אֶת ה' הֶאֱמַרְתָּ הַיּוֹם לִהְיוֹת לְךָ לֵא־לֹהִים וְלָלֶכֶת בִּדְרָכָיו", מתאר קבלת עול מלכות שמים, כמו גם *imitatio Dei*, וממשיך בתיאור החובה: "וְלִשְׁמֹר חֻקָּיו וּמִצְוֹתָיו וּמִשְׁפָּטָיו וְלִשְׁמֹעַ בְּקֹלוֹ".

שילוב זה, הנשזר לאורך התורה כולה ובמיוחד לאורך ספר דברים, הוא המרכז התמציתי של קיום תורני ושל רגישות תורנית. כך הוא לגבי עבודת ה' בכלל וכך הוא לגבי תשובה בפרט.

בפרשת ניצבים אנו פוגשים בשילוב דומה: "כִּי תִשְׁמַע בְּקוֹל ה' אֱ־לֹהֶיךָ לִשְׁמֹר מִצְוֹתָיו וְחֻקֹּתָיו... כִּי תָשׁוּב אֶל ה' אֱ־לֹהֶיךָ בְּכָל לְבָבְךָ וּבְכָל נַפְשֶׁךָ" (דברים ל, י). כאן משתמע כי חלק ממצוות התשובה עצמה הוא "לשמור מצוותיו וחוקותיו". אנו חייבים לפתח רגישות

דתית הקשובה לפרטים הקטנים – עמידה מול החטא ותיקונו – כמו גם לבניין האישיות ולתיקון הקשר עם א־לוהים. נשאף להרוות את הקפדתנו ההלכתית הפורמלית במשמעות חווייתית ובחיות; בתמונת המראה, נשאף להוסיף לממד הנלהב של תשובתנו את ההדרכה וההשראה של הקפדה הלכתית. כוחה של תשובה הוא בשילוב הכפול: תחזוקה רוחנית, המתמקדת בתיקון החטא, ותחייה רוחנית, הנובעת ממשבר דתי.

יש בנו תשוקה מקבילה להשיג משהו מתוך תשובתנו. יום הכיפורים הוא "יום רחמים בדין", כדברי הרמב"ן (ויקרא כג, כד), יום של שלוש עשרה מידות הרחמים. אנו פונים לא־לוהים בתקווה ובציפייה שגם הוא יתייחס אלינו בשתי חזיתות. מצד אחד, יום הכיפורים הוא יום של מחילת חטאים, כפי שאנו אומרים בתפילת עמידה: "מלך מוחל וסולח לעוונותינו ולעוונות עמו בית ישראל, ומעביר אשמותינו בכל שנה ושנה". מצד שני, זהו גם יום של התחדשות ופיוס, אף בלי התייחסות למחילת עוונות. אם שקענו בחטא, עם כל ההשלכות שתיארנו קודם, אנו מייחלים ומתפללים ב"יוֹם ה' הַגָּדוֹל וְהַנּוֹרָא" (מלאכי ג, כג) למחילה שתבוא על ידי תחנונים, למחיקת חטאינו ועונשינו, ובאותו זמן גם לשיקום החיוני עבורנו.

דוד המלך, במזמור הנפלא בפרק נא, פונה לא־לוהים כשעינו לשני יסודות התשובה. מצד אחד, הוא מתחנן למחילה על החטא:

> (הרבה) הֶרֶב כַּבְּסֵנִי מֵעֲוֹנִי וּמֵחַטָּאתִי טַהֲרֵנִי. כִּי פְשָׁעַי אֲנִי אֵדָע וְחַטָּאתִי נֶגְדִּי תָמִיד (תהילים נא, ד-ה).

אך אין הוא מסתפק בזה; הוא מבקש גם את הקשר עם א־לוהים. הוא מתחנן לאישיות שנולדה מחדש ושטוהרה, שהושגה על ידי הזיקה בין החסד הא־לוהי למאמציו שלו:

> לֵב טָהוֹר בְּרָא לִי אֱ־לֹהִים וְרוּחַ נָכוֹן חַדֵּשׁ בְּקִרְבִּי. אַל תַּשְׁלִיכֵנִי מִלְּפָנֶיךָ וְרוּחַ קָדְשְׁךָ אַל תִּקַּח מִמֶּנִּי (שם, יב-יג).

"לַכֹּל זְמָן" – תשובה בארבע מסגרות זמן של חיינו

הראשונים השתמשו בכמה עקרונות מארגנים לצורך סיווג המצוות. העקרונות המוכרים ביותר מתייחסים ליסוד הנורמטיבי של המצווה, לאופן שבו היא מבוצעת: החלוקה בין מצוות עשה למצוות לא תעשה, כמו **בספר המצוות** של הרמב"ם ובסמ"ג, או בין מצוות המוטלות על היחיד למצוות המסורות לציבור, כפי שעשו בה"ג ורב סעדיה גאון. אחרים, כמו **ספר יראים**, התמקדו בתחום שאליו מתייחסות המצוות, והבחינו בין מצוות שבין אדם לחברו למצוות שבין אדם למקום.

הסמ"ק הבהיר קטגוריה סמויה יותר: היקף הזמן של המצווה, האם מוגבלת היא לתקופה מסוימת או שבמהותה על־זמנית היא.[1] על רקע זה, שאלה פשוטה עולה בנוגע לתשובה. לכמה מצוות יש בבירור מסגרת זמן מסוימת מאוד – נטילת לולב בחנוכה היא מטופשת בעליל, והימנעות ממלאכה בימי שלישי אינה רק חסרת טעם, אלא, לפי הברייתא **באבות דרבי נתן** (יא, א), אף אסורה. בניגוד לזה, ברור באותה מידה שמצוות אחרות הן על־זמניות – אהבת א־לוהים ויראתו,

דרשה זו נישאה בכינוס התשובה על שם האוזמן־שטרן, במכון גרוס בירושלים, תשרי תש"ן.

1. בהקדמתו **לחובות הלבבות** דן רבנו בחיי בהרחבה על היקף הזמן של מצוות מסוימות כמאפיין משמעותי, אך בלי קשר למניינן.

אהבת הרֵע והאיסור על לשון הרע אינם מוגבלים בזמן או במקום. אך מה לגבי תשובה? באיזו מידה התשובה היא לְכל זמן, ובאיזה מובן, אם בכלל, הרי היא בבחינת לַכֹּל זמן (קהלת ג, א), מכוונת לתקופה מסוימת?

במבט ראשון, תשובה, כמו חובות אחרות של הלבבות, צריכה להיות מעל לזמן. האם יש יום או שעה שאינם מתאימים לתשובה? ועדיין, כאשר אנחנו בעיצומם של עשרת ימי תשובה, אנו מושפעים במידה רבה ממסגרת הזמן שלנו. לשאלה זו, של יחס התשובה למסגרות הזמן, ברצוני להתייחס כאן.

המענה הוא אולי מובן מאליו: לתשובה יש היבט כפול. היא גם לכל עת וגם מושרשת בזמן מסוים – אך באופן שונה. כך כותב הרמב"ם, בעקבות הגמרא ביבמות (מט ע"ב):

> אף על פי שהתשובה והצעקה יפה לעולם, בעשרה הימים שבין ראש השנה ויום הכפורים היא יפה ביותר ומתקבלת היא מיד, שנאמר: 'דרשו ה' בהמצאו'. במה דברים אמורים? ביחיד; אבל צבור, כל זמן שעושים תשובה וצועקין בלב שלם הם נענין (הלכות תשובה ב, ו).

בניגוד ל**ספר החינוך**, המציע שהתשובה בעשרת ימי תשובה היא פשוט הכנה ליום הכיפורים, הרמב"ם מעניק לתקופה זו מעמד עצמאי: התשובה והצעקה יפות תמיד, אך בזמן הייחודי הזה הן יפות ביותר. עם זאת, המוקד שלו הוא ביעילות התשובה, באומרו ש"מתקבלת היא מיד". חלף זאת ברצוני להתמקד בהבדלים בנוגע לחוויית התשובה עצמה: האופי, התהליך, ההיקף והדגש. אני טוען שבעוד התשובה היא אכן הן תלוית־זמן והן על־זמנית, שני ההיבטים הללו אינם זהים – לא בנוגע לחובה ולקיום כקטגוריות הלכתיות ולא כמציאויות רוחניות כלליות. דיוני יתייחס לארבעה היבטי זמן של התשובה: מקרית, שנתית, רב־שנתית ומתמדת.

תשובה "מקרית"

אם נפתח בהיבט הראשון, צריך להיות ברור בהקשר זה שהמונח "מקרית" אינו קשור לשאלת השכיחות. כוונתי לתשובה שמתעוררת על ידי מקרה, שנוצרת בעקבות תאונה יותר מאשר בעקבות תכנון, על ידי הנסיבות יותר מאשר על ידי יוזמה.

המשמעות ההלכתית הבסיסית של התשובה היא אכן "מקרית". ממקורותינו הקדומים ועד לאלו האחרונים אנו פוגשים בתשובה שהיא במהותה מענה למצב מסוים. המניע יכול להיות התמוטטות רוחנית כוללת; קריאתו העצובה והעיקשת של הושע, "שׁוּבָה יִשְׂרָאֵל עַד ה' אֱ-לֹהֶיךָ כִּי כָשַׁלְתָּ בַּעֲוֹנֶךָ" (הושע יד, ב) היא תגובה להוללות מופקרת שתוארה לפני כן (שם יג, ו). התורה חוזה שתשובתו של העם תבוא אחרי נקודת השפל הרוחנית של עבודת אלילים (דברים ד, כח-כט). מניע דומה יכול להיות פורענות רוחנית וחומרית כוללת, הכוללת התמוטטות אישית ולאומית (שם ל, א-ב).

לחילופין, הגירוי המביא לתשובה יכול להצטמצם לכדי מעשה אחד. מפורסמים דבריו של הרמב"ם, הפותח כך את הלכות תשובה: "כל מצות שבתורה, בין עשה בין לא תעשה, אם עבר אדם על אחת מהן, בין בזדון בין בשגגה...". הרמב"ם חוזר על המסגרת המקומית של עבירה מסוימת גם בתארו את תהליך התשובה בתחילת הפרק השני.

המכנה המשותף לשני סוגי הגירויים הוא שבשני ההקשרים אנו דנים בתשובה שמחויבת בעקבות התרחשות או מצב, ולכן מכוונת לתגובה אליהם ולהתמודדות עמם.

מעלתה הגדולה של תשובה זו נמצאת בדחיפות שלה, בשני המובנים של המילה. ראשית, היא אינה סובלת כל דיחוי:

> תנא דבי רבי ישמעאל: אם ראית תלמיד חכם שעבר עבירה בלילה – אל תהרהר אחריו ביום, שמא עשה תשובה. שמא סלקא דעתך? אלא: ודאי עשה תשובה (ברכות יט ע"א).

החטא אינו נותר כפצע מודלק, "זוחל לאטו בין מוח העצם והעור", במילותיו הנהדרות של ספנסר.[2] הוא נעקר מיד, והמאמץ לבלום את תוצאותיו הרוחניות ההרסניות, ובסופו של דבר גם להפוך אותן, מקבל קדימות. כל זה מחולל בתורו דחיפות במובן שני, איכותי לא פחות מאשר כמותי. תגובה מיידית מעניקה הן כוח והן עומק. האדם חווה לא רק חרטה אלא גם סלידה. בהמשך לכך, ההחלטה להימנע מנפילה חוזרת לאותו חטא מתודלקת בידי נחישות הספוגה בדחיפות.

תשובה מקרית, בפרט בגילוייה הספציפיים, סובלת מהחסרונות של מעלותיה. בתגובה להשלכותיו של חטא שזה עתה נחווה, השב מלא החרטה עלול, ואולי כמעט מוכרח, להתבונן בחטא במבט קצר־רואי, ולפיכך להתייחס אליו באופן סימפטומטי. לכן יש להשלים תשובה כזו בתשובה תקופתית; לא רק בתאריך אחר אלא בצביון אחר. על איזו תקופה מדובר? לאנשי תנועת המוסר זו יכולה להיות תשובה יומית; ליהודים יראי שמים אחרים אולי הכוונה ל"יום כיפור קטן", המצוין בכל חודש; ועבור רובנו, יהודים מן השורה, תשובה כזו קשורה באלול, בעשרת ימי תשובה וביום הכיפורים. לתקופת ארבעים היום הזו יש קיום מיוחד, אך כמובן אין הכוונה לשלול את נוכחותה של התשובה ברמה המקרית, בעקבות חטאו של אדם.

תשובה שנתית

ר' ישראל סלנטר אמר פעם: "כל השנה צריכה להיות כמו אלול, אך אלול עצמו – הרי הוא 'אלול'!". ברור שלתקופה זו יש משמעות חשובה ביותר. לספירת המלאי השנתית הזו יש שני היבטים. ברמה אחת, זוהי פשוט תשובה מקרית בקנה מידה גדול, שבה מגיעים לתוצאה באמצעות תהליך נתון.

לפי חלק מהראשונים, ובהם בולט רבנו יונה, יש מצווה מיוחדת של תשובה ביום הכיפורים, מלבד החובה הקיימת במשך כל השנה

2. Edmund Spenser, *The Faerie Queene*, 1590.

(**שערי תשובה** ב, יד). כפי שהזכרנו לעיל,[3] הרב התייחס לכך באמצעות אנלוגיה מפסח, שם יש איסור כפול על החזקת חמץ: בל ייראה ובל יימצא (על פי שמות יב, יט; יג, ז). לפי כמה ראשונים, אדם עובר על איסורים אלו רק אם הוא מודע לחמץ שבבעלותו. אך מצוות העשה של "תַּשְׁבִּיתוּ שְּׂאֹר מִבָּתֵּיכֶם" (שמות יב, טו) אינה דורשת רק לטפל בחמץ שבמקרה נודע לך עליו; המצווה היא לחפש אחרי החמץ. אדם חייב לחקור ולדרוש אחרי החמץ בלהט, "בחורין ובסדקין" (על פי פסחים ח ע"א), "כל מקום... שמכניסין בו חמץ" (שם ב ע"א).

באופן דומה, אמר הרב, במהלך השנה חייבים בתשובה באופן בסיסי באותם זמנים שבהם היה אמור אדם להביא קרבן על חטאו. כאשר אדם מגלה שחטא הוא מביא קרבן, והוא חייב גם להתוודות עליו (ויקרא ד, כח; שם ה, ה; במדבר ה, ז). המצווה כשלעצמה אינה דורשת שאדם יקום בכל בוקר ויחל לבחון אם ביצע חטא הדורש קרבן כזה.[4] אך בנוגע ליום הכיפורים ולתקופה הקודמת לו, הדרישה "תִּטְהָרוּ" (ויקרא טז, ל) מחייבת אותנו להתבונן ולחפש. אם להשתמש באנלוגיה רפואית, מדובר פחות בטיפול ויותר בבדיקה כללית. מבחינות מסוימות, כאשר עומדים לנוכח החטא, סוג הטיפול שהוא מקבל אולי אינו שונה מזה הקשור בתשובה מקרית במהלך השנה. אך מבחינות אחרות התשובה השנתית סביב יום הכיפורים שונה באיכותה.

עצם ההיקף כשלעצמו מוסיף ממד איכותי מסוים לתשובה של תקופה זו. אם נמתח עוד את האנלוגיה הרפואית, יש הבדל איכותי בין טיפול בסימפטום מסוים בפני עצמו ובין טיפול הוליסטי במטופל כולו. במהלך בחינת מצבו הרוחני הכללי של האדם, מבעד לשני צדדיו של הטלסקופ – התבוננות במקרו וגם במיקרו, אדם רואה לא רק את קווי המתאר של חטא מסוים אלא גם את הקשרו; לא רק את

3. 'תשובה בינונית ותשובתו של הבינוני' (לעיל, עמ' 97).
4. הגמרא (כריתות כה ע"א) אומרת שבבא בן בוטא חשב שמותר לאדם להביא אשם תלוי כקרבן נדבה, בניגוד לעמדה המקובלת בנושא זה. לפי שיטה זו, אדם יכול להביא אשם תלוי בכל יום, שמא ביצע עבירות מסוימות. באופן כללי, כמובן, אין חובה כזו.

כישלונותיו הפרטיים במקרה מסוים אלא את כוליותו השלמה כחוטא, את המשמעות ביחס לאישיותו הרוחנית ככלל וביחס לקשר שלו עם הקדוש ברוך הוא בפרט. בהקשר זה, הטוטליות מהותית היא לתהליך של תשובה שנתית.

בהזדמנות אחרת דיבר הרב ז"ל על המשנה האחרונה במסכת יומא (פה ע"ב), שבה מהלל רבי עקיבא את ההזדמנות השנתית להיטהר בידי ה'. המשנה שם מצטטת בין היתר את הפסוק הבא: "מִקְוֵה יִשְׂרָאֵל ה'" (ירמיהו יז, יג). הרב הדגיש שהמשנה משתמשת במטפורה של מקווה משום שהטהרה בו אינה יכולה להיות חלקית; אדם אינו יכול לטבול למקוטעין,[5] וזאת הן במובן שאין הוא יכול להשיג טהרה מוגבלת, והן במובן שהטבילה עצמה חייבת להיות כוללת ושלמה, בבת אחת.[6]

בהקשר זה ציטט הרב גם פירוש בולט למשנה המפורסמת (יומא פה ע"א), הקובעת שיום הכיפורים מכפר על חטאים שבין אדם למקום, אך לא על חטאים שבין אדם לחברו, עד שיפייס את חברו. בדרך כלל מבינים בפשטות שתשובתו של אדם ביום הכיפורים יכולה להתמודד עם חטאים בינו ובין א-לוהים, אך עדיין נותר עליו משא החטאים בינו ובין אנשים אחרים. הרב הזכיר פירוש שונה (המופיע **בערוך לנר**, נידה ע ע"ב), ולפיו אם אדם לא התמודד עם החטאים שבין אדם לחברו, יום הכיפורים לא יכפר אף על החטאים שבין אדם למקום. הרב הסביר שלפי דעה זו אנו עוסקים כאן בטהרה, ואין טהרה לחצאין. אם כך, עצם היקפה של התשובה, עצם כוליותה, מוסיפים ממד איכותי נוסף שאין בתשובה המקרית, אף אם נעשית היא לעתים קרובות.

ההבדל האיכותי נובע גם ממרחק, לא פחות מאשר מהיקף. הפרספקטיבה, הבהירות ואפילו השלווה היחסית שמאפשר הזמן שחלף, מספקים תובנה, כמו גם תנופה. חלק מהטריות ומהחיות של התשובה אולי אבד, אך כפיצוי על כך זוהי תשובה ממוקדת יותר ומובנת יותר.

5. רבנו תם דן **בספר הישר** (תשובות מז-מח) באפשרות ההלכתית של טבילה לחצאין, אך זוהי דעת יחיד בהלכה.
6. **תורת כהנים** אמור ד, ז; רמב"ם, הלכות מקוואות א, ז.

רומנטיקנים דתיים יתמרמרו על הפנייה לניתוח אנליטי בהקשר של תשובה צורבת, בוחנת לב. אך המונח החיוני של הכרת החטא כרוך ביותר מאשר ידע על אודות קיומה ומשקלה של עבירה מסוימת או של תופעת החטא בכללותה. האין הכרה נרחבת זו, אשר ככלות הכול היא קטגוריה קוגניטיבית מרכזית, כוללת עידון והעמקה של הכרת החטא? לפיכך, במידה שבחינה שנתית זו מעשירה את הכרת החטא, דווקא משום שהיא שנתית ואינה מתרחשת בכל יום או נקרית בכל שעת משבר, הרי היא מעצימה את איכות התשובה שהיא מחוללת. התשובה הזו יכולה להקיף היטב את שורש החטא ואת ענפיו, כמו גם את פירותיו, את "דרכי החטאים" שעליהן היטיבו לדבר הרב ואחרים, לא פחות מאשר את מעשה העבירה שנבע מדרכים אלו.

אם כך, יש לנו זיקה של השלמה, מבחינה איכותית וכמותית גם יחד, בין תשובה "מקרית" לתשובה שנתית. התשובה השנתית נתפסת במובן מסוים כתשובה מקרית מוכפלת, אך, במובן אחר, יחידה היא במינה.

תשובה רב־שנתית

מסגרת הזמן הבאה שלנו היא תשובה רב־שנתית. מושג זה, שנשאל מהעולם הבוטני, הוא כינוי לתשובה שנערכת מדי שנה בנוגע לחטאי העבר, ולא לחטאים שאירעו לאחרונה או לחטאים עכשוויים. מחלוקת התנאים בנוגע לתשובה זו מופיעה בכמה מקומות; שמות החכמים משתנים מעט ממקום למקום, והמחלוקת מוכרת לנו במיוחד מהברייתא המצוטטת במסכת יומא (פו ע"ב):

> תנו רבנן: עבירות שהתודה עליהן יום הכפורים זה – לא יתודה עליהן יום הכפורים אחר, ואם שנה בהן – צריך להתודות יום הכפורים אחר, ואם לא שנה בהן וחזר והתודה עליהן – עליו הכתוב אומר: 'ככלב שב על קאו כסיל שונה באולתו'. רבי אליעזר בן יעקב אומר: כל שכן שהוא משובח.

לפי הדעה הראשונה, אם אדם חזר השנה על חטא שעשה גם בשנה הקודמת, עליו להתוודות אף על העבירה הראשונה. אך אם לא חזר על עבירה נושנה זו, אל לו להתוודות עליה. בניגוד לזה, לדעת רבי אליעזר בן יעקב משובח הוא האדם החוזר על וידויו בשנה אחרת, אף שכבר עסק בחטא זה בעבר.

הראשונים נחלקו כמי לפסוק להלכה. הרמב"ם (הלכות תשובה ב, ח) פוסק כרבי אליעזר בן יעקב, בעקבות הפסוק בתהילים: "כִּי פְשָׁעַי אֲנִי אֵדָע וְחַטָּאתִי נֶגְדִּי תָמִיד" (נא, ה). בניגוד אליו, רבנו יונה (**שערי תשובה** ד, כא) מאמץ את הדעה הראשונה בברייתא ומפתח אותה. רבנו יונה מצדיק עמדה זו בשלושה נימוקים. ראשית, אם אדם מתוודה ומבקש שוב מחילה, מן הסתם הוא חושב שהתשובה דאשתקד לא הייתה יעילה, והוא אינו מטיל את האשמה על עצמו, אלא על הקדוש ברוך הוא. שנית, ההתמקדות בעבר עלולה להיות דרך נוחה להזניח את ההווה; הפניית תשומת הלב לחטאים מלפני חמש ועשר שנים יכולה בקלות להסיט את תשומת הלב מהלחצים הדחופים והמיידיים יותר של חטאים מהשנה האחרונה, שמפירותיהם האדם אולי עדיין נהנה ואשר הם חלק מההקשר המיידי שלו. לסיום, כשאדם מתוודה רק על חטאים רחוקים מעורבת כאן סוג של יוהרה רוחנית, כאילו מספר אותו אדם לעולם או לעצמו שהוא צריך רק ליישב חשבונות ישנים, כי לא עומדים בפניו חדשים.

אם כך, יש להניח שתנאים וראשונים נחלקו בשאלה אם חזרה שנתית על תשובה על אותו מעשה חטא היא ראויה. אני אומר "יש להניח", משום שבכנות אני מוצא את העמדה שאל לאדם לחזור בתשובה על עבירות קודמות בלתי מובנת לחלוטין. הייתכן שאדם שכיפר פעם אחת על חטאים, יכול להשליך אותם לסל האשפה הרוחני שלו? הייתכן שחייו הפנימיים של האדם, או בחינת החיים הללו, יבותרו לנתחי־זמן כה רבים המנותקים זה מזה, עד שאדם יתעלם מהשפעתם המצטברת? בהחלט לא. כל מסע חייו של האדם צריך להיבחן בכל תחנה במבט לאחור. הבריח התיכון של האתיקה הקלאסית, המודגם בדברי סוקרטס שחיים שאין בהם חקירה עצמית –

אינם כדאים לחיותם,[7] ושל חלק לא קטן מתנועת המוסר, מתייחס בבירור לחקירת החיים בשלמותם.

ומה לגבי המחלוקת המופיעה בגמרא ביומא? אני מאמין שהיא אינה מתייחסת לשאלה אם באופן כללי אדם צריך לבחון את חטאי העבר ככלל, אלא לנושא מצומצם הרבה יותר. לפי הדעה הראשונה בגמרא, כאשר מתייחסים לחטא מסוים אחרי השלבים הפורמליים של התשובה – עזיבת החטא, חרטה, קבלה להשתפר בעתיד, וידוי ובקשת מחילה – אין צורך לחזור בכל שנה על התהליך הזה, בנוגע לאותו אירוע של חטא. לאחר שהושגה כפרה, אין צורך לבקשה שנית. אך בחינת חטאי העבר נותרה חיונית כחלק מזיכרון מקיף של מה שהיה, משום שלמעשה אין כאן חזרה גרידא. ההשפעה המצטברת של החטא יכולה להימדד רק בתוך הקשר כולל, וסקירתו של חטא מסוים שנעשית במסגרת זמן של עשר או עשרים שנה בחיי אדם תהיה שונה מסקירה שנעשית במסגרת זמן של ארבעים שנה. ההשלכות והתוצאות המשתלשלות נראות עכשיו במבט רחב יותר ובאור חדש. במידה שקווי המתאר של ההקשר הכולל שורטטו מחדש במהלך השנה שחלפה, הסקירה המסוימת שתיעשה בשנה הזו ביחס לחטאים שנסקרו בשנה שעברה, בשנה שלפניה או בעשור שקדם לה, חדשה היא וטרם בוצעה. האם יכלו אוגוסטינוס או פרוסט להותיר את הפרקים העוסקים בילדותם ללא שינוי, אילו כתבו אותם עשרים שנה מוקדם יותר או מאוחר יותר?

שמחתי לגלות אישור לאינטואיציה שלי בדברי רבנו יונה, מיד אחרי שהגן על השקפתו של התנא הראשון שמובא בגמרא:

> 'וחטאתי נגדי תמיד' – פרשו במדרש: שיהו נגד עיניו ונזכרים בלבו, אבל לא יזכירם בפיו. עוד פרשו בו בתלמוד ירושלמי: שלא יהיו בעיניך כאילו לא עשיתם, אלא כאילו עשיתם ונמחלו (**שערי תשובה** ה, כא).

7. **אפולוגיה של סוקרטס** 38a.

לפי רבנו יונה, חטאי העבר הם חלק ממציאותנו החווייתית־קיומית, אך מצוות הווידוי אינה מתייחסת אליהם. כפי שמלמד המדרש המופיע בירושלמי (יומא ח, ז), תהליך התשובה העכשווי בהתייחס לחטאי העבר מכיר הן בחטא והן בתשובה הקודמת עליו.[8]

תשובה רב־שנתית איננה אפוא התרחיש השנתי כשהוא משוכפל. זוהי סקירה מעודכנת של העבר הנבחן מחדש. תפיסה זו מביאה אותנו למסגרת הזמן האחרונה שלנו: תשובה מתמדת.

תשובה מתמדת

תשובה מתמדת היא תשובה קבועה; לא מעשה אחד החוזר ונשנה לעתים מזומנות, אלא עשייה מתמשכת. לתשובה כזו יש שני היבטים: היא מקצרת את מסגרת הזמן מבחינה אחת, ומאריכה אותה מבחינה אחרת. מצד אחד, אנו פוגשים ברעיון שתשובה שלמה יכולה להיות דחוסה בהתנסות יחידה, המשוחזרת בכל יום. אינני מתייחס רק לחרטה או לכפרה ביחס לחטאים פרטיים, אלא למכלול של "שׁוּבָה יִשְׂרָאֵל עַד ה' אֱ־לֹהֶיךָ כִּי כָשַׁלְתָּ בַּעֲוֹנֶךָ" (הושע יד, ב): מחויבות ופיוס מתחדשים ומושיעים. יסוד זה מודגם בגמרא מוכרת (שבת קנג ע"א), המתייחסת למשנה באבות (ב, י):

> תנן התם, רבי אליעזר אומר: שוב יום אחד לפני מיתתך. שאלו תלמידיו את רבי אליעזר: וכי אדם יודע איזהו יום ימות? אמר להן: וכל שכן, ישוב היום שמא ימות למחר, ונמצא כל ימיו בתשובה. ואף שלמה אמר בחכמתו: 'בכל עת יהיו בגדיך לבנים ושמן על ראשך אל יחסר'.

8. אמנם, רבנו יונה מסיים את הפסקה בסטייה מסוימת מעמדתו הראשונית, ונוקט כי "אמנם יש לו לבקש רחמים כל ימי חייו על סליחת עונותיו הראשונים והאחרונים, ולהיות ירא ומפחד אולי לא השלים חוק עיקרי התשובה". בכל זאת, המסר העיקרי של הפסקה כולה ברור הוא.

כאן אנו פוגשים בתשובה שלמה בכל יום, כאשר ההדרכה "שוב" אינה מתייחסת לחטא מסוים, ואף לא להתבוננות הפנימית שאנו חווים בכל יום, אלא למחויבות לקדוש ברוך הוא, שצריך לאשר ולאשש בכל יום. זהו סוג אחד של תשובה מתמדת, בכל יום, כל הזמן.

אך במובן אחר תשובה מתמדת אינה הליך מסוים החוזר ונשנה ללא הרף. זהו תהליך מתהווה שאינו מעוגן בזמן מסוים אלא נועד לכל עת. תשובה – לא ביחס לחטא מסוים אלא ככמיהה לשיפור עצמי – צריכה להמשיך כל הזמן. אך כאן עולה השאלה: אם אדם תמיד בוחן עצמו, מתי הוא חי את החיים שאותם יש לבחון? האם מכלול חיינו הוא תהליך קבוע של בחינה עצמית? מן סתם, האדם ישיג שפע חוויות; בעקבותיהן ודאי תבוא הערכה של כיוון, מטרה וערכים. אך האם יש לערוך בחינה כזו בכל רגע של קיומנו?

אפשר להיזכר כאן בפרק מהספר **מחקרים בספרות אמריקנית קלאסית** (*Studies in Classic American Literature*), שבו ד"ה לורנס לועג לבנג'מין פרנקלין, ובייחוד למה שסיפר פרנקלין באוטוביוגרפיה שלו על מנהגו לרשום דיווח יומי על המידות והמעלות שעליהן הוא צריך לפי תחושתו לעבוד ושאותן הוא צריך לפתח, ולדרג את מידת הצלחתו היומית במשימה זו. מהפרספקטיבה הרומנטית שלו, לורנס רואה בחינה זו כהתנסות מחלישה, כתחליף לחיים. "בְּכָל עֵת יִהְיוּ בְגָדֶיךָ לְבָנִים" אומר הפסוק מקהלת (ט, ח), שמצטטת הגמרא בשבת; אך האם אכן עלינו לראות את כל חיינו ככביסה מתמדת?

הקושי הזה – הוא עצמו כפול. ראשית, הקדשת זמן ומאמץ לתהליך הבחינה מסיטה את האדם ממימוש הערכים וההתנסויות שאותם יש להעריך. שנית, מפרספקטיבה רומנטית, עצם התהליך של הבחינה המיקרוסקופית הקבועה הזו, המאיר באור יקרות כל חור וסדק בהווייתו הפנימית של האדם, נתפס כמקליש וכמחליש, ככרוך באיבוד מסוים של חיוניות וספונטניות.

אני חייב להתוודות שאני עצמי קרוע במידת מה בין שתי העמדות הללו. פסקה מ'איש ההלכה' מביעה ביקורת חריפה על תנועת המוסר, בגלל הנוקדנות ה"מציקה" והבלתי פוסקת שלה, בניגוד לאיש ההלכה,

המכוון לעתיד יותר מאשר לעבר, המתמקד באתגרים הגדולים שלפניו, בלי לשקוע בכל הבחינה העצמית המתמדת הזו.[9] אני מבין פסקה זו, ולצד זאת עליי לומר כי אני מוצא זאת בלתי אפשרי לתמוך בטון שלה או אף בטענתה המהותית. אני יכול לראות זאת כסוג של תגובת יתר לכמה מההפרזות של תנועת המוסר; ועדיין, האם יכול אדם לחלוק באופן בסיסי על ההנחה שחיים שאינם נבחנים אינם ראויים לחיותם? תהליך הבחינה, ברמה גבוהה ונאותה של תדירות, מהותי הוא לחיים המוסריים ולחיים הדתיים גם יחד.

מצד שני, ברור שכל אחד מניח שחייבים להיות גבולות; כפי שאומרת אחת מדמויותיו של קונרד, "אינך יכול לחיות באצבע מונחת בלי הרף על הדופק".[10] אך קשה להגדיר, לעצמי וגם לאחרים, באילו תדירות, עוצמה והיקף צריכות להיות הבחינות העצמיות הללו. בנושא זה הרבה תלוי במה שהאדם מניח כי יתרחש אם הדברים יתנהלו מאליהם, באופן ספונטני. ההתנגדות הרומנטית מבוססת בחלקה על תפיסה אופטימית מאוד של האדם: אם רק יניח לעצמיותו הטבעית לשגשג, הפריחה תהיה כולה לטובה. היהדות תומכת בעמדה של ההומניזם המוסרי־דתי הקלאסי, גם אם לא בניסוחה הקלוויניסטי: לדידה, ישנו יצר הרע – "כִּי יֵצֶר לֵב הָאָדָם רַע מִנְּעֻרָיו" (בראשית ח, כא) – אבל אפשר לגבור עליו. כדי לעשות זאת צריך האדם להשקיע מאמץ רב, מחשבה ורגש.

מה בוחנת התשובה המתמדת?

ישנו גם קושי שני: מה בוחנים? יש להניח שכבר אין מדובר רק בחטאים פרטיים, בין אם בעוונות זעירים ובין אם בעבירות כבירות, ואף לא במלאי החטאים שנצברו בתקופה מסוימת. המרקם של מכלול

9. הרב י"ד הלוי סולוביצ'יק, 'איש ההלכה', **איש ההלכה – גלוי ונסתר**, הוצאת ההסתדרות הציונית העולמית, ירושלים תשנ"ב, עמ' 67–68.

10. ג'וזף קונרד, **לב האפלה**, תרגום: אברהם יבין, הוצאת עם עובד, תל אביב תשע"ח, עמ' 74.

חיי האדם, המוטיב העיקרי שלהם, הוא שנחשף כאן לסקירה; כולל מה שנעשה ומה שלא נעשה, הדרכים שנבחרו והדרכים שלא נבחרו, אשר, כפי שפרוסט ידע היטב, לפעמים קובעות את ההבדל כולו.

אם אנו מדברים על בחינה ברמה זו, האם יכולים אנו להשמיט משהו? האין אנו צריכים לבחון לא רק עד כמה ביצענו היטב אלא גם את הכלים עצמם ואת מכשירי המדידה? אך אז עלינו לשאול עצמנו: האם יש לנו עוגן? האם לא ייתכן שאנו נסחפים, משום שאף הכלים עצמם – בדומה לתפיסתה של הפיזיקה המודרנית – משתנים תוך כדי התהליך? בנקודה זו עולות שאלות רדיקליות. כאשר ישב סוקרטס בתא כלאו באתונה, האם בחינה עצמית נאותה לא הייתה מביאה אותו לשאול: שמא צדק תרסימכוס, כאשר חלק עליו בהגדרתו את הצדק?[11] אולי התיאוריות של פרוטגורס על חינוך ומוסר היו טובות מאלו של סוקרטס־עצמו?[12] ספק הוא לי האם אכן שאל הוא שאלות אלו, אך ודאי עלינו לשאול עצמנו היכן נמתח את הקו: באיזו מידה עלינו פשוט למדוד בעזרת הכלים שברשותנו ובאיזו מידה עלינו לבחון אף את הכלים? זו עלולה להיות בעיה חיונית עבורנו, בתוך ההקשר של תורה ומסורת, ההקשר של אמת מוחלטת ואמות מידה מוחלטות.

ספקות בנוגע לאמות המידה עצמן, כלומר: ספקנות בנוגע לעיקרי אמונתנו, עלולים בעצמם להיות סיבה לבקשת מחילה. כך הבין הרב י"צ מקלנבורג, המצוטט **באוצר התפילות**, את הביטוי "תמהון לבב", המופיע בווידוי "על חטא" של יום הכיפורים:[13]

> יפה פירש הרב מהרי"צ מעקלענבורג ז"ל, שהוא החטא הגדול והנורא, מה שנתן את נפשו להלכד ברשת המתפלספים ריקי הלב להסתפק באמתת תורתנו הקדושה, במציאות השי"ת, בהשגחה, בנבואה, בתורה מן השמים וכיוצא בהם. והוא מה

11. **כתבי אפלטון** ב, תרגום: יהודה ליבס, הוצאת שוקן, 'פוליטיאה' א.
12. **כתבי אפלטון** א, תרגום: יהודה ליבס, הוצאת שוקן, 'פרוטגורס'.
13. סידור **אוצר התפילות** נוסח אשכנז, בפירוש 'עיון תפילה' על וידוי על חטא (עמ' תקסז).

> שקראו הלועזים 'סקעפטיציזמוס', והעברי קורא 'תמהון לבב', כי הלב החלול מלא תמהון ושאלות וספקות על כל דבר וחזיון, אחרי שהאמונה וקבלת אבות רופפו בעיניו. והיא הקללה הנוראה הכתובה במשנה תורה (דברים כח, כח): 'יככה ה' בשגעון ובעורון ובתמהון לבב', ישלח ה' בך מבוכת הדעות וערבוביית המחשבות, עד שתבוא לידי עורון בלי דעת מה לחשוב ומה לשפוט, ולבך ימלא תמהון זרות וספקות, ואז הנך אומלל בארץ, כי אין שקט ואין מרגוע לרוחך ואין שלום בעצמיך.

אנו נקראים לא רק להתבוננות פנימית מדוקדקת בנוגע ליישום אמות המידה שלנו, אלא חייבים לחקור את גם אמות המידה עצמן. אך הנה אורבת "הקללה הנוראה" של "תמהון לבב" ומוסיפה עוד בלבול. כאן צצה השאלה איפה עובר הגבול בין שכנוע עצמי ראוי לשבח ובין ביטחון בעייתי. אף שהתבוננות עצמית היא יסוד מרכזי בתשובה, היא עלולה לסכן את האמונה, של היחיד או של הציבור.[14]

מצד אחד, היינו רוצים לחשוב על התשובה כמשחררת וכממריצה, בחלקה בגלל תהליך הטיהור, ובחלקה בגלל השמחה הגדולה שבהתרת ספקות.[15] מצד שני, התשובה מביאה אותנו לחקור, לשאול עצמנו האם אנחנו בכלל בדרך הנכונה, האם פנינו במקום כלשהו פנייה שגויה והאם שכחנו להתבונן לאחור; תשובה כזו עלולה כמובן להיות משתקת. לא צריך להסכים עם הפירוש הרומנטי לדמותו של המלט כדי להכיר במאפיין האנושי – "מחליד, נדלח, דוהה ממחשבות",[16] וכתוצאה מכך

14. הרמב"ם (הלכות עבודת כוכבים ב, ג) מדבר על סכנות דומות של סטייה מן הדרך הנכונה בעקבות מחשבות משובשות. מעניין לציין שהלב מופיע הן בציווי התורה לעשות תשובה: "וַהֲשֵׁבֹתָ אֶל לְבָבֶךָ" (דברים ד, לט), והן באזהרה לא לסטות מן הדרך: "וְלֹא תָתוּרוּ אַחֲרֵי לְבַבְכֶם וְאַחֲרֵי עֵינֵיכֶם" (במדבר טו, לט). כנראה יש מתחים המוטבעים בתהליך ההסתמכות על משאביו הפנימיים של האדם לצורך שינוי, אף שאפשר למתן מתחים אלו ובמידת מה גם לפתרם.
15. ראו בפרק 'תשובה ושמחה' (לעיל, 211).
16. שייקספיר, **המלט**, מערכה 3, תמונה 1, תרגום: דורי פרנס.

משותק מבחינה פסיכולוגית. אף אם עדיין יש לאדם אנרגיות חיוניות, נבוך הוא משום שאינו יודע כיצד, היכן ומתי להשתמש בהן. באופן זה עלולה התשובה להעלות אתגרים מעשיים ופסיכולוגיים חמורים מאוד.

איזון בין התלהבות לתבונה: "תמהון לבב" בעולם התורה

אם אנו מנסים לעצב מענה שינוסח במונחים תיאורטיים, נמצא את עצמנו במבוכה. אך מתוך מבט על נושאים אלו בתוך ההקשר העכשווי שלנו וסקירת הזירה הנוכחית, דומני שאפשר לעמוד לפחות על הערכה בהירה אחת: ישנו צורך באיזון, במתח יצירתי ואפילו בריא, בין מחויבות נלהבת ובין ענווה אינטלקטואלית בעולם התורה.

כשכתב את **תרבות ואנרכיה** (*Culture and Anarchy*) לפני יותר ממאה שנים, ציטט מת'יו ארנולד שתי קביעות של איש הכמורה האנגלי הבישוף וילסון, ממש בפתיחתו של הפרק 'עבריות והלניות': "ראשית, לעולם אל תלך בניגוד לאור הטוב ביותר שיש לך; שנית, בדוק שהאור שלך אינו חושך". ארנולד ממשיך, בפנותו לאנגלים של אמצע התקופה הוויקטוריאנית:

> אנו מראים, כאומה, אנרגיה והתמדה ראויות לשבח בהליכה בהתאם לאור הטוב ביותר שיש לנו, אך אולי איננו מקפידים מספיק לבדוק שהאור שלנו איננו חושך. זוהי בסך הכול עוד גרסה של הסיפור הנושן: אנרגיה, ולא תבונה, היא הנקודה החזקה והתכונה המועדפת שלנו.

אך אפשר להעניק לרעיון הזה צביון כללי יותר, שיהיה אפשר ליישם בהיקף רחב יותר. אנו יכולים להתייחס לאנרגיה הזו המניעה את העשייה, לתחושה העילאית הזו של מחויבות, חובה, שליטה עצמית ועבודה, לרצינות הזו של ללכת באומץ עם האור הטוב ביותר שיש לנו, ככוח אחד. ואנו יכולים להתייחס

> לתבונה המניעה רעיונות אלו, אשר הם, אחרי הכול, הבסיס לעשייה נאותה, לתחושה הקדחתנית של כל הצירופים החדשים והמשתנים שלהם שההתפתחות האנושית מביאה עמה, לדחף הבלתי נלאה לדעת אותם ולהתאים אותם באופן מושלם, ככוח אחר. ולשני הכוחות הללו אפשר להתייחס במובן מסוים כיריבים – יריבים לא בגלל ההכרח של טבעם, אלא בגלל האופן שבו הם מתבטאים באדם ובגלל ההיסטוריה שלהם – וכיריבים החולקים ביניהם את קיסרות העולם.[17]

אם נתבונן עלינו, על העולם היהודי בכלל ועל עולם התורה בפרט, כשמבטנו נעוץ בשני הכוחות הללו – האנרגיה והלהט להשיג את מטרותינו, לצד התבונה היודעת להסדיר תשוקות אלו – היכן אנחנו עומדים? האם אנו סובלים מהפרזה באחד או באחר? באיזו מידה אנו מצליחים להשיג איזון נאות? אני מאמין שבהקשר זה חלקים שונים של עולם התורה ממוקמים באופן שונה.

ברשימת "על חטא", אנו מונים שני סוגי עבירות: יש כאלו שהן עצמן חטא, כמו "על חטא שחטאנו לפניך בחילול השם", ויש כאלו שמדברות על תחום מסוים, כאשר העבירה אינה הפעילות הרשומה עצמה אלא רמיזה למעשים הקשורים בפעילות זו. כך, לגבי "על חטא שחטאנו לפניך במאכל ובמשתה", או "במשא ובמתן", תחומי הפעילות הללו אינם רק מותרים אלא רצויים מאוד, ובהם אורב החטא – אכילת מאכלות אסורים, מרמה בעסקאות קנייה ומכירה וכו'.

בנוגע ל"על חטא... בתמהון לבב" אנו יכולים לחשוב בשני המסלולים הללו. במובן מסוים, תמהון לבב עצמו, הספקנות שעל אודותיה דיברנו לעיל, הוא עצמו חטא. אך אני חושב שלפחות עבור חלק מהאנשים ישנו "על חטא" של "תמהון לבב" שלפיו מדובר בחלק רצוי והכרחי מאוד של התבוננותנו הפנימית, כאשר החטא הוא הכישלון ליישם זאת בתבונה ובאופן נאות.

17. Matthew Arnold, *Culture and Anarchy*, 1869, p. 142.

בהתייחס לזירה העכשווית, דומני שמגזר אחד של עולם התורה – הציבור החרדי – הוא עולם שיש בו כה הרבה עושר וחיוניות ראויים להערצה, בכל הנוגע לעומק המחויבות ולעוצמת החיים היהודיים; אך בכל הנוגע ל"תמהון לבב", המובן כראוי כערך, הוא לוקה באופן מדאיב. הן כוחו והן חולשתו של העולם הזה נעוצות בביטחון העצמי ובהסתמכות העצמית שלו. החולשה היא שאלו לעתים קרובות מתורגמות להשתבחות עצמית ויוצרות חוסר סובלנות בצירוף תוקפנות ויוהרה. תכונות אלו צומחות מתוך ודאות מרובה, של ביטחון לא רק בהיות האדם באופן כללי בנתיב הנכון, אלא גם בפרטי־הפרטים, בביטחון שזוהי הדרך בה"א הידיעה, והדרך היחידה. ר' ישראל סלנטר אמר פעם שההבדל בין החסידים למתנגדים הוא אדמו"ר אחד: המתנגד מזלזל בכל האדמו"רים החסידיים, והחסיד מזלזל בכולם מלבד האדמו"ר שלו.

ההפגנה המפורשת והסמויה של שפע ודאות היא בעייתית מבחינה מוסרית ומבחינה הלכתית, משום שחסרה בה בדיקה של שתי שאלות: עד כמה אני מציית לאמת המידה שאימצתי; ועד כמה האור שלי הוא אכן הזוהר ביותר או שמא מתערבבים בו גם צללים. השאלה הזו אינה נשאלת בעולם החרדי, אף שהתשובות הן לעתים קרובות ברורות.

מלבד הליקוי הזה, שהוא בעייתי מבחינה מוסרית וגם דתית עבור אלו המעורבים (וזוהי שאלה של כישלונותיו הפרטיים והקהילתיים של האדם), ההשלכות לגבי העם היהודי כולו מזיקות מאוד. הוודאויות הללו עלולות להיות מבוטאות בתוקפנות ותוך דחייה של כל מה שאינו תואם בדיוק את הזרם המסוים של פלוני, ולכן גישות אלו הופכות פלגניות ביותר. יתר על כן, הן עלולות לעתים לגרום חילול השם נורא, בפרט בזירה הציבורית בישראל, שם המפלגות החרדיות, בין אם בקמפיינים שלפני בחירות ובין אם בתמרוניהן להישגים פוליטיים לאחר הבחירות, עלולות להתנהג בלוחמנות ללא הפוגה.[18] במקרה

18. אני נזכר איך כמה ימים לפני הבחירות הכלליות לכנסת של תשמ"ט (1988),

מסוג זה נחוצה לא רק תשובה פרטית, אלא תשובה ציבורית; משום שהכישלון אף הוא ציבורי, במובן מסוים.

יש כאן אותה תשוקה ראויה לשבח לצדיקות ולצדק, אשר ארנולד, בפסקאות שאחרי הציטוט מדברי הבישוף וילסון, זיהה היטב כמרכזית ליהדות.[19] אך במקרה זה, התשוקה לצדק אינה מעוצבת כראוי בידי הידע המתקבל מהתבוננות פנימית, מחקירת הכלים ומההכרה בכך שאולי גם מישהו אחר יודע משהו. הכישלון לעסוק בסוג זה של התבוננות פנימית הוא בחלקו פגם במידות. הוא נובע במידה רבה מחסרונה של פרספקטיבה היסטורית ומההנחה שהדגם היחיד שידע העם היהודי הוא זה של השטיבל שלי. החיסרון בפרספקטיבה הזו נובע לא רק מבורות צרופה, אלא ממחסור בסוג הבריא של "תמהון לבב", של תהייה: האם זהו הדגם הנכון לזמן המסוים הזה, להתמודדות עם התקופה המסוימת שלי? האם עליי ועל קהילתי לבחור בנתיב זה או באחר? אין כלל תמהון לבב אלא רק נחישות נלהבת, לעולם לא לצעוד כנגד האור הטוב ביותר שלך, אך גם לעולם לא לבחון מה טיבו של אותו אור.

זה בנוגע לחלק אחד של הקהילה התורנית. חלק שני של הציבור הדתי – הציונות הדתית, האורתודוקסיה המודרנית, האורתודוקסיה המרכזית, קראו לה איך שתקראו – נמצא במידה רבה במצב שונה מאוד. להתלהבות הנובעת מוודאות (או שמא זוהי ודאות שנובעת מהתלהבות), האופיינית כל כך לעולם החרדי, יש לדאבוננו ליקויים רבים, ובכל זאת, אפשר למצוא בו התלהבות לצדיקות בכל התחומים ובכל הצורות. בציונות הדתית, בניגוד לזה, יש גודש של תמהון לבב, המתגלה באופנים מגוונים; בכמה מקרים לצערנו, חד וחלק, כאותה ספקנות המתוארת בדברי **אוצר התפילות** שציטטנו לעיל.

שמעתי כתב מתאר ברדיו איך מתכוננים לבחירות המשטרה וכוחות הביטחון, ומסביר שתשומת לב מיוחדת מוקדשת למניעת אלימות וזיופים בין השאר במגזר החרדי.

19. *Culture and Anarchy*, p. 146f.

אלו החשופים לזרמים תרבותיים מגוונים, ששורשיהם ביהדות אינם עמוקים דיים, וכמוהם אף אמונתם, אכן מתערערים ברמה כזו או אחרת על ידי מידה של ספקנות.

ברמה אחרת, עבור רבים מאלו שבחסד ה' אינם מושפעים מסוג זה של תמהון לבב ואינם נגועים בו, קיים עדיין סוג אחר של תמהון לבב. בעוד העולם החרדי כה בטוח שבידיו, ורק בידיו, נמצאת אמת מוחלטת, מקיפה ומפורטת, הרי לפרט הציוני־דתי יש לעתים קרובות ספקות לגבי האידיאלים והאידיאולוגיה, המטרות והשיטות של הציונות הדתית. קרוע בין נאמנויות סותרות, מונע בידי דחף לשילוב, הוא מוצא עצמו במצב של מתח. הוא אוהב לראות את המתח הזה כמפרה – יש לזה צליל מושך – אך מצד שני, הוא לא לגמרי בטוח. יש לו קשיים מסוימים בהבחנה בין מתחים מהותיים למתחים מקריים. הוא מקווה שקשייו העכשוויים בהשגת השילוב בין העולם היהודי ובין העולם הכללי, בין סדרים שונים של ערכים ובין ערכים שונים, הם רק סטייה מהדרך, ולא תוצאה מהותית ופנימית של מתח קבוע. אולם עבור רבים זו נותרת תקווה לא ממומשת; הקושי העכשווי הוא במידה רבה בעיה אמיתית, המותירה רבים במצב של ספק. הם יודעים שהראיות מן ההיסטוריה, שבמהלכה סוג כזה של שילוב אפיין בוודאי מיעוט, עומדות כנגד אפשרות זו.

אם כך, אנו מגיעים לסוג של פרדוקס. מבחינה אידיאולוגית, התפיסה האורתודוקסית המודרנית היא כוללנית. היא חושבת במושגים של הקפת מכלול מציאותו של האדם – חברתית, פוליטית, כלכלית, רוחנית – כחלק מסדר משולב אחד של עבודת ה'. אך מבחינה חווייתית השקפת עולם כוללנית זו מלווה לעתים קרובות בתחושה של קרע פנימי וחיפוש. מצד שני, בזרם החרדי – הרואה ערך רק בעולם הקדושה, במובנה המצומצם, ורואה ביתר הקיום חשיבות מועטה – העולם המחולק מבחינה פילוסופית משיג מידה של שילוב פנימי, שהציונות הדתית מתקשה לקיים.

מעל לכול, ישנו ספק עצמי המייסר, ולעתים אף מְענה, הרבה

מהציבור הדתי־לאומי, כשהוא מתבונן במה שנראה כמתרחש סביבו. בניגוד להיגיון הפנימי ולציפיות של ציבור זה, ובניגוד לציפיות של הדור הקודם, לא רק בציונות הדתית אלא גם בעולם החרדי, הציבור החרדי נתפס כמתחזק עוד ועוד, בזמן שהציונות הדתית נראית כנאבקת. אף שאולי אין זה מאבק קיום במושגים מוחלטים – מבחינה פנימית, האורתודוקסיה המודרנית ודאי עשירה הרבה יותר בלימוד תורה ובמחויבות לשמירת מצוות ממה שהייתה לפני כמה עשורים – היא נראית כנאבקת, לכל הפחות בהשוואה לאחיה החרדים. לפיכך, מתגנב פנימה יסוד נוסף של ספק עצמי.

אם כך, אנו עוסקים בתשובה מתמדת, ובדרישתה לסוג מסוים של תמהון לבב, במובנו הנכון – לבחון את עצמך וכמה מהפרטים של פרשנותך והגשמתך. מצד שני, אנו צריכים לשוב בתשובה גם על כמה הפרזות בתמהון לבב – יותר מדי חוסר ודאות וחוסר ביטחון, המקשים על מחויבות נלהבת ועל הגשמה נלהבת.

תשובה על תמהון לבב

אם אנו רוצים לעשות תשובה על תמהון הלבב הזה, לאן עלינו לשאת פנינו? ברור שהתשובה תלויה בטבעה של הבעיה. עבור אלו הרוויים בתחושת להט ודאית, עבור אלו הנושאים את הלפיד מתוך התמסרות מלאה, המתייחסים לכל דבר אחר כחושך, מידה של ענווה ושל בחינה עצמית תהיה ודאי במקומה. למטרה זו נייעץ להם להרחיב את בסיס ידיעותיהם, להרחיב את הפרספקטיבות ההיסטוריות ולהיות מודעים יותר לעושר ולגיוון של ההתנסות היהודית, ובזה כוונתי להתנסות היהודית התורנית.

מצד שני, עבור אלו שאצלם תחושת תמהון לבב, תחושת הספק העצמי, מעוגנת עמוק מדי בישותם, המרשם צריך להיות שונה בתכלית, אולי בכיוון ההפוך. ראשית, נחוץ לפתח ולהבהיר, באופן מלא וחד יותר, את האידיאולוגיה של האופן המיוחד הזה בעבודת ה'. אך שנית, במידה שהבעיה בציבורנו אינה קשורה כל כך לאידיאולוגיה

אלא יותר ליישום, לביצועם הממשי של רעיונות נשגבים ואציליים, עלינו לפתוח בשאלה הכנה, שמא הושטנו את ידנו רחוק מדי מטווח השגתנו. שמא בניסיון להיות כה כוללים, להתייחס לכל כך הרבה נושאים ולהיות מעורבים בכל כך הרבה תחומים של הזירה העכשווית, אנו מתפרשׂים ומתמתחים עד כדי הידקקות אישית וקהילתית, אנו מאבדים את המרכז ואולי אף את המוקד.

מה שנחוץ לנו אינו רק לבטא את מחויבויותינו אלא לוודא שהאידיאולוגיה שמדריכה אותנו, שאנו מממשים ומגשימים, תהיה ראויה לסוג המחויבות הנלהבת שאנו כמהים לטפח. צורך זה תובע כמובן להעמיק את אמונתנו, להעלות את רמתה של שמירת המצוות שלנו ולהעצים את מוסדות התורה; לקבוע, ראש לכול, סדר קדימויות המבהיר מה עיקרי ומה משני, ובפרפראזה על דברי הגמרא ביומא (יט ע"ב) – לעשות את התורה קבע ולא עראי; ולעבוד קשה יותר, הן באופן אישי והן דרך מוסדותינו הציבוריים, כדי להבטיח שסדר העדיפויות הראוי אכן מיושם.

כדי שלא יחשוב מישהו שאני פסימי במידה יוצאת דופן, אציין שכאשר אדם סוקר את עולם התורה הציוני־דתי, במושגים של עומק ועוצמה, ברור שהרבה נעשה והרבה הושג במהלך הדור האחרון. אך נותר עוד כה הרבה לעשות; הלב דואב לנוכח הכישלון לגשת לנושאים מרכזיים במידת הדחיפות הנואשת שהם דורשים. הזירה החינוכית, למשל, על חשיבותה הרבה, זועקת לתשומת לב מיידית. אחרי הכול, עבורנו בני התורה חינוך אינו רק ערך מרכזי בפני עצמו; זהו המפתח לאיכותה של החברה ולאיכותם של חייה הרוחניים. ועל זה נתוודה בגלוי "על חטא": ברור שהחברה החרדית, על תפיסתה בנוגע לאופן הרוחני שבו עלינו לנהל את חיינו, משקיעה זמן, אנרגיה ומשאבים רבים בחינוך יותר מאשר המחנה הציוני־דתי. את זה ודאי יש לשנות. כל עוד יש פער חינוכי, האורתודוקסים המודרניים יהיו נגועים בתמהון הלבב החתרני, חסרי ביטחון בנוגע להשקפותיהם שלהם, ויניחו ש"התורה אמיתית" נמצאת במחנה אחר.

חתימה

לקראת סוף חייו מבטיח משה רבנו לעם: "וּמָל ה' אֱ־לֹהֶיךָ אֶת לְבָבְךָ וְאֶת לְבַב זַרְעֶךָ" (דברים ל, ו). בטיבה של המילה הזו נחלקים הרמב"ן והרמב"ם. הרמב"ן שם מניח שהפסוק עוסק בימות המשיח; אז יימחה כליל היצר הרע, ובסיועו של ה' נשוב לתקופה הזכה שלפני חטא אדם, ללא חטא ואפילו ללא התשוקה לחטא. הרמב"ם, בהשקפתו על ימות המשיח, מתון הרבה יותר, ואינו חוזה עיצוב חלקי מחדש מעין זה של האישיות האנושית או של החברה האנושית. לדעתו, תשובה במהותה היא פרויקט אנושי נצחי, הניזום על ידי היחיד והקהילה עצמם; א־לוהים יכול להגיב בשלום מדיני ובביטחון כלכלי כדי לחשל ולבצר את היוזמה הזו (הלכות תשובה ט, ב), אולם המאמץ נותר באופן בלעדי בידינו שלנו, ובסופו של דבר יבשר את הגאולה (שם ז, ה). אנו חייבים אפוא לעמול על הנסיבות הרוחניות שלנו על ידי זיהוי בעיותינו והתגברות עליהן, ולא לחפש נחמה בבעיות או בפתרונות של אחרים.

בין אם אנו עוסקים בתשובה כמצווה, תהא זו מצווה שמתעוררת עקב אירוע מסוים או מצווה שנתבעת מעצם הגעתה של תקופה מסוימת, ובין אם אנו עוסקים בתשובה כתהליך מתמשך, החוזר מדי שנה או שעוסקים בו בהתמדה, אזי מוטלת עלינו חובה מסוימת. היא מוטלת עלינו כיחידים וכציבור, בדרכים שונות. בהתייחסו לימים הנוראים של תקופתו קובע משה רבנו: "וּמַלְתֶּם אֵת עָרְלַת לְבַבְכֶם" (דברים י, טז). ישנה המילה שעושה ה', ויש המילה שאנו עושים. יש לקוות שעל ידי צירוף שתי אלו, כשאנו כמהים לטהר את מניעינו, להעצים את להטנו, להתאים ולשלב את חיינו, מתוך הזיקה בין "ומל ה'" ובין "ומלתם", נשיג תשובה שלמה ומחילה שלמה.

תשובה — תסיסה ורוגע

מבחינה פורמלית ופסיכולוגית, התשובה כוללת אשכול של רכיבים מגוונים: חרטה על פעולות שנעשו בעבר, שלילת החטא וקבלה של תיקון עתידי. מקום ייחודי שמור לווידוי. במישור אחד, הווידוי מתלווה לתשובה, כדברי הרמב"ם בכותרת להלכות תשובה: "מצות עשה אחת, והוא שישוב החוטא מחטאו לפני ה' ויתודה".[1] במישור אחר, הווידוי אינו רק בן לוויה אלא השיא, כפי שעולה מתיאורו של הרמב"ם בגוף דבריו את שלבי התשובה, שם הוא מסיים כך: "וצריך להתודות בשפתיו ולומר עניינות אלו שגמר בלבו" (הלכות תשובה ב, ב). לכן בהיבט אחד יש חובת וידוי במקביל לתשובה, ובהיבט אחר הוא משמש כשיא התשובה. סקירה קצרה של המקורות הראשוניים וההקשרים שבהם מוזכר הווידוי יכולה להיות מאירת עיניים בנוגע לקווי המתאר של התשובה.

שני הקשרים שונים של הווידוי

הניסוח הרפלקסיבי "והתוודו" מופיע בתורה בשני מקורות קלאסיים. הראשון הוא בסיומה של התוכחה שבפרשת בחוקותי:

דרשה זו נישאה בכינוס התשובה על שם האוזמן־שטרן, במכון גרוס בירושלים, תשרי תשס"ה.

1. ראו גם: "וּמוֹדֶה וְעֹזֵב יְרֻחָם" (משלי כח, יג).

> וְהַנִּשְׁאָרִים בָּכֶם יִמַּקּוּ בַּעֲוֹנָם בְּאַרְצֹת אֹיְבֵיכֶם וְאַף בַּעֲוֹנֹת אֲבֹתָם אִתָּם יִמָּקּוּ. וְהִתְוַדּוּ אֶת עֲוֹנָם וְאֶת עֲוֹן אֲבֹתָם בְּמַעֲלָם אֲשֶׁר מָעֲלוּ בִי וְאַף אֲשֶׁר הָלְכוּ עִמִּי בְּקֶרִי (ויקרא כו, לט-מ).

השני הוא בפרשת נשא, ביחס לגזל הגר. מדובר באדם שגזל כסף או חפץ, או מעל בו, נשבע לשקר שלא עשה זאת, ואז הודה באמת. בנוסף להשבת הגזלה בתוספת סכום מסוים, ההלכה דורשת קרבן אשם. אף שההלכה המופיעה כאן מתייחסת לחטא כללי, חז"ל ביארו (בבא קמא קט ע"א-קי ע"א) שפסקה זו נסמכת על ההלכה המופיעה בפרשת ויקרא, ומסבירה איך יש להשיב את הגזלה לאדם שמת בלא יורשים, היינו: גר. כך אומר הפסוק:

> וְהִתְוַדּוּ אֶת חַטָּאתָם אֲשֶׁר עָשׂוּ וְהֵשִׁיב אֶת אֲשָׁמוֹ בְּרֹאשׁוֹ וַחֲמִישִׁתוֹ יֹסֵף עָלָיו וְנָתַן לַאֲשֶׁר אָשַׁם לוֹ (במדבר ה, ז).

המונח "והתוודו" מופיע בשני ההקשרים אך המצבים שונים בתכלית, ולכן גם התופעות שהמונח הזה מתאר יכולות להיות שונות. ראשית, ישנה שאלת ההיקף. "והתוודו" הנזכר בסוף התוכחה אינו רק מנוסח בלשון רבים, אלא הוא גם ציבורי במהותו. המתוודים הם השרידים שנותרו, הרחק בגלותם הרחוקה. לעומתו, "והתוודו" הנזכר בגזל הגר מתאר יוזמה אישית של איש או אישה מסוימים: "אִישׁ אוֹ אִשָּׁה כִּי יַעֲשׂוּ מִכָּל חַטֹּאת הָאָדָם" (שם, ו). גם כאן המונח "והתוודו" מופיע בלשון רבים, אך הפסוק עובר במהרה ללשון יחיד: "והשיב את אשמו... ונתן...". ישנו הבדל בהיקף בין שני ההקשרים, בשאלה זהות המתוודה.

שנית, וזה אולי חשוב יותר, יש הבדל משמעותי בנוגע לתוכן הווידוי. "והתוודו" של התוכחה מתייחס לנטישה דתית כללית, אולי אפילו מוחלטת, שמביאה להתנכרות לה'. אף שהפסוק משתמש בנוגע לחטא בלשון יחיד, "עוונם", יש לו משמעות כללית ברורה, והוא מקיף את מכלול טווח החטאים. בפרשת נשא, בניגוד לזה, מדובר על חטא יחיד – גזל הגר. אכן, חז"ל (ספרי זוטא ה) למדו מדוגמה זו שכל חטא

דורש וידוי, אך המוקד של פסוקים אלו נותר מוגדר ומוגבל. מצאנו אפוא שני הבדלים: זהות המתוודה, וביחס לאיזה חטא או חטאים נאמר הווידוי.

קשור לזה, וקריטי אף יותר, הוא ההבדל באווירה וממילא גם במצב. הווידוי בפרשת בחוקותי, הממוקם בפרשיית התוכחה, נחזה בתוך הקשר של גלות וחורבן, על רקע של אומה בקריסה. הווידוי אמור להיות תגובה להתמוטטות, הודאה בסטייה מן הדרך, צעד מדדה ראשון בדרך לשיקום ולתחייה.

שום הקשר כזה אינו מופיע באופקם של הפסוקים העוסקים בגזל הגר. ההקשר שלהם הוא מצב שבו אדם עבר על איסור מוסרי והלכתי, ומבקש כחלק מתשובתו לחזור בו ולתקן את חטאו. העבירה שעליה מדובר, שבועת שקר, היא ודאי חטא רציני, הנמנה על העבירות החמורות (רמב"ם, הלכות תשובה א, ב); ובכל זאת, זהו איסור שהיקפו מוגבל, והמעילה המקורית יכולה הייתה להיות פרוטה בלבד.[2] מפרספקטיבה דתית והלכתית מסוימת, כל מעשה חטא, קטן ככל שיהיה, כרוך במרי נגד רצון ה' ובקריאת תגר כנגד סמכותו. הוראת מסכת אבות, "והוי זהיר במצוה קלה כבחמורה" (ב, א), נכונה גם בנוגע לצד ההפוך, היינו: לחטאים.[3] ובכל זאת, ההלכה הכירה בבירור בהבחנה שבין קלות לחמורות,[4] ואם היינו מנסים לשער מה היה הלך רוחו של הגנב המתוודה הזה, אין סיבה להניח שהוא זועזע עד עמקי נשמתו. להפך – הווידוי, מבחינה הלכתית ומעשית, הוא עוד

2. משנה, בבא קמא קג ע"א.
3. הוראת המשנה להיות זהיר מבוססת, בהתייחס למצוות כמו גם לעבירות, קודם כול על האפשרות ההיפותטית שאולי סדר העדיפויות הוא הפוך: "שאין אתה יודע מתן שכרן של מצות". אך היא נסמכת גם על ההכרה שבאופן מהותי כל חטא חמור הוא, ככל שכרוכה בו העדפת רצונו של האדם על פני רצון ה', המשתקף בחוק הא־לוהי.
4. מקורות המתייחסים לנושא הכפרה מפתחים את ההבחנות הללו באופן הברור ביותר. ראו למשל את ארבעת חילוקי הכפרה המוכרים במכילתא יתרו, מסכתא דבחודש ז; יומא פו ע"א; ירושלמי יומא ח, ז.

שלב ברשימת המטלות, והוא שקול, מבחינת הלך רוחו הפסיכולוגי של האדם, לתשלום הקרן והקנס.

המניעים השונים לווידוי

ההבדל בהקשרם של וידויים אלו מתורגם באופן טבעי להבדל באופי ובמניע. יש להניח שהדחף לווידוי שבפרשת נשא הוא חובה הלכתית ברורה, ולכן וידוי זה משמש אב־טיפוס ליוזמות מקבילות בנוגע לחטאים אחרים. כך פותח הרמב"ם את הלכות תשובה:

> כל מצות שבתורה, בין עשה בין לא תעשה, אם עבר אדם על אחת מהן, בין בזדון בין בשגגה, כשיעשה תשובה וישוב מחטאו חייב להתודות לפני הא־ל ברוך הוא, שנאמר: 'איש או אשה כי יעשו וגו' והתודו את חטאתם אשר עשו' – זה וידוי דברים. וידוי זה מצות עשה.[5]

כמו בנוגע לכל מצווה אחרת, הרמב"ם מספר לנו על הטכניקה של מצוות הווידוי, על התוכן ואולי גם על הטקסט שלה:

> כיצד מתודין? אומר: אנא השם, חטאתי, עויתי, פשעתי לפניך ועשיתי כך וכך, והרי נחמתי ובושתי במעשי, ולעולם איני חוזר לדבר זה. וזהו עיקרו של וידוי. וכל המרבה להתודות ומאריך בענין זה, הרי זה משובח.

בהמשך דבריו עומד הרמב"ם על כך שדרישה זו מופנית כלפי החוטאים כולם: אלו החייבים להביא קרבן, אלו המעורבים בעוולה ממונית ואלו החייבים עונש מיתה או מלקות. הווידוי הוא פרוצדורה הלכתית,

5. הרמב"ם מתבסס על ספרי זוטא ה, ה.

והמניע שמביא אדם להתוודות הוא מן הסתם המצווה, העובדה שהוא נדרש לעשות זאת.

כלפי מה הדברים אמורים בהשוואה למה שאנו קוראים בפרשת בחוקותי? אלו המתוודים בגלות מזועזעים מתוך חרטה, מונעים על ידי דאגה ונדחפים בידי חרדה קיומית. הווידוי שלהם אינו מבוסס על דרישות הלכתיות, אלא הוא קריאה נואשת לעזרה, *cri de coeur*, ניסיון להתמודד עם עולם במשבר, עולם מנותץ לרסיסים. לכן גם "עוון אבותם" נכלל בווידוי; מן הבחינה הפורמלית של הווידוי, הכללה כזו היא בעייתית ביותר, ואפילו עלולה להפר את מצוות כיבוד אב ואם, בהפגינה חוסר כבוד כלפי ההורים ופגיעה בשמם הטוב של הדורות הקודמים.[6] אך ברגע שאנו מזהים שהמניע כאן מגיע "ממעמקים", כתגובה למצבו של האדם, חלק מניסיון להכיר בעבר, להבינו ולחזור עליו בתשובה, אז צריך אדם לעסוק בהקשר כולו, במקור למצבו. על רקע כזה, הבעיה של וידוי על עוונות האבות לצד עוונות האדם עצמו אינה כה חריפה.

בהשוואה לזה, אני משער שהגנב של פרשת נשא חי, פועל ומתוודה מתוך יציבות יחסית. הווידוי שלו, שניזום באופן רציונלי, אף מבוצע באופן רציונלי, בהלך נפש רגוע ושליו למדי. עולמו אינו נמצא בתוהו ובוהו; הוא מבצע בקפדנות, בגופו וברוחו, את המעשה שמחייבת אותו ההלכה, בעודו מעוגן בשלווה ובביטחון של ארצו וקהילתו – כה רחוק מ"הנשארים בכם יימקו בעוונם". אותו מושג מופיע בשני המקומות, אך הוא נושא תוכן שונה בתכלית בכל הנוגע להיקף, להקשר ולאופי.

תסיסה ורוגע: שתי פרספקטיבות טיפולוגיות

הניגוד הטיפולוגי בין שני הווידויים אינו מתבטא רק בתשובה אלא בהיקף רחב בהרבה. אנו יכולים לראות שתי פרספקטיבות אלו – האחת

6. זו הסיבה לכך שבסידורים רבים, במשפט הקודם לווידוי, "אנחנו ואבותינו חטאנו", המילה "ואבותינו" נמצאת בסוגריים.

של יסורים וסער, האחרת של שקט ושלווה – בממדים רבים של התפיסה האנושית וההתנסות האנושית. לדוגמה, בהתייחס להשקפתו של אדם על העולם הפיזיקלי: ההוגה הקדם־סוקראטי הרקליטוס והוגים אחרים הניחו שאין בעולם דבר מלבד זרימה מתמדת בסדר הקוסמי, ואילו פרמנידס הוקסם מהאחדות הנרחבת שבטבע ותפס כל תנועה כאדוות בבריכה. באופן מוגבל יותר, אפשר לאתר גיוון מקביל בתפיסת הטבע ובחווייתו, בייחוד בשירה. נחשוב לדוגמה על הסערה ב"העלייה לרגל של האביר הרולד" של לורד ביירון,[7] לעומת התיאור הרומנטי של אזור האגמים (Lake District) בשירתו של וויליאם וורדסוורת'.

הקטבים של תסיסה ורוגע נוכחים בצורה דומה בהשקפות על הסדר האנושי, הן בהתייחס לתיאור של מה שיש והן במידה מסוימת בהתייחס לתיאור של מה שראוי להיות. ישנן השלכות לגבי המחשבה המדינית והחברתית – איזה סוג של חברה אדם רוצה ומעריץ – ויש גם השלכות לגבי תיאוריה מוסרית, ואף השלכות דתיות אפשריות. כך למשל השאלה המפורסמת, המופיעה בכמה כתבים פסאודו־אריסטוטליים, והמוכרת לרבים מאתנו בעיקר באמצעות **שמונה פרקים** לרמב"ם (בייחוד פרק ו): האם יש להעדיף נפש מסוכסכת ומעונה, הנלחמת ביצריה הרעים, על פני אדם בעל מעלות טבעיות מולדות וטוהר רוחני. במידה מסוימת, זוהי השתקפות התסיסה שבהלך רוח אחד בניגוד לרוגע שבאחר. אם שתי הטיפולוגיות הללו אחראיות להשקפתו של אדם על אודות הסדר האנושי, הן ודאי משפיעות על גישתו לחיים הדתיים; לצד חיי החול, ועדיין באופן שנבדל מהם בדרכים חשובות ומכריעות.

תסיסה ורוגע כשני קטבים של החיים הדתיים

במשך עשרת ימי תשובה, אנו רוצים להתמקד בהשלכות של הקטגוריות הללו על עבודת ה' ככלל, על תשובה בפרט ועל חווייתנו ביום הכיפורים. בהקשר זה, נוכל להתייחס לשתי הקטגוריות הללו לא

7. *Childe Harold's Pilgrimage*, Canto 1, stanza 12.

כל כך כתשובות אלא יותר כיוזמות או כמחוזות חפץ: איזה סוג של כוחות רוחניים אנו רוצים להניע, איך אנו רוצים לבנות ולפתח, מאין אנו באים ולאן פנינו מועדות.

ביחס לקיום הדתי, האם אנו מהללים את ה-*Sturm und Drang*, הסער והפרץ, המתגלם בדרמטי ובהירואי, הסובב סביב הקונפליקט והעימות, והנערץ כל כך בתרבות המערבית ובספרות המערבית? או שמא אנו מזדהים עם השלווה הקוסמית, החברתית והאישית, וכמהים להשיג את מנוחת הנפש, שכה מודגשת במחשבה הדתית והמיסטית של המזרח? לכל מי שרגיש לריבוי הקולות של היהדות, התשובה ברורה: אנו כמהים לשניהם ומכוונים להשיג את שניהם, בהקשרים שונים ובגילויים מגוונים של רגישותנו הדתית.

אנו מוצאים את שתי הדרכים בספר תהילים, פני השטח המוכרים ביותר של החוויה הדתית. מזמור סג לדוגמה נותן פורקן ליסוד הדחף הפנימי, תסיסת הבקשה והחיפוש:

> מִזְמוֹר לְדָוִד בִּהְיוֹתוֹ בְּמִדְבַּר יְהוּדָה. אֱ-לֹהִים אֵ-לִי אַתָּה אֲשַׁחֲרֶךָּ צָמְאָה לְךָ נַפְשִׁי כָּמַהּ לְךָ בְשָׂרִי בְּאֶרֶץ צִיָּה וְעָיֵף בְּלִי מָיִם. כֵּן בַּקֹּדֶשׁ חֲזִיתִיךָ לִרְאוֹת עֻזְּךָ וּכְבוֹדֶךָ (תהילים סג, א-ג).

הביטוי "בארץ ציה ועיף בלי מים" ממחיש את הבקשה, את התסיסה הפנימית ואפילו את הייסורים הפנימיים של החיפוש. אך אנו מציבים זאת לצד מזמור אחר של דוד, שאנו אומרים לעתים תכופות:

> ה' רֹעִי לֹא אֶחְסָר. בִּנְאוֹת דֶּשֶׁא יַרְבִּיצֵנִי עַל מֵי מְנֻחוֹת יְנַהֲלֵנִי (שם כג, א-ב).

שמירת מצוות

לשני היסודות הללו אנו קשובים גם במסגרת קיומנו ההלכתי השגרתי. אנו מדגישים – הן במעשינו והן ביחסנו לפעולות הללו – את הזיקה

ההדדית בין הדחף הנלהב שלנו להשגת מטרותינו המקיפות ובין המחויבות לדקדוקי ההלכה. בהקשר זה, התסיסה הנפשית והרוחנית המניעה אותנו בנושאים גדולים מתקיימת לצד מסירות שלווה לפרטים ברמת הקיום המעשי.

שזירת התסיסה והרוגע מודגמת ביחס בין חול לשבת, בין פעילות דינמית למנוחה. הראשונים נחלקו בנוגע ליחס המדויק – האם במוקד קיומנו עומדת הפעילות היצירתית של החול, העשייה התוססת של מלאכת הא־ל, בעוד שבת מיועדת לטעינת מצברינו,[8] או שמא השבת היא המטרה וששת ימי המעשה הם רק צעדים בדרך אליה? בכל מקרה, הממשק בין התסיסה בששת ימי המעשה ובין הרוגע בשבת חיוני לתפיסתנו את שניהם, ומייצג אב־טיפוס של המצב האנושי.

בהקשר זה, אנו מעריכים תסיסה של פעילות יצירתית, בהנחה שיש לה תכלית. אנו דוחים תנועה קדחתנית שנעשית לשם התנועה עצמה; זוהי נטייתם וזהו גורלם של הממורמרים והמנוכרים מבחינה דתית, לפי ההפטרה שאנו קוראים בבוקר יום הכיפורים: "וְהָרְשָׁעִים כַּיָּם נִגְרָשׁ כִּי הַשְׁקֵט לֹא יוּכָל וַיִּגְרְשׁוּ מֵימָיו רֶפֶשׁ וָטִיט. אֵין שָׁלוֹם אָמַר אֱ־לֹהַי לָרְשָׁעִים" (ישעיהו נז, כ–כא). הם נדחפים בכפייתיות לפעולה, אך כאשר המטרה אינה ברורה, הפעילות היא כמעט קללה. בניגוד לזה, כאשר הפעילות היא בעלת תכלית, אנו ודאי מעריצים ומעודדים אותה.

העולם הזה והעולם הבא

לעתים קרובות מאוד אנו נוטים לחשוב שהניגוד בין הדינמי לסטטי מסמן את ההבדל בין העולם הזה לעולם הבא. כאשר המשנה (אבות ד, יז) אומרת כי "יפה שעה אחת בתשובה ומעשים טובים בעולם הזה מכל חיי העולם הבא", ומצד שני, "יפה שעה אחת של קורת רוח בעולם

8. ראו: **ספר הכוזרי** ג, ה. **אבות דרבי נתן** (נו"ב, כא) מבין את הפסוק "שֵׁשֶׁת יָמִים תַּעֲבֹד וְעָשִׂיתָ כָּל מְלַאכְתֶּךָ" (שמות כ, ט) כאומר שכשם שיש מצווה לשמור שבת, כך יש מצווה לעבוד ביתר ששת ימות השבוע.

הבא מכל חיי העולם הזה", אנו לעתים קרובות נוטים לחשוב שעולמנו שלנו הוא עולם של עשייה ותסיסה, בעוד בעולם הבא אלו נעדרות. מפרספקטיבה מסוימת, כאן מונחת עליונותו של העולם הזה: יצירה ועשייה, ומימוש הפוטנציאל האנושי. אך אם אנו חושבים על פלאי הרוגע, שהם תמציתו של העולם הבא, אין להם מקבילה בעולם הזה; בעולם הבא נהנה ונעריך בלי ליצור, בלי שינוי. אך גמרא מפתיעה (ברכות סד ע"א; מועד קטן כט ע"א) מגבילה אף זאת: "תלמידי חכמים אין להם מנוחה לא בעולם הזה ולא בעולם הבא, שנאמר: 'ילכו מחיל אל חיל יראה אל א־להים בציון'". עבור מנהיגינו הרוחניים, אפילו העולם הבא אינו מקום של רוגע.

בה בעת, אחרי אמרה זו מופיעה בגמרא בברכות אמרה אחרת, מוכרת יותר: "תלמידי חכמים מרבים שלום בעולם"; ובעוד "שלום" מתייחס כנראה לסדר החברתי והאזרחי, מהדהד גם הצליל של "שלום" כביטוי של שלווה. עולמנו בנוי על הזיקה ההדדית המתוחה, אולי הדיאלקטית, בין יסודות הדחף היצירתי ויישוב הדעת הרגוע.

משבר ושיקום

אני מאמין שמה שנכון בעולם הכללי של עבודת ה', נכון באותה מידה במובלעת של התשובה. תשובה לעתים קרובות נחזית כתוצר של משבר, כפי שאנו רואים בשני מקומות שונים בתורה. הראשון נקרא לפני ראש השנה בפרשת ניצבים, שהיא עצמה הרחבה של התוכחה הקודמת:

> וְהָיָה כִי יָבֹאוּ עָלֶיךָ כָּל הַדְּבָרִים הָאֵלֶּה הַבְּרָכָה וְהַקְּלָלָה אֲשֶׁר נָתַתִּי לְפָנֶיךָ וַהֲשֵׁבֹתָ אֶל לְבָבֶךָ בְּכָל הַגּוֹיִם אֲשֶׁר הִדִּיחֲךָ ה' אֱ־לֹהֶיךָ שָׁמָּה. וְשַׁבְתָּ עַד ה' אֱ־לֹהֶיךָ וְשָׁמַעְתָּ בְקֹלוֹ כְּכֹל אֲשֶׁר אָנֹכִי מְצַוְּךָ הַיּוֹם אַתָּה וּבָנֶיךָ בְּכָל לְבָבְךָ וּבְכָל נַפְשֶׁךָ (דברים ל, א–ב).

פסוקים אלו דומים במידה מסוימת למתואר בפרשת בחוקותי, אך שונים הם מאוד בטון ובאווירה. אין הם מציגים סוג דומה של יאוש, אין הם

מתארים בפירוט את טבעם של החטא ושל ההידרדרות ואין אזכור של "הלכו עמי בקרי". יתר על כן, הפסוקים מזכירים במפורש תשובה; ולא סתם תשובה, אלא תשובה מקיפה, הן בנוגע לשאלה את מי היא כוללת – "אתה ובניך" – והן בנוגע לשאלה האיכותית – "בכל לבבך ובכל נפשך". באופן כללי פסוקים אופטימיים ומלאי תקווה הרבה יותר. ברם יש להם מכנה משותף עם הפסוקים שבפרשת בחוקותי – התשובה באה כמענה למשבר ולסבל.

צליל דומה מהדהד בפסוקים מוכרים אחרים, בפרשת ואתחנן, הנקראים גם בבוקר תשעה באב: "וְהֵפִיץ ה' אֶתְכֶם בָּעַמִּים וְנִשְׁאַרְתֶּם מְתֵי מִסְפָּר בַּגּוֹיִם אֲשֶׁר יְנַהֵג ה' אֶתְכֶם שָׁמָּה" (דברים ד, כז). שימו לב שוב להתייחסות לגלות, שתוארה ושנקבעה בפרשת בחוקותי. הפסוקים ממשיכים:

> וַעֲבַדְתֶּם שָׁם אֱלֹהִים מַעֲשֵׂה יְדֵי אָדָם עֵץ וָאֶבֶן אֲשֶׁר לֹא יִרְאוּן וְלֹא יִשְׁמְעוּן וְלֹא יֹאכְלוּן וְלֹא יְרִיחֻן. וּבִקַּשְׁתֶּם מִשָּׁם אֶת ה' אֱ־לֹהֶיךָ וּמָצָאתָ כִּי תִדְרְשֶׁנּוּ בְּכָל לְבָבְךָ וּבְכָל נַפְשֶׁךָ. בַּצַּר לְךָ וּמְצָאוּךָ כֹּל הַדְּבָרִים הָאֵלֶּה בְּאַחֲרִית הַיָּמִים וְשַׁבְתָּ עַד ה' אֱ־לֹהֶיךָ וְשָׁמַעְתָּ בְּקֹלוֹ (שם, כח-ל).

פיזור, גלות ומצוקה – אלו יהיו שורשי התשובה, ואם כן יש להתכונן לבואם. אף שיש מכנה משותף עם פרשת בחוקותי בנוגע למקור התשובה, בתסיסה החברתית והפסיכולוגית שיגרום החטא, טון אופטימי יותר מהדהד כאן.

אולם הדחף לתשובה אינו ממצה את התמונה כולה, כיון שלתשובה יש גם פן נוסף. הזכרנו כמה פעמים את ההבדל בין תשובה "מוסרית", תשובה מהחטא, ובין תשובה "דתית", תשובה אל ה'.[9] הפסוקים שציטטנו מפרשות ואתחנן וניצבים מתייחסים לתשובה אל א־לוהים: "ושבת עד ה'". מקורות אלו מתייחסים ליסוד הדתי שבתשובה.

9. 'שלמותה של התשובה' (לעיל, עמ' 47).

בחינה עצמית: דחף כפול

ההיבט המוסרי של תיקון הטעויות משתקף בשתי קביעות של חז״ל, המבטאות שני הקשרים שונים ובכך מאפיינות את שני המצבים שתיארתי לעיל.

הגמרא בעירובין (יג ע״ב) עוסקת במחלוקת הממושכת אם ״נוח לו לאדם שלא נברא״. מחלוקת זו משקפת את השאלה אם אדם תופס בדרך כלל את הקיום האנושי באופן אופטימי, כפי שרובנו מעדיפים, או באופן פסימי, כפי שתיאר הובס את החיים במצב הטבעי: ״מאוסים, חייתיים וקצרים״.[10] כמובן, הגמרא אינה דנה בשאלה אם הקיום טוב הוא; א־לוהים כבר הצהיר שהוא ״טוב מאוד״ (בראשית א, ל). אך השאלה אם הוא טוב היא עניין אחד, והשאלה אם הוא נוח היא עניין אחר. במסקנת המחלוקת הזו אומרת הגמרא: ״נוח לו לאדם שלא נברא יותר משנברא, עכשיו שנברא – יפשפש במעשיו״, ויעסוק בבחינה עצמית.

נושא הבחינה העצמית מופיע בגמרא נוספת:

> אמר רבא ואיתימא רב חסדא: אם רואה אדם שיסורין באין עליו – יפשפש במעשיו, שנאמר: ׳נחפשה דרכינו ונחקורה ונשובה עד ה׳״ (ברכות ה ע״א).

כאן מופיעה המלצה זהה, אך בנסיבות אחרות. הגמרא בעירובין מבינה בחינה עצמית כחלק מהקיום היום־יומי הנורמלי. זוהי דרך חיים. במצבים השלווים ביותר והרגילים ביותר, אדם חייב לבחון את מעשיו. הגמרא בברכות, מצד שני, מדברת על התבוננות עצמית זו כנדרשת או כמוצעת בידי מפגשו של האדם עם הייסורים; זהו מענה, אופן של התחבטות לנוכח הייסורים והתמודדות עמם.

10. תומס הובס, **לויתן**, תרגום: אהרן אמיר, הוצאת שלם, ירושלים תש״ע, עמ׳ 88.

כפל הפנים של התשובה ביום הכיפורים

עם סיום, כיצד אנו רואים את יום הכיפורים ואת התשובה המתלווה אליו? אני מאמין ששוב אנו פוגשים בתופעה כפולת פנים. אופי כפול זה משתקף, לפחות באופן סמלי, בשני תחומים נבדלים: וידויי היום ועצם שורשיו של יום הכיפורים.

א. וידויי יום הכיפורים

כשאני מדבר על הווידויים, כוונתי הן לווידויים הציבוריים של הכהן הגדול והן לווידויים הפרטיים של היחיד. הכהן הגדול התוודה שני וידויים על פרו – אחד על עצמו ועל ביתו, והשני על ציבור הכהנים – והתוודה וידוי נוסף על השעיר המשתלח, המתייחס לעם היהודי כולו. בלי להיכנס לפרטים נשים לב שהפר מתייחס לחטאים שבמקדש, לטומאת מקדש וקודשיו. זהו מוקד מצומצם, בדומה לווידוי בהקשר של גזל הגר.

לעומת זאת, האסוציאציות הקשורות בווידוי על השעיר המשתלח שונות בתכלית, וכמותן גם היקפו:

> וְסָמַךְ אַהֲרֹן אֶת שְׁתֵּי (ידו) יָדָיו עַל רֹאשׁ הַשָּׂעִיר הַחַי וְהִתְוַדָּה עָלָיו אֶת כָּל עֲוֹנֹת בְּנֵי יִשְׂרָאֵל וְאֶת כָּל פִּשְׁעֵיהֶם לְכָל חַטֹּאתָם וְנָתַן אֹתָם עַל רֹאשׁ הַשָּׂעִיר וְשִׁלַּח בְּיַד אִישׁ עִתִּי הַמִּדְבָּרָה. וְנָשָׂא הַשָּׂעִיר עָלָיו אֶת כָּל עֲוֹנֹתָם אֶל אֶרֶץ גְּזֵרָה וְשִׁלַּח אֶת הַשָּׂעִיר בַּמִּדְבָּר (ויקרא טז, כא-כב).

ארבע פעמים מופיעה כאן המילה "כל". הפולחן קשור בכל העוונות של כל קהל ישראל, ומוציא אותנו מעולמו המסודר והמוגבל של המקדש אל עולם הטבע הקמאי והפראי.

ישנו משהו מצמרר בסצנה הזו. אחרי הווידוי הרחב והמקיף הזה, האיש העתי הולך כעשרה מילין, יחיד ובודד, ניצב מול הישימון הנרחב, ושיא מסעו הוא בדחיפת השעיר המשתלח, שנעשה אברים־אברים

בדרכו למטה מן הצוק.[11] עולם מסתורי זה של שעירים ורוחות (ראו את דיונו של הרמב"ן שם, ח), עולם של אי־ודאות מערערת וחרדה, דומה בכמה דרכים לעולם של בחוקותי, אך ודאי שונה מאוד מהווידויים הרגועים והמתוחמים יותר שעל הפר.

אם נפנה מהווידויים הציבוריים אל אלו הפרטיים, האישיים, במיוחד לאלו הנספחים בסיומה של תפילת העמידה ביום הכיפורים, נמצא גם שם את שני היסודות הללו. מצד אחד, הווידוי הקלאסי, "אשמנו", שמקורו כבר בזמנם של חז"ל, והרחבתו על ידי הגאונים לכדי "על חטא". מבחינת הצביון, אדם מתוודה כאן על חטאיו – חלק מהם ספציפיים יותר, כמו "גזלנו", וחלקם פחות, כמו "אשמנו". כך או כך, באופן בסיסי וידוי זה דומה לווידוי של גזל הגר, באשר זהו וידוי שניזום בעקבות חטא מסוים, אלא שהוא חוזר ונשנה פעמים רבות על חטאים שונים.[12]

אך אז, בסמוך לסיומו של וידוי זה, אנו נתקלים בפסקה המתייחסת לעצם זהותו הקיומית היסודית של האדם: "א־לוהי, עד שלא נוצרתי איני כדאי, ועכשיו שנוצרתי – כאילו לא נוצרתי". אדם תוהה על התוקף, המשמעות והערך של עצם קיומו. נוסח זה אינו מזכיר את הווידוי על גזל הגר אלא דווקא את הפסקה בפרשת בחוקותי, כאשר עצם קיומו של האדם מוטל על הכף. אין זה מצב שבו אדם טוב ביצע חטא או שניים וצריך להשלים עם הקדוש ברוך הוא. לא; האדם המתוודה חש "כאילו לא נוצרתי" – חייו הם חסרי משמעות וחסרי ערך.

הצהרה כזו נובעת מהלך נפש שונה בתכלית מזה של האדם המגנה רשימה ארוכה של חטאים. יש כאן עימות רדיקלי, התוהה על התוקף והערך של עצם הקיום, הממקם את האדם בעולם קורס, המתנפץ לרסיסים. בחלק זה של הווידוי האדם אומר: "הרי אני לפניך ככלי מלא בושה וכלימה". מבחינת הצביון, אין זו התשובה השיטתית

11. כמתואר במשנה ובגמרא ביומא סו ע"א–סז ע"א.

12. עיינו בפרק השלישי 'שלמותה של התשובה' (לעיל, עמ' 39).

והמחושבת, שבה מונים סדרות אלפביתיות של עבירות. זוהי תשובה של משבר. האם מישהו יכול לדמיין לרגע שבפסוק המופיע בפרשת בחוקותי, "והתוודו את עוונם ואת עוון אבותם", מתוארת אמירת הווידוי לפי סדר האלף־בית? אם אדם באמת מתכוון למה שהוא אומר, זהו סוג שונה לגמרי של וידוי וסוג שונה לגמרי של תשובה. זהו וידוי של נפש נסערת ומיוסרת, אם הווידוי כן הוא וטעון במשמעות.

ב. שורשיו של יום הכיפורים

אני מאמין שטון כפול מהדהד בדומה כשאנו בוחנים את שורשיו של יום הכיפורים. שורש אחד הוא היסטורי: יום קבלתם של הלוחות השניים והתגלותן של י"ג מידות הרחמים, נתיב התשובה לעם היהודי, יום של התפייסות עם א־לוהים והשלמה עמו. ברור שההקשר הוא וידוי ותשובה. משה רבנו קובע בהצהרה שהיא הפצרה וגם הודאה: "אָנָּא חָטָא הָעָם הַזֶּה חֲטָאָה גְדֹלָה וַיַּעֲשׂוּ לָהֶם אֱלֹהֵי זָהָב" (שמות לב, לא). אזכור עגל הזהב נושא את חותמה של פרשת בחוקותי. נקודת המוצא היא מפחידה ומאיימת, מעשה שחז"ל תיארו כניאוף רוחני קולקטיבי בעיצומו של ירח הדבש,[13] וכתוצאה ממנו ניכור מוחלט מא־לוהים, עם האיום הנלווה של הכחדה לאומית: "הֶרֶף מִמֶּנִּי וְאַשְׁמִידֵם" (דברים ט, יד). העולם נותר קרוע לגזרים בידי החטא ועם ישראל מנותץ לרסיסים, הרוס בידי כישלון תהומי. זהו תרחיש של "בצר לך".

אין צורך בכישורים ספרותיים ניכרים או בתובנה עתירת דמיון כדי לצייר בדעתנו כמה גדולה ונוראה הייתה הסערה, הכללית והפרטית, במהלך שמונים ימי החרדה הללו. במידה שאנו יכולים להעריך זאת וכמהים לבנות מחדש ולהחיות בכל שנה אותו יום כיפור ראשוני, גם אנו צריכים להתנסות בבעתה; אנו גם כמהים, בתנופה יצירתית, להיות ראויים לחסד, למחילה ולפיוס. זהו שורש אחד של יום הכיפורים.

13. "עלובה כלה שזינתה בקרב חופתה" (גיטין לו ע"ב).

ברצוני להציע שליום הכיפורים יש שורש נוסף, שאינו היסטורי אלא רב־שנתי. הפסוק קובע: "כִּי בַיּוֹם הַזֶּה יְכַפֵּר עֲלֵיכֶם לְטַהֵר אֶתְכֶם מִכֹּל חַטֹּאתֵיכֶם לִפְנֵי ה' תִּטְהָרוּ" (ויקרא טז, ל). אני שואל את עצמי: לולא היה חטא עגל הזהב, לו התנהג עם ישראל כראוי, לו התנהל המסע ממצרים להר סיני ולארץ ישראל כמתוכנן, האם היה העולם מסתדר בלי יום כיפורים?[14] האם לא היו חטאים שאותם אנו נדרשים לטהר, האם לא היה צורך בחיפוש עצמי ובהתפייסות? האם הכול היה אז מושלם?

אני יכול רק לשער שגם לולא עגל הזהב, בכל זאת היה צורך בטהרה; צורך שהיה נענה ביום של ספירת מלאי תקופתית, כנראה שנתית, יום של עיסוק שקט בבחינה עצמית ובהתבוננות פנימית. יום זה היה כרוך בבחינה של מעשינו, לא תחת חרב דמוקלס של איום בהכחדה אלא כמוקד של קיום רוחני קבוע.

בהנחה "כִּי אָדָם אֵין צַדִּיק בָּאָרֶץ אֲשֶׁר יַעֲשֶׂה טּוֹב וְלֹא יֶחֱטָא" (קהלת ז, כ), הזדמנות כזו, שבה אנו חייבים להתמודד עם אנושיותנו ועם כישלונותינו, נראית הכרחית. יום הכיפורים שאני מתאר כאן באופן היפותטי מן הסתם היה שונה מזה שלנו. הוא היה מתקיים ברוח של רוגע, היו בו וידויים של "גזל הגר" החוזרים ונשנים פעמים רבות, בלי כל הזכרה של בחוקותי או של "עכשיו שנוצרתי – כאילו לא נוצרתי". אף שאפשר לטעון שהמטען המצטבר של חטאים רבים משפיע אף על הטבע האיכותי של תשובת "גזל הגר" ושל וידוי החוטא, נראה לי שצביונה של תשובת הרוגע, כמו גם השלווה שאנו מבקשים כמענה לא־לוהים, היו נותרים היבט מהותי של יום הכיפורים.

14. שאלות מסוג זה עולות בנוגע לכמה מצוות, אשר כפי שהן מתוארות בחומש, נראות כתגובה למאורעות היסטוריים. אנו מתארים לעתים קרובות את נצחיותה של התורה, "קודם שנברא העולם" (שבת פח ע"ב; רש"י שם ד"ה תשע; **ילקוט שמעוני** מלכים א קפה, שיר השירים תתקפח), ובכל זאת פרשיות שלמות נראות כאילו נכתבו כמענה למאורעות. זוהי שאלה כללית יותר, שאינה בתחומה של מסה זו.

טהרה של תסיסה וטהרה של רוגע

כאשר אנו מתכוננים ל"יוֹם ה' הַגָּדוֹל וְהַנּוֹרָא" (מלאכי ג, כג), אנו ניגשים אליו מתוך מודעות למורכבותו רבת הפנים. המורכבות הזו אופיינית לחיים הדתיים, כפי שהבינה אותם היהדות, חיים שיש בהם יסודות של תסיסה ושל רוגע, כמו גם זיקה הדדית ביניהם; חיים שבהם איננו שוללים, ואיננו רוצים לשלול, את תוקפו של אף אחד מן הקטבים הללו. כותב שאינו יהודי סיכם זאת בניסוח יהודי להפליא – וורדסוורת': "שלווה פנימית, בלבו של זעזוע אין־קץ".[15]

זהו החיפוש אחרי תסיסה העומדת בזיקה לרוגע, רוגע המתקיים במקביל לתסיסה. לזיקה הזו בין תסיסה לרוגע, בין "שלווה פנימית" ל"זעזוע", אנו מכינים עצמנו בערב יום הכיפורים. אנו משנסים את מותנינו הרוחניים לצורך מאמץ כביר, נמרץ וגם שליו, בתהליך התשובה. כשאנו כמהים לשקם ולטהר את עצמנו – במרץ, ביצירתיות, בשלווה – אנו פונים לא־לוהים בתקווה ובתפילה שהוא יטהר אותנו כשמבטו לא רק לתסיסה אלא גם לרוגע.

לטהרה יש דגמים שונים. טהרה של תסיסה מודגמת בהלכה שכלי חרס אינו נטהר במקווה; חייבים לשבור אותו ולהתחיל מחדש.[16] טהרה כזו כרוכה בקריסה ובבנייה מחדש. טהרה של שלווה מודגמת בטבילה, אופן טהרה שליו ומשקם. אנו אומרים לא־לוהים שאנו "ככלי מלא בושה וכלימה", שאולי ראוי לשוברו ולהתחיל מחדש. א־לוהים יטהר אותנו באופן שתבחר חכמתו, אך אנו מקווים ומתחננים בפניו שייתן לנו את העוז לתסיסה ויתיר לנו את טהרת הרוגע. "ה' עֹז לְעַמּוֹ יִתֵּן ה' יְבָרֵךְ אֶת עַמּוֹ בַשָּׁלוֹם" (תהילים כט, יא); "שָׁלוֹם שָׁלוֹם לָרָחוֹק וְלַקָּרוֹב אָמַר ה' וּרְפָאתִיו" (ישעיהו נז, יט).

15. "Central peace, subsisting at the heart of endless agitation" ("The Sea Shell", in "The Excursion", Book IV).

16. ראו: ויקרא ו, כא; שם יא, לג; שבת פד ע"א; רמב"ם, הלכות טומאת אוהלים ב, כה; הלכות מקוואות א, ג.

התכחשות, גירושין ושיקום

תשובה כמושג אוניברסלי וכמושג יהודי

התשובה מכוננת תופעה אוניברסלית. העולם הנוכרי מכיר בחשיבותה, הן כחובה והן כשאיפה, והפיק גוף ידע בעל ערך המהלל את דמותה. חז"ל אכן התייחסו לתשובה ככרוכה בראשיתה של ההיסטוריה האנושית. במדרש הם מספרים כיצד מיד עם גלותם מגן עדן, אדם וחוה גילו ויזמו את התשובה, כשהדמדומים נפלו על האופק שהפך פתאום זר, בערב השבת הראשונה.[1] באמירת הסליחות, בפסקה המציגה את שלוש עשרה מידות הרחמים, אנו מציינים שא־לוהים "עושה צדקות עם כל בשר ורוח" – כל טווח הקיום האנושי והפעילות האנושית. וכמובן, הביטוי המלא ביותר למשמעות האוניברסלית של התשובה נמצא בסיפור יונה, שבו "נִינְוֵה הָעִיר הַגְּדוֹלָה" (יונה א, ב) משמשת דוגמה מובהקת לתשובה.[2]

ובכל זאת, בתוך ההקשר של היחסים המיוחדים של העם היהודי עם הקדוש ברוך הוא, לתשובה יש ממד נוסף. המשנה באבות (ג, יד)

דרשה זו נישאה בכינוס התשובה על שם האוזמן־שטרן, במכון גרוס בירושלים, תשרי תשס"ח.

1. **אבות דרבי נתן** א.
2. בצורה דומה רבנו יונה פותח את ספרו הקלאסי **שערי תשובה** בקביעה הכוללנית שהתשובה היא "מן הטובות אשר היטיב השם יתברך עם ברואיו".

מדברת, ברמה ראשונית, על הקשר המיוחד בין האדם לא־לוהים – "חביב אדם שנברא בצלם", ואז על רמה שנייה – "חביבין ישראל שנקראו בנים למקום". ליבת הטענה "חביבין ישראל" היא שלעם היהודי בכללו הוענק מעמד נעלה, המיוחד לנו בלבד. הגמרא בברכות (ו ע"א) מספרת שעל התפילין של הקדוש ברוך הוא נכתב: "וּמִי כְּעַמְּךָ יִשְׂרָאֵל גּוֹי אֶחָד בָּאָרֶץ" (דברי הימים א יז, כא).

בראש השנה עם ישראל מכיר באחוות האדם תחת אבהותו של א־לוהים, ומתאר את האידיליה של ימות המשיח כאוניברסלית: "וְיֵעשו כולם אגודה אחת, לעשות רצונך בלבב שלם".[3] אולם לאחר מכן התפילה מתמקדת בבחירתנו הפרטיקולרית:

> אתה בחרתנו מכל העמים, אהבת אותנו ורצית בנו, ורוממתנו מכל הלשונות וקידשתנו במצוותיך, וקרבתנו מלכנו לעבודתך.

מקומנו הייחודי במשפחת העמים הוא חלק בלתי נפרד מהחזון היהודי של אחרית הימים, כפי שתיארוהו הן מיכה והן ישעיהו:

> וְהָיָה בְּאַחֲרִית הַיָּמִים יִהְיֶה הַר בֵּית ה' נָכוֹן בְּרֹאשׁ הֶהָרִים וְנִשָּׂא הוּא מִגְּבָעוֹת וְנָהֲרוּ עָלָיו עַמִּים. וְהָלְכוּ גּוֹיִם רַבִּים וְאָמְרוּ לְכוּ וְנַעֲלֶה אֶל הַר ה' וְאֶל בֵּית אֱ־לֹהֵי יַעֲקֹב וְיוֹרֵנוּ מִדְּרָכָיו וְנֵלְכָה בְּאֹרְחֹתָיו כִּי מִצִּיּוֹן תֵּצֵא תוֹרָה וּדְבַר ה' מִירוּשָׁלָם (מיכה ד, א–ב; והשוו: ישעיהו ב, ב–ג).

השלכותיה של בחירת ישראל, שהיא כה מרכזית לרגישותנו ולמחשבתנו, הן רבות פנים ומלאות סתירות. מהותה של הבחירה אינה רק הענקת זכות יתר, אלא קביעת אמות מידה מחמירות יותר, כמותית

3. יסוד האחדות בא לידי ביטוי גם בפסוק מזכריה (יד, ט) שאנו אומרים בכל יום ב"עלינו לשבח": "וְהָיָה ה' לְמֶלֶךְ עַל כָּל הָאָרֶץ בַּיּוֹם הַהוּא יִהְיֶה ה' אֶחָד וּשְׁמוֹ אֶחָד".

ואיכותית, למימושה של עבודת ה׳. כאשר אנו עומדים באמות המידה הללו, הן נזקפות לזכותנו ומרוממות את קיומנו הרוחני. חז״ל אומרים:

> רצה הקדוש ברוך הוא לזכות את ישראל לפיכך הרבה להם תורה ומצות, שנאמר: ׳ה׳ חפץ למען צדקו יגדיל תורה ויאדיר׳.

אפשר להסביר את המונח ״לְזַכּוֹת״ כקשור בהענקה, אך מבחינה מילונית משמעות המילה היא לטהר, לרומם.

ועדיין קיימת האפשרות שאדם ייכשל בניסיונו לחיות לאור דרישות אלו, ותולדות הכישלון הזה כתובות באותיות קידוש לבנה בתנ״ך ובמקורות שאחריו.[4] במילותיו של הנביא עמוס – ״רַק אֶתְכֶם יָדַעְתִּי מִכֹּל מִשְׁפְּחוֹת הָאֲדָמָה עַל כֵּן אֶפְקֹד עֲלֵיכֶם אֵת כָּל עֲוֹנֹתֵיכֶם״ (עמוס ג, ב). אם כך, בו בזמן מוצג כאן שכר ותמונת המראה שלו, באופן פוטנציאלי, היא המחיר הגבוה שיש לשלם.

העובדה הקריטית היא שהיחסים המיוחדים הללו משפיעים על מכלול עבודת ה׳, ובמיוחד על החטא והתשובה. בחירת ישראל פותחת אופקים של חטא ומרד מצדנו, וכתוצאה מכך מטילה עלינו דרישה לשיקום ולהתחדשות. במידה שאנו דוחים את היד המושטת, מתכחשים לירושתנו הרוחנית ומשתמטים מהאחריויות שמטיל עלינו מעמדנו המיוחד, אנו חייבים להחיות את עצמיותנו הרוחנית ולבנות מחדש את הגשרים לא־לוהינו.

התכחשות לנורמות ולערכים

בהתכחשות לירושה זו אנו מתייחסים לשלושה תחומים נבדלים, שבכל זאת שזורים זה בזה: נורמות וערכים; זהות ומעמד; יחסים וקשרים.

4. במובן מסוים, דרישותיו של א־לוהים משקפות את דעתו הטובה עלינו. המדרש אומר בכמה מקומות שא־לוהים בוחן רק את אלו שהוא חושב שיעמדו בלחץ ושיגיבו אליו היטב (למשל: בראשית רבה לב, ג; שם לד, ב; שם נה, ב; שיר השירים רבה ב, ב; תנחומא וירא כ; מדרש תהילים, יא, ד).

המשנה בברכות (יג ע"א) מסבירה את הרצף של קריאת שמע: הפרשה הראשונה תובעת קבלת עול מלכות שמים, והשנייה מדברת על קבלת עול מצוות. אנו צריכים להתפאר באחריות שהוטלה עלינו, אך תגובה זו אינה אוטומטית. לפעמים אנו עלולים להרגיש שעול מצוות מטיל עלינו נטל מופרז; עבור כמה מאתנו – בעייתי מבחינת התיאוריה, ולאחרים – בעייתי למעשה. יש גם כאלו שמתוך כניעה לדחפים בסיסיים או מתוך מרדנות רוצים להתכחש למכלול השלם או לחלקים ממנו. אחרים מורדים כנגד עצם המחשבה שמישהו יאמר להם מה לעשות. אחרים דוחים נורמה מסוימת, משום שאינה מסונכרנת עם רגישויות עכשוויות. במקרים כאלו, הם יכולים לרצות להיות מזוהים עם חלק מהמערכת, וייתכן שישמרו חלק מהמכלול מתוך תערובת של קונפורמיות ומחויבות; אך מושג הצייתנות, העול המוטל על צווארנו, הוא יותר ממה שהם יכולים לשאת.

התורה מציינת סוג מסוים של עבדות כחלק מהותי מהקיום היהודי: "כִּי עֲבָדַי הֵם אֲשֶׁר הוֹצֵאתִי אֹתָם מֵאֶרֶץ מִצְרָיִם" (ויקרא כה, מב). כבני תורה מסורים אנו שרים בשמחה: "אנא עבדא דקודשא בריך הוא".[5] מצב זה אכן משחרר אותנו משעבודים אחרים; מבחינה הלכתית, אדם אינו יכול לחייב עצמו באופן מוחלט לאדון אחר.[6]

אך ישנם רבים שאינם רוצים להיות עבדים, אף לא לא־לוהים. הם מהדהדים את דבריו הבלתי נשכחים של השטן של מילטון: "מוטב למלוך בגיהינום מאשר לשרת בגן עדן".[7] יש אחרים שהם בני בשר, נהנתנים בני העולם הזה, המחפשים תענוגות גופניים וחשק תאוותני, ומבכרים אותם על פני חיים של משמעת הלכתית. קטגוריה נוספת כוללת את אלו המבקשים רק קיום סביל, כמו זה של "אוכלי הלוטוס" של טניסון, תושביה של ארץ שבה הכול נושמים אוויר נרפה, "ארץ שבה הכול נראה תמיד אחר הצהריים".[8]

5. זוהר ויקהל רו ע"א; נאמר לפני הוצאת ספר תורה.
6. קידושין כב ע"ב; בבא קמא קטז ע"ב; בבא מציעא י ע"א.
7. John Milton, *Paradise Lost*, Book 1, 1667.
8. חז"ל זיהו את הסירוב לקבל עול מצוות עם עולמם של בני נח. על הפסוק

התכחשות לזהות ולמעמד

המנוס מאחריות מקבל אופי אחר במצב שני של התכחשות, זו שמתייחסת למעמד. א־לוהים תיאר את העם היהודי כבעל מעמד מיוחד: "בְּנִי בְכֹרִי יִשְׂרָאֵל" (שמות ד, כב). בני ישראל אינם רק חלק ממשפחתו של הקדוש ברוך הוא; הם ילדיו. ולא סתם ילדים אלא בנו הבכור. מעמדו המיוחד של הבכור מעניק לו זכויות וחובות. אך טבעי הוא שהבכור ייהנה מהעובדה שהוא מקבל חלק כפול בירושה (דברים כא, יז). פחות שמחה נמצאת בקבלת עול המנהיגות ואדרת האחריות הבאים עם הבכורה.[9] מעמדו המיוחד של הבכור, נטל האחריות שמעמד זה מטיל על כתפיו של האדם, שייכים למערך אחר מזה של המצוות הרגילות כמו איסור בשר בחלב, גילוי עריות, ציצית ותפילין; גם התכחשות למעמד זה שונה מההתכחשות למצוות, שעליה דיברנו.

העול שנושא הבכור קשור למעמד, לתפיסה של *noblesse oblige*, "האצילות מחייבת". בתיאור בחירתו של עם ישראל משתמשת התורה בשני מונחים: "עם סגולה" ו"גוי קדוש".[10] יש להניח שבכורה היא צירוף של שני היסודות הללו. רבים מעריכים את המחשבה של היותנו עם סגולה, אוצרו היקר של הקדוש ברוך הוא. אך התורה לעולם אינה מדברת על "עם סגולה" כקטגוריה עצמאית, שנעדרת ממנה האחריות.

מפרשת וזאת הברכה, "ה' מִסִּינַי בָּא וְזָרַח מִשֵּׂעִיר לָמוֹ הוֹפִיעַ מֵהַר פָּארָן וְאָתָה מֵרִבְבֹת קֹדֶשׁ" (דברים לג, ב), שואלת הגמרא (עבודה זרה ב ע"ב) מדוע ה' בא משעיר ומפארן. חז"ל עונים בתשובה נועזת: ה' עשה מכרז על עולם התורה והמצוות, והציע אותו תחילה לישמעאל ואז לעשיו, ושניהם דחו את הצעתו.

9. כמה פרשיות בתורה מדברות על הבכורה ועל מצוות פדיון הבן. חלקן מייחסות את מקורה ליציאה מצרים (שמות יג, פס' ב, יב–טו; במדבר ג, יג; שם ח, יז), ואחרות מציינות את הבכורה כמיוחדת פשוט בגלל מקומו המיוחד של הראשון, ולא בגלל קשר כלשהו ליציאת מצרים. מושג הבכורה כולל בעלי חיים בכורים (בראשית ד, ד; שמות יג, יב–יג); ביכורים (דברים כו, ב); חלה (במדבר טו, כ); תרומה (במדבר יח, יב); ותרומת מעשר. הרמב"ם אומר בפירושו למשנה (זבחים יד, ד) שהאצלת עבודת ה' לבכורות החלה באדם הראשון.

10. ראו: שמות יט, ה–ו; דברים ז, ו; שם יד, ב.

אם רוצים אתם להיות עם סגולה, חייבים אתם להיות גוי קדוש. אך להיות גוי קדוש פירושו לשאוף להיות משהו שעדיין איננו: "קְדֹשִׁים תִּהְיוּ" (ויקרא יט, ב). עול זה פחות נעים ומהנה, ולכן יש כאלה שרוצים להתכחש לבכורה ולאחריות שכרוכה בה.

יהיו אולי שיקטינו את מעמדו של הבכור, משום שהוא רחוק מאוד ממה שנהג להיות בקהילות חקלאיות. אדם שאינו בכור יכול לשאוף היום לשפע ברכות. אך ודאי עלינו להבין עד כמה הרחיקה רבקה לכת כדי להבטיח שהברכה תינתן ליעקב ולא לעשו. מה שעמד על הכף לא היה רק האדרה אישית, גבולותיהם של סמכות אישית ומשאבים אישיים. על הכף עמד אופיה של הבכורה, ומעבר לזה, טיבו של הקיום האנושי ושל האחריות המוסרית. ליעקב, החדור בתחושה של אחריות אישית, חברתית, קהילתית והיסטורית, בכורה משמעה עבודה; הזכות והחובה לעטות את אדרת השירות, אדרת האחריות.

לעשיו היה סדר עדיפויות אחר. הוא היה מודע ליתרונות המעשיים של הבכורה ורצה לאמץ את הבכורה רק במידה שתביא לו יתרונות אלה. כאשר היה ברור לעשיו שהוא אולי לעולם לא יקצור את פירות הבכורה, הוא החליט למכור אותה: "הִנֵּה אָנֹכִי הוֹלֵךְ לָמוּת וְלָמָּה זֶּה לִי בְּכֹרָה" (בראשית כה, לב). כיום העשווים של העולם, חלקם בציבור שלנו, הפנימו פילוסופיה זו ודחו את המעמד המיוחד של בכור הא־לוהים.

התכחשות ליחסים ולקשרים

רמה שלישית של התכחשות מתייחסת לנישואין. מטפורות רבות בתנ"ך מבטאות את היחסים של א־לוהים עם ישראל, ואחת מהנפוצות והחזקות ביותר היא האהבה הזוגית. לעתים היא מתבטאת במונחים מיניים בתכלית, אולי אפילו בוטים. זה מודגם בפסוקים הבאים מתוך הפטרת ניצבים, האחרונה משבע הפטרות הנחמה שנקראות בתקופה בין תשעה באב לראש השנה:

> לֹא יֵאָמֵר לָךְ עוֹד עֲזוּבָה וּלְאַרְצֵךְ לֹא יֵאָמֵר עוֹד שְׁמָמָה כִּי לָךְ יִקָּרֵא חֶפְצִי בָהּ וּלְאַרְצֵךְ בְּעוּלָה כִּי חָפֵץ ה' בָּךְ וְאַרְצֵךְ תִּבָּעֵל. כִּי יִבְעַל בָּחוּר בְּתוּלָה יִבְעָלוּךְ בָּנָיִךְ וּמְשׂוֹשׂ חָתָן עַל כַּלָּה יָשִׂישׂ עָלַיִךְ אֱ־לֹהָיִךְ (ישעיהו סב, ד-ה).

במקום אחר ההגדרה חדה אף יותר: "כִּי בֹעֲלַיִךְ עֹשַׂיִךְ ה' צְ־בָאוֹת שְׁמוֹ" (ישעיהו נד, ה). המסר של תיאור זה, אשר מדבר על מחויבות הדדית ועל תשוקה, חשוב למדי בפני עצמו. אך עלינו להתבונן גם בתשתית שהוא יוצר להתייחסות לחוסר נאמנות ולניאוף. לא יכולה להיות בגידה אם לא קדמה לה שבועת אמונים; לא יכולה להיות התכחשות אם לא קדמה לה מחויבות.

הרמב"ם **במורה נבוכים** (א, לו) מנסה להגביל מעט את ייחוס התשוקה לא־לוהים; עבורו, היה זה חלק מבעיה רחבה יותר של האנשה. הוא מסביר שהתורה והנביאים מייחסים לה' "חרון אף", "כעס" ו"קנאה" רק ביחס לעבודה זרה.

הרמב"ן (שמות כ, ג) מציב אתגר לרמב"ם בנקודה זו, ומצטט פסוקים רבים המדברים על כעס ועל חרון אף בהקשר הרחוק מעבודה זרה, למשל: "וַיִּחַר אַף ה' בָּם וַיֵּלַךְ" (במדבר יב, ח-ט), בנוגע לאהרן ולמרים. אך הרמב"ן אומר שבנושא אחד צודק הרמב"ם: "בלשון קנאה אמת הוא"; א־לוהים מתואר כקנא רק כשמדובר על עבודה זרה. למשל, כאשר עבודה זרה מוזכרת בעשרת הדיברות (שמות כ, ה). עבודת אלילים של גויים אינה משמחת את ה', אך גם אינה מעוררת את קנאתו. מדוע נזכרת קנאה רק בנוגע לעם ישראל? כך מסביר הרמב"ן:

> ולפי דעתי שיזכיר קנאה בעבודה זרה בישראל בלבד, וטעם הקנאה כי ישראל סגולת השם הנכבד אשר הבדילם לו, כאשר פירשתי למעלה. והנה אם העם שלו משרתיו פונים אל אלהים אחרים יקנא בהם השם, כאשר האיש מקנא באשתו בלכתה לאחרים.

המסר בנוגע לעם ישראל ולמעמד נישואיו הוא ברור מאוד. המושג "קנא", כפי שאנו לומדים מפרשיית אישה סוטה (במדבר ה, יד), מתאר את הרגש הנזעם של איש כשהוא רואה את אשתו מנהלת פרשיית אהבים עם מישהו אחר. עבודה זרה אסורה גם לגויים, אך הם אינם נשואים לה'. בניגוד לזה, אומר הרמב"ן, "ישראל סגולת השם הנכבד אשר הבדילם לו... יקנא בהם השם, כאשר האיש מקנא באשתו בלכתה לאחרים".

עבור הרמב"ם, לקנאה הזו יש השלכות הלכתיות. ההלכה דנה בשני סוגים של עבודה זרה: כדרכה, בהתאם לדרך הפולחן המקובלת לאותו אליל, ושלא כדרכה, כאשר אדם עושה אחת העבודות הנעשות במקדש, שיש לעשותן לא־לוהים לבדו, ומסב אותה לעבודת אלילים (ראו: שמות כב, יט). הרמב"ם בהלכות מלכים (ט, ב) אומר שגויים חייבים רק על עבודת אלילים כדרכה; אין הם חייבים על עבודה שלא כדרכה. מדוע? נדמה לי שהתשובה ברורה מאליה, לאור הסברו של הרמב"ן. עבודה זרה כדרכה היא תועבה מצד עצמה, משום שהיא ביטוי מלא של עבודת האלילים. אך אם אדם עובד אליל באופן שאין רגילים לסגוד לו, שלא כדרכו, זו אינה עבודת אלילים. ובכל זאת, אותו אדם לקח מעשה ייחודי לא־לוהי האמת והקדיש אותו לאלוהי שווא.

עבור בני העם היהודי זוהי בעיה. "זֹבֵחַ לָאֱלֹהִים יָחֳרָם בִּלְתִּי לַה' לְבַדּוֹ" (שמות כב, יט). לעם ישראל יכולים להיות יחסים רק עם ה'. כל ביטוי של יחסים אחרים, גם אם אין הוא מוגדר כפולחן מנקודת מבט משפטית צרה, הוא הסטת הנאמנות לא־לוהים, המתבטאת במעשה העבודה המיוחד לשמו בבית המקדש, אל צֶלם של עץ וכסף. מעשה כזה נאסר עלינו, משום שנבחרנו בידי ה' להיות עם סגולה וגוי קדוש.

פירוק קשר הנישואין

עד כה דנו בשלושה סוגים של התכחשות: התכחשות לחוקי התורה והמצוות, התכחשות למעמד המיוחד של הבכורה, והתכחשות לקשר

הזוגי עם א־לוהים. אך יש גם צעד נוסף. הפסקה הבאה מופיעה בפרשת וילך:

> וַיֵּרָא ה׳ בָּאֹהֶל בְּעַמּוּד עָנָן... וַיֹּאמֶר ה׳ אֶל מֹשֶׁה הִנְּךָ שֹׁכֵב עִם אֲבֹתֶיךָ וְקָם הָעָם הַזֶּה וְזָנָה אַחֲרֵי אֱלֹהֵי נֵכַר הָאָרֶץ אֲשֶׁר הוּא בָא שָׁמָּה בְּקִרְבּוֹ וַעֲזָבַנִי וְהֵפֵר אֶת בְּרִיתִי אֲשֶׁר כָּרַתִּי אִתּוֹ. וְחָרָה אַפִּי בוֹ בַיּוֹם הַהוּא וַעֲזַבְתִּים וְהִסְתַּרְתִּי פָנַי מֵהֶם וְהָיָה לֶאֱכֹל וּמְצָאֻהוּ רָעוֹת רַבּוֹת וְצָרוֹת וְאָמַר בַּיּוֹם הַהוּא הֲלֹא עַל כִּי אֵין אֱ־לֹהַי בְּקִרְבִּי מְצָאוּנִי הָרָעוֹת הָאֵלֶּה. וְאָנֹכִי הַסְתֵּר אַסְתִּיר פָּנַי בַּיּוֹם הַהוּא עַל כָּל הָרָעָה אֲשֶׁר עָשָׂה כִּי פָנָה אֶל אֱלֹהִים אֲחֵרִים (דברים לא, טו–יח).

פרשיות התוכחה בפרשת בחוקותי ובפרשת כי תבוא הן מבעיתות. אולם עולה מהן הרושם שבכל זאת יש גבול, הן לחטאיו של עם ישראל והן לתגובתו של ה׳. הדבר בולט יותר בתוכחה שבפרשת בחוקותי, שמסתיימת במחשבה המנחמת, "וְאַף גַּם זֹאת בִּהְיוֹתָם בְּאֶרֶץ אֹיְבֵיהֶם לֹא מְאַסְתִּים וְלֹא גְעַלְתִּים לְכַלֹּתָם לְהָפֵר בְּרִיתִי אִתָּם כִּי אֲנִי ה׳ אֱ־לֹהֵיהֶם. וְזָכַרְתִּי לָהֶם בְּרִית רִאשֹׁנִים אֲשֶׁר הוֹצֵאתִי אֹתָם מֵאֶרֶץ מִצְרַיִם לְעֵינֵי הַגּוֹיִם לִהְיוֹת לָהֶם לֵא־לֹהִים אֲנִי ה׳" (ויקרא כו, מד–מה). התוכחה בפרשת כי תבוא אינה מסתיימת בטון מנחם כזה, ואני משער שזאת בגלל סיבה ברורה: רק א־לוהים יכול לומר זאת בביטחון. חז"ל אומרים שמשה אמר את הברכות והקללות שבפרשת כי תבוא מפי עצמו (מגילה לא ע"ב). ועדיין כאשר קוראים את הפרשה כולה, מקבלים את הרושם שהן העבירות והן התגובה להן מופיעות בתוך המסגרת של יחסי המשפחה. חטאיו של עם ישראל דומים כאן לניאוף, למעשיה של אישה שמצאה מאהב, אך נותרה נשואה ואינה חולמת על פירוק נישואיה. בעוד א־לוהים, מצדו, יעניש את עם ישראל על בוגדנותו, אין כל חשש שהוא יפרק את הנישואין.

בניגוד לכך, זה בדיוק האיום שעולה בפסקה שבפרשת וילך. היא פותחת במעשה ראשוני של בוגדנות, שבו עם ישראל זונה אחרי

אלוהי נכר הארץ. אך ההמשך הוא: "וַעֲזָבַנִי וְהֵפֵר אֶת בְּרִיתִי אֲשֶׁר כָּרַתִּי אִתּוֹ". לעתים קרובות, משמעותו של המונח "הפר" בתנ"ך ובהלכה היא לעבור על תנאי בחוזה שחתמת. אך הוא משמש גם לציון ביטול ופירוק: "וְאִם הָפֵר יָפֵר אֹתָם אִישָׁהּ בְּיוֹם שָׁמְעוֹ" (במדבר ל, יג).[11]

אני חושב שהביטוי "הפר" צריך להתפרש כאן לאור הביטוי הקודם, "ועזבני", במשמעות של ביטול. בדרך כלל היינו אומרים שאדם אינו יכול לנטוש את ה' – "אָנָה אֵלֵךְ מֵרוּחֶךָ וְאָנָה מִפָּנֶיךָ אֶבְרָח" (תהילים קלט, ז). אך כאן א־לוהים עצמו מאיים להיעלם: "וְהִסְתַּרְתִּי פָנַי מֵהֶם וְהָיָה לֶאֱכֹל", ושוב חוזר על כך: "וְאָנֹכִי הַסְתֵּר אַסְתִּיר פָּנַי בַּיּוֹם הַהוּא עַל כָּל הָרָעָה אֲשֶׁר עָשָׂה".

איך יכול עם ישראל לפרק את הנישואין? כפי שאנו יודעים, אצל יהודים הגט צריך להינתן על ידי הבעל. אך יש גם דרך אחרת. גויים אינם צריכים לתת גט פורמלי; אחד מהצדדים לנישואין יכול פשוט להחליט לעזוב, ואז הנישואין מתפרקים מאליהם.[12] אם בני ישראל מתנכרים למלכות שמים הרי הם הופכים להיות כגויים, ובעשותם כך הם מבטלים את מערכת היחסים שלהם עם הקדוש ברוך הוא.

אם לא היה די בזה, חז"ל מתארים את בני ישראל כטוענים שלא הם עזבו את א־לוהים, אלא שהוא זה שיזם את הפרידה. הגמרא בשבת (פח ע"א) מציינת שכיון שהיה יסוד מסוים של כפייה, כביכול, בזמן מתן תורה, עם ישראל יכול לטעון שקיבל אותה תחת לחץ. הרמב"ן (שם) אומר שבתחילה קיבלו בני ישראל את התורה מרצונם, באומרם "נַעֲשֶׂה וְנִשְׁמָע" (שמות כד, ז), אך הם סברו שיש כאן תנאי: א־לוהים נתן לנו את התורה כדי שנקיים אותה בארץ ישראל. התפיסה האלילית של העולם קובעת גבולות גיאוגרפיים לכל אלוהות: לאתונה, לספרטה, לקרתגו ולכל ארץ או עיר יש אלוהות משלה, ולזו יש סמכות בנחלתה המקומית ולא בקהילה הסמוכה. כאשר עם ישראל נשלח לגלות,

11. ההלכה מבחינה בין הפרה, ביטול נדרה של אישה בידי בעלה או אביה מעתה ואילך, ובין היתר חכם, המפקיע את הנדר מעיקרו.
12. ירושלמי קידושין ב, א; רמב"ם, הלכות מלכים ט, ח.

הגמרא בסנהדרין (קה ע"א) מציעה שהם תמהו: "עבד שמכרו רבו, ואשה שגרשה בעלה, כלום יש לזה על זה כלום?". בני העם היהודי סברו: עכשיו, כשאנחנו בבבל, אנו חבים נאמנות לאלים המקומיים. זהו טיעון מטעה, אך הוא היה חלק מההצדקה להתכחשותם. הם טענו שהפרידה היא באשמת ה' ושהוא האחראי לה.

הנביאים הגיבו להאשמה זו בשתי תשובות שונות. כך אומר ישעיהו:

> כֹּה אָמַר ה' אֵי זֶה סֵפֶר כְּרִיתוּת אִמְּכֶם אֲשֶׁר שִׁלַּחְתִּיהָ אוֹ מִי מִנּוֹשַׁי אֲשֶׁר מָכַרְתִּי אֶתְכֶם לוֹ הֵן בַּעֲוֹנֹתֵיכֶם נִמְכַּרְתֶּם וּבְפִשְׁעֵיכֶם שֻׁלְּחָה אִמְּכֶם. מַדּוּעַ בָּאתִי וְאֵין אִישׁ קָרָאתִי וְאֵין עוֹנֶה הֲקָצוֹר קָצְרָה יָדִי מִפְּדוּת וְאִם אֵין בִּי כֹחַ לְהַצִּיל הֵן בְּגַעֲרָתִי אַחֲרִיב יָם אָשִׂים נְהָרוֹת מִדְבָּר תִּבְאַשׁ דְּגָתָם מֵאֵין מַיִם וְתָמֹת בַּצָּמָא. אַלְבִּישׁ שָׁמַיִם קַדְרוּת וְשַׂק אָשִׂים כְּסוּתָם (ישעיהו נ, א-ג).

אך בירמיהו אנו קוראים אחרת:

> וַיֹּאמֶר ה' אֵלַי בִּימֵי יֹאשִׁיָּהוּ הַמֶּלֶךְ הֲרָאִיתָ אֲשֶׁר עָשְׂתָה מְשֻׁבָה יִשְׂרָאֵל הֹלְכָה הִיא עַל כָּל הַר גָּבֹהַּ וְאֶל תַּחַת כָּל עֵץ רַעֲנָן וַתִּזְנִי שָׁם. וָאֹמַר אַחֲרֵי עֲשׂוֹתָהּ אֶת כָּל אֵלֶּה אֵלַי תָּשׁוּב וְלֹא שָׁבָה (ותראה) וַתֵּרֶא בָּגוֹדָה אֲחוֹתָהּ יְהוּדָה. וָאֵרֶא כִּי עַל כָּל אֹדוֹת אֲשֶׁר נִאֲפָה מְשֻׁבָה יִשְׂרָאֵל שִׁלַּחְתִּיהָ וָאֶתֵּן אֶת סֵפֶר כְּרִיתֻתֶיהָ אֵלֶיהָ וְלֹא יָרְאָה בֹּגֵדָה יְהוּדָה אֲחוֹתָהּ וַתֵּלֶךְ וַתִּזֶן גַּם הִיא (ירמיהו ג, ו-ח).

בעוד ישעיהו מכחיש את הטענה שא-לוהים כתב גט, בדברי ירמיהו נאמר שא-לוהים נתן גט, גם אם חלקי ולתקופת זמן מוגבלת. ירמיהו מתאר גם התכחשות של עם ישראל ותשוקה לנטוש את מעמדם המיוחד, תשוקה שמתבטאת גם בפסוק מיחזקאל (כ, לב): "וְהָעֹלָה עַל רוּחֲכֶם הָיוֹ לֹא תִהְיֶה אֲשֶׁר אַתֶּם אֹמְרִים נִהְיֶה כַגּוֹיִם כְּמִשְׁפְּחוֹת הָאֲרָצוֹת לְשָׁרֵת עֵץ וָאָבֶן". בני העם רוצים להתנכר לקשר, להיות "כמשפחות

הארצות". במונחים מעשיים, זוהי התכחשות לא רק לחוקים אלא גם לקשר האישי האינטימי עם הקדוש ברוך הוא.

תשובה מן ההתכחשות

הנתיב לשיקום מכל זה כרוך בתשובה, כמובן. פרשיות אחרות בתורה חוזות שתשובה תבוא כתגובה לסבל: "בַּצַּר לְךָ וּמְצָאוּךָ כֹּל הַדְּבָרִים הָאֵלֶּה בְּאַחֲרִית הַיָּמִים וְשַׁבְתָּ עַד ה' אֱ־לֹהֶיךָ וְשָׁמַעְתָּ בְּקֹלוֹ" (דברים ה, ל), "וּבִקַּשְׁתֶּם מִשָּׁם אֶת ה' אֱ־לֹהֶיךָ וּמָצָאתָ כִּי תִדְרְשֶׁנּוּ בְּכָל לְבָבְךָ וּבְכָל נַפְשֶׁךָ" (שם, כט). תשובה זו צומחת ממעמקי החטא וההתכחשות, במעגל המתואר בפרשת וילך; לא כמאורע היסטורי חד־פעמי אלא כהתחוללות המתחדשת בכל דור.

לאור זה, איך עלינו לתפוס את התשובה על ההתכחשות ליחסים המיוחדים שלנו עם הקדוש ברוך הוא? האם די יהיה בתשובת נינווה? תשובה אוניברסלית דורשת שהאדם יעזוב את החטא, יביע חרטה על מעשיו הרעים בעבר, יקבל על עצמו נתיב תיקון בעתיד וכן הלאה.[13] אין ספק שנחוצה התשובה הרגילה, אך עבורנו אין די בה. סוג זה של תשובה די בו לעולם הנוכרי, החולק אתנו את האידיאליזציה של התשובה ומגיב לחטא בהקשר של תשובה. גם הם קראו את ספר יונה.[14]

אך עבורנו המצב שונה. ראשית, משום שמצופה מאתנו יותר. כאשר קיבלנו את התורה, הרף עבורנו הוצב גבוה יותר. תפילתנו צריכה להיות כנה יותר, מעומק הלב, ויראת השמים שלנו צריכה להיות עזה יותר. החסד שלנו צריך להיות נדיב יותר, והיושרה – מושלמת יותר. חוש הצדק שלנו ודאגתנו לכבוד שמים צריכים להיות בדרגה גבוהה יותר.

לא רק שנדרשת מאתנו עוצמה גבוהה יותר אלא שיש לנו גם מכלול נרחב יותר של מצוות, שאליו אנו מחויבים. יתר על כן, עבורנו

13. ראו: רמב"ם, הלכות תשובה ב, ב; רבנו יונה, **שערי תשובה** א, י ואילך.
14. מלוויל כתב ב**מובי דיק** פרק נפלא (פרק 83) על התשובה.

הרבה יותר מוטל על הכף. השלכותיו של חטא עבורנו אינן רק השאלה אם נהגנו כראוי או שגינו, אלא מעמדנו כבכור, החיים שלנו כמעמד הנבחר והקשר האינטימי שלנו עם א־לוהים.

הרמב"ם (הלכות תשובה ז, ז) מדבר על פלא התשובה ברמה הפרטית. אך ההתכחשות שאליה אני מתייחס וסוג התשובה שהיא דורשת משתרעים מעבר לזה. בעולם החטא והתשובה יש הבדל כפול בין הציבור והיחיד. מצד אחד, הציבור נמצא במצב טוב הרבה יותר: חז"ל אומרים שליחיד יש באופן כללי קושי להגיע אל א־לוהים, בעוד ביחס לציבור, כך נאמר לנו – "הֶן אֵ־ל כַּבִּיר וְלֹא יִמְאָס" (איוב לו, ה), "בְּכָל קָרְאֵנוּ אֵלָיו" (דברים ד, ז).[15] מצד שני, בגלל אותן סיבות, חטא ציבורי הוא חמור יותר מאשר חטאו של היחיד.

זה אומר שיש לנו הרבה יותר עבודה לעשות. עלינו לארגן מחדש את קהילותינו ואת אומתנו, ועלינו להתחיל זאת על ידי שיקום היחסים. אנו קוראים בספר הושע (ב, ט) בנוגע לאשתו הבוגדנית: "וְרִדְּפָה אֶת מְאַהֲבֶיהָ וְלֹא תַשִּׂיג אֹתָם וּבִקְשָׁתַם וְלֹא תִמְצָא וְאָמְרָה אֵלְכָה וְאָשׁוּבָה אֶל אִישִׁי הָרִאשׁוֹן כִּי טוֹב לִי אָז מֵעָתָּה". תשובה פותחת ב"אֵלְכָה וְאָשׁוּבָה אֶל אִישִׁי הָרִאשׁוֹן". הושע מתאר התפייסות שמאפילה על הקשר המקורי:

> וְהָיָה בַיּוֹם הַהוּא נְאֻם ה' תִּקְרְאִי אִישִׁי וְלֹא תִקְרְאִי לִי עוֹד בַּעְלִי. וַהֲסִרֹתִי אֶת שְׁמוֹת הַבְּעָלִים מִפִּיהָ וְלֹא יִזָּכְרוּ עוֹד בִּשְׁמָם. וְכָרַתִּי לָהֶם בְּרִית בַּיּוֹם הַהוּא עִם חַיַּת הַשָּׂדֶה וְעִם עוֹף הַשָּׁמַיִם וְרֶמֶשׂ הָאֲדָמָה וְקֶשֶׁת וְחֶרֶב וּמִלְחָמָה אֶשְׁבּוֹר מִן הָאָרֶץ וְהִשְׁכַּבְתִּים לָבֶטַח. וְאֵרַשְׂתִּיךְ לִי לְעוֹלָם וְאֵרַשְׂתִּיךְ לִי בְּצֶדֶק וּבְמִשְׁפָּט וּבְחֶסֶד וּבְרַחֲמִים. וְאֵרַשְׂתִּיךְ לִי בֶּאֱמוּנָה וְיָדַעַתְּ אֶת ה' (שם, יח–כב).

אנו עלולים לשאול מה לנו ולזה. אנו איננו מתנכרים לתורה ולמצוות, איננו מייחלים לנטוש את בכורתנו ואיננו מצהירים חלילה על היעדר

15. ראש השנה יח ע"א; יבמות קה ע"א; ברכות ח ע"א.

מחויבות ונאמנות לא־לוהים שהוציאנו ממצרים. אנו חרדים, חרדים נואשות, לשמוע את קול ה׳: ״ישמיענו – סלחתי״.[16]

דומני שהתשובה נמצאת בהבנת אופיים המסוים של חטאים אלה. הרבה ממה שהזכרתי כאן יכול לבוא תחת הכותרת הכללית של חילוניות, כאידיאולוגיה וכסגנון חיים. חילוניות היא ישות המנוגדת לעולם שאליו אנו מחויבים. אך אף אם איננו חילוניים, עלינו לשאול עצמנו: עד כמה אנו באמת רוצים, בכוונה וברצינות, לקדם את מלכות השמים בעולם? באיזו מידה אנו מוצאים עצמנו קשורים באופן מלא בחיי תורה ומחויבים לגמרי אליהם? כאן נראה לי שיש מקום לדאגה, עבורנו ועבור קהילתנו.

תופעה מוזרה מתקיימת היום בתוך הציבור האורתודוקסי. אנשים החדורים ברוח שאפשר לתארה רק כלאומנות תוקפנית אינם מכירים כלל בערך ובתוקף של העולם הנוכרי. לו יכלו, היו ודאי מוחקים את ספר יונה מן התנ״ך; אין הוא תואם את תפיסתם לגבי מהות הגויים. מצד שני, רבים אחרים סופגים בהנאה הרבה ממה שיש לעולם הנוכרי להציע, ולא מטרידה אותם ההשפעה החתרנית שיש ליסודות מסוימים בתרבות זו עליהם, על ילדיהם, על מוסדותיהם ועל קהילותיהם. כך שיש מקום לשאול עצמנו האם רבב של חילוניות דבק באורחות חיינו, משום שזהו דבר שעמו עלינו להתמודד בכוחה של התשובה.

כשאנו ניגשים ליום הכיפורים, זהו זמן ראוי להיזכר, בכל הכוח, העומק והעוצמה שאנו יכולים לגייס, במה שהיה כרוך באיסרו־חג הראשון של יום הכיפורים. אנו חוזרים מכאן אל הרמב״ן, המיישם את כוחות הסברה המרהיבים שלו על הפסוק הראשון של פרשת ויקהל (שמות לה, א):

> ׳ויקהל משה את כל עדת בני ישראל׳ – יכלול ׳כל עדת בני ישראל׳, האנשים והנשים, כי כלם התנדבו במלאכת המשכן. והנה משה, אחר שצוה לאהרן והנשיאים וכל בני ישראל האנשים כל

16. מתוך הסליחות ליום הרביעי של עשרת ימי תשובה.

אשר דבר ה׳ אתו בהר סיני אחרי שבור הלוחות, ונתן על פניו המסוה, חזר וצוה והקהילו אליו כל העדה אנשים ונשים. ויתכן שהיה זה ביום מחרת רדתו. ואמר לכולם ענין המשכן אשר נצטוה בו מתחלה קודם שבור הלוחות, כי כיון שנתרצה להם הקדוש ברוך הוא ונתן לו הלוחות שניות וכרת עמו ברית חדשה שילך השם בקרבם, הנה חזרו לקדמותם ולאהבת כלולותם, ובידוע שתהיה שכינתו בתוכם כענין שצוהו תחלה, כמו שאמר: ׳ועשו לי מקדש ושכנתי בתוכם׳. ולכן צוה אותם משה עתה בכל מה שנצטוה מתחלה.

ענווה וגאווה בתשובה

סכנות הגאווה

מאז ימי קדם, נאבקו בעלי מוסר וחסידים כנגד כשלי הגאווה והזהירו מסכנותיה המיידיות. ראשית, במישור האתיקה האישית, גאווה בדרך כלל כרוכה בהערכה מסולפת ומגונה של מעמד וערך מצד אחד, ומציגה גישה אגוצנטרית מצד שני; שתי אלו ראויות לגינוי מבחינה מוסרית. שנית, גאווה, בפרט בצורתה המופרזת, מרעילה לא רק את מצבו המוסרי של האדם עצמו אלא גם את מערכות היחסים שלו עם אנשים אחרים, בהפגינה הילה של עליונות מתנשאת בעצם הנכונות לסבול אנשים אחרים, שהאדם בבירור מתייחס אליהם כנחותים. לבסוף, גאווה מבטאת ריקבון רוחני של היחיד והציבור גם יחד, בכך שהיא מאפשרת לנו לשייך לכישרונותינו ולמאמצינו ביטחון שמוטב לייחסו לא־לוהים.

מן הזווית הדתית, גאווה חותרת בתעוזה מסוכנת עוד יותר תחת כמה מהמרכיבים היסודיים ביותר של החיים הדתיים: יראה צייתנית, הכנעה גמורה ושעבוד מקיף. בקיצוניותה, גאווה מגרה את הדחף המרדני ומציבה אתגר לסמכותו של ה׳, כפי שאנו מוצאים אצל

דרשה זו נישאה בכינוס התשובה על שם האוזמן־שטרן, במכון גרוס בירושלים, תשרי תשס״ט.

פרומתאוס של אייסכילוס, אצל השטן של מילטון ואצל עמיתיהם לאורך ההיסטוריה. בקשת התהילה, "החולשה האחרונה של נפש אצילה",[1] מערפלת את האמת החשובה בנוגע למצבנו האובייקטיבי ולמצבנו הרצוי מבחינה דתית.

ברור גם שמסורתנו שלנו מגנה את הגאווה. משחר בריאתה של האנושות, גאווה – בפרט גאווה אינטלקטואלית – מוצגת כשורש חטאם הקדום של אדם וחוה. אף לפני שחוה ראתה "כִּי טוֹב הָעֵץ לְמַאֲכָל וְכִי תַאֲוָה הוּא לָעֵינַיִם" (בראשית ג, ו), פנה הנחש לאגו האנושי: "כִּי יֹדֵעַ אֱ־לֹהִים כִּי בְּיוֹם אֲכָלְכֶם מִמֶּנּוּ וְנִפְקְחוּ עֵינֵיכֶם וִהְיִיתֶם כֵּא־לֹהִים יֹדְעֵי טוֹב וָרָע" (שם, ה). כמה דורות לאחר מכן אנו פוגשים את בוני מגדל בבל. חטאם – "וְנַעֲשֶׂה לָּנוּ שֵׁם" (שם יא, ד) – אמנם לוט בערפל, אך קשור בבירור במוניטין שלהם, אשר הגמרא (סנהדרין קט ע"א) כורכת בתרחיש הבא:

> אמר רבי ירמיה בר אלעזר: נחלקו לשלש כיתות, אחת אומרת: נעלה ונשב שם, ואחת אומרת: נעלה ונעבוד עבודה זרה, ואחת אומרת: נעלה ונעשה מלחמה.

הגאווה מתוארת אפוא כמושא לגינוי וכתכונה שלילית, מבחינה מוסרית ודתית, למן הדורות הראשונים של האנושות.

הגינוי המסורתי שלנו את הגאווה אינו מוגבל למשמעויותיהם של סיפורי התנ"ך, מפורשים ככל שיהיו. בקשת התהילה, והפרסום והגאווה המתלווים אליה, לא נאסרו בבירור בגמרא או בראשונים,[2] ובכל זאת אין מחסור בגינויים סמכותיים בחיבורים אחרים ובהקשרים אחרים. מסכת אבות גדושה בתוכחות כנגד הגאווה. נציע טעימה קטנה: "מאד מאד הוי שפל רוח" (ד, ד); "הקנאה והתאוה והכבוד מוציאין

1. John Milton, "Lycidas".
2. כמה חכמים חיפשו איסור ברור שכזה, אולם הרמב"ם מזכיר את רדיפת התהילה והגאווה לא כאיסור ספציפי, אלא כחלק מרשימת מידות מגונות הזוקקות תשובה (הלכות דעות ב, ב–ג).

את האדם מן העולם" (שם, כא). משנה אחרת מאתגרת את הנטייה להשתבחות עצמית: "אם למדת תורה הרבה, אל תחזיק טובה לעצמך, כי לכך נוצרת" (ב, ח) – בסך הכול ממלא אתה את חובתך היסודית ואת ייעודך הבסיסי.[3]

דברי הגמרא על הגאווה

אך אם ברצוננו לבחון טקסט מרכזי יותר, הכר הפורה ביותר הוא ודאי הגמרא בסוטה (ד ע"ב-ה ע"א), שבה אנו מוצאים כמה נתיבי הדרכה מקבילים אך נבדלים. "אמר רבי יוחנן: כל אדם שיש בו גסות הרוח", ומתוך גסות רוחו מניח שהוא שולט בכול, "לבסוף נכשל באשת איש", וחוצה את הגבולות הברורים והחדים ביותר. הגמרא ממשיכה ועורכת השוואות מדהימות:

> אמר רבי יוחנן משום רבי שמעון בן יוחי: כל אדם שיש בו גסות הרוח – כאילו עובד עבודת כוכבים; כתיב הכא: 'תועבת ה' כל גבה לב', וכתיב התם: 'ולא תביא תועבה אל ביתך'. ורבי יוחנן דידיה אמר: כאילו כפר בעיקר.

ביטויים אלו עלולים להיתפס כגוזמה, ובכמה מקומות יש מידות אחרות ומעשים אחרים המושווים לעבודת כוכבים,[4] אך אני חושב שההצעה כאן היא שהן עבודת כוכבים והן גאווה מתחרות בא־לוהים על נאמנותו של האדם, בלבו ובנפשו. בדומה לעבודת כוכבים, היהירות

3. המשנה מדברת באופן ספציפי על לימוד תורה, אך רבנו יונה ושאר המפרשים מוסיפים שדאגה זו בנוגע להשתבחות עצמית בהישגיו של האדם נכונה גם ביחס ליראת שמים ולקיום מצוות. עיינו גם בשיר השירים רבה א, ט.

4. דוגמה קלאסית היא הגמרא בשבת (קה ע"ב), הקובעת שאדם שכועס ומאבד את השליטה בעצמו, כאילו עובד עבודה זרה. הקשרים אחרים שבהם עולה השוואה זו אפשר למצוא במקורות הבאים: פסחים קיח ע"א; כתובות סח ע"א; שם קי ע"ב; בבא בתרא י ע"א; סנהדרין צב ע"א; מכות כג ע"א; נידה יג ע"א.

מסיגה כביכול את גבולו של א־לוהים; אדם החושב שכה רם הוא, הופך למתחרה וליריב לקדוש ברוך הוא. אך מזווית אחרת, כמה פסוקים מגדירים מידות שונות כתועבה לה' לא משום שהן מתחרות במישרין, כביכול, בסמכותו הא־לוהית, אלא משום שהן תופעה שה' מתעב.

הגמרא ממשיכה לחפש דרכים אחרות להבנת אופיו הנתעב של האדם היהיר. רבי חמא בר חנינא משווה אותו לאדם שבא על כל העריות.[5] לפי שיפוט זה, האדם היהיר לא מבטל את סמכות שמים עצמה, אלא מתחבט בין מימוש נטיותיו ובין ציות לא־לוהים; בסופו של דבר הוא מעניק עדיפות לצרכיו שלו – אך רק עד כאן מגיע חטאו. לאחר מכן חוזרת הגמרא לעולם עבודת האלילים ומשווה את האדם היהיר למי שבנה במה, מזבח מחוץ לבית המקדש. תופעה זו מתוארת שוב ושוב בספר מלכים כאבן נגף לכל המלכים שרצו לטפח יראת שמים בעם, ובכל זאת נכשלו.[6] הדבר יכול לרמז לכך שגם את הגאווה קשה לעקור, משום שהיא מוטבעת כה עמוק באישיות האנושית.

הגמרא ממשיכה ומדברת על מה שצופן העתיד לאדם כזה: "לסוף מתמעט" (ה ע"א). אחרי אמירה זו מופיעות קביעות חריפות נוספת, כגון תוכחתו של רבי אלעזר: "כל אדם שיש בו גסות הרוח – ראוי לגדעו כאשירה". המסר הכולל הוא כמובן גינוי חריף של היוהרה.

הדיון מסתיים במחלוקת אם גאווה, במינון נמוך מאוד, יכולה בכל זאת להיות יסוד רצוי. לפי דעה אחת, יכול אדם להחזיק "שמינית שבשמינית" של גאווה – פחות משני אחוזים של מכלול אישיותו. לפי דעה אחרת, אדם צריך להיות מטוהר כליל מגאווה ומהאדרה עצמית. אף לפי הדעה שאדם צריך פיסה קטנה של גאווה, הסיבה להיתר זה אינה ברורה. בניגוד לזה, נדמה לי שאנו לעתים קרובות מחשיבים גם הרבה יותר משני אחוזים כתופעה לגיטימית לגמרי ומעודדים "דימוי עצמי חיובי". רש"י מסביר שהקִצבה התלמודית הזו מוגבלת דווקא

5. התורה מתייחסת ליחסי מין אסורים כ"תועבות" (ויקרא יח, כז), ובזה מרומזת ההשוואה לאדם גבה הלב.

6. מלכים א טו, יד; שם כב, מד; מלכים ב יב, ד; שם יד, ו; שם טו, ד; שם, לה.

לאדם האחראי על עסקי ציבור, פוליטיקאי מקומי, שכדי לאושש את סמכותו צריך לפתח דימוי סמכותני. אך תאמר הדעה הפופולרית בימינו מה שתאמר, ברורים למדי בגמרא ההיקף והעומק של ההתנגדות לגאווה כחוטאת, לא מוסרית והרסנית.

אין פלא אפוא שלאחר שהרמב״ם קובע את התיאוריה הכללית שלו על המוסריות, בפרק הראשון של הלכות דעות, בקדמו את *via media*, דרך האמצע, עבור רוב האנשים, הרי שבפרק השני הוא נסוג מעט וקובע שישנן כמה מידות שבהן הקיצוניות אינה רעה. מידות מסוימות אינן מתאימות לדרך אמצע מתונה, אלא לעקירה רדיקלית ולאימוץ הקצה השני. שלא במפתיע, הגאווה נמצאת בראש הרשימה:

> שאין דרך הטובה שיהיה אדם עניו בלבד, אלא שיהיה שפל רוח ותהיה רוחו נמוכה למאד. ולפיכך נאמר במשה רבינו: 'ענו מאד', ולא נאמר ענו בלבד (הלכות דעות ב, ג).

לאור כל המרומז בתנ״ך והמפורש בחז״ל, נוכל להסכים עם ניסוחו של ק״ס לואיס לדבריו של אוגוסטינוס: גאווה אינה רק קודמת לנפילה; הגאווה היא עצמה נפילה.[7]

האם לענווה יש מקום בתשובה?

בדיוק בצומת הזה אנו נתקלים במכשול. מה מרכזיותה של התשובה מלמדת אותנו על הענווה? האם דחיית כל מרכיב של גאווה מעצימה את התשובה או אולי מעכבת אותה? האם קביעתו של אברהם אבינו, ״וְאָנֹכִי עָפָר וָאֵפֶר״ (בראשית יח, כז), שחז״ל ראו כניסוח קיצוני למדי (חולין פט ע״א), מספקת את הסביבה האופטימלית לתשובה, בה במידה שהיא מציבה בפנינו ייעוד?

7. C.S. Lewis, *Words to Live By*, Harper Collins 2007, p. 33. על פי: Augustine, *City of God* XII, 1.

אפריורית, אני חושב שהמענה צריך להיות שלילי בהחלט. אני אומר זאת ראשית בנוגע לאלו המכונים היום "בעלי תשובה" – יחידים שחצו את הרוביקון ואימצו אורח חיים של תורה ומצוות – וגם במובן המוגבל הרבה יותר שבו השתמשו חז"ל, של אלו שחוזרים בתשובה על חטא יחיד.[8] בכל מקרה, ובמיוחד בנוגע לדוגמה הראשונה, שינוי דורש מאגר משמעותי של כוחות אידיאולוגיים, פסיכולוגיים ורוחניים, המעניקים השראה למפנה, מעצימים אותו ומכוונים אותו לפתרון מוצלח.

הבה ננתח את תהליך התשובה ביתר פירוט. הוא כרוך בשני יסודות הקשורים זה לזה אך נבדלים: בעל תשובה צריך לשרש את הישן ולהשריש את החדש. הוא או היא צריכים, קודם כול, לפרק את הבריקדות שהציבו מחסום אובייקטיבי וסובייקטיבי בינם ובין הקדוש ברוך הוא.[9] הם צריכים גם להיאבק באתגר של פיתוח יצירתי ובונה של אישיות חדשה: האם עומדים הם להיות גרסה משופצת של מי שהיו לפני כן או שמא יהיו שונים בתכלית? גם אם מכוון אדם לאופן המתון יותר של התשובה וגם אם כוונתו לזה הרדיקלי, עליו לתכנן כיצד להשלים את השינוי וכמובן לעשות זאת בפועל. הריסת הזהות ואורח החיים הקודמים של האדם, אימוץ זהות ואורח חיים חדשים והתאמה אליהם – משימות כבירות הן. איך יכול האדם לחולל זאת ומי הוא זה שיעסוק במשימות עצומות אלו?

בנוקטי מידה מסוימת של חירות יצירתית, אני נזכר בהערה שאמר רבן יוחנן בן זכאי למצביא הרומאי אספסיאנוס במהלך המצור על ירושלים (גיטין נו ע"ב). התנא התייחס למצביא בלשון מלכותית ומיד הואשם בידי המצביא בבגידה במלכות. רבן יוחנן בן זכאי הגן על עצמו בצטטו פסוק מישעיהו (י, לד): "וְהַלְּבָנוֹן בְּאַדִּיר יִפּוֹל", שמשמעותו היא שהאדיר הוא שיחריב את הלבנון – בית המקדש (על

8. הרמב"ם (הלכות תשובה ב, א) בבירור התייחס למובן המצומצם יותר, וכך כנראה גם הגמרא (יומא פו ע"ב).

9. כפי שמתאר הרמב"ם (הלכות תשובה ז, ז) את הניגוד בין השלב שלפני התשובה לזה שאחריה: "אמש היה זה מובדל מה' א-להי ישראל...".

פי דברים ג, כה). כיון שאספסיאנוס עמד לכבוש את בית המקדש, נראה שהוא חייב להיות ה"אדיר" – השליט. בהשאלה, ניתן להציע שלכל אדם יש מעין לבנון פנימי, המקדש הפנימי של האישיות האנושית על מרכיביה השונים. הפסוק מישעיהו מלמד שכאשר מקדש האדם נטמא ומחולל, נחוץ "אדיר" כדי לפרק אותו, בדרך לשיקום ולתחייה.

כאשר אדם רוצה אפוא לשוב בתשובה, להפיל את הלבנון האישי שלו, את מקדשו הפרטי – מאין יבוא כוחו הפנימי? היכן תיווצר ומניין תזומן העוצמה הנחוצה להחרבת הלבנון, אם לא ממעיינות האישיות? קריאה נואשת חייבת לבוא כ-*cri de coeur*, זעקת הלב, הנובעת ממעמקים, *de profundis*. אדם זקוק לזעקה הדומה לשופרות יריחו, שהיה בכוחם להחריב בקולם את החומות. איך יתמוטטו ביצורי הנפש, אם לא כך? ולאחר מכן, בשלב הריפוי, השיקום ובעיקר – היצירה, מהיכן יבואו הדחף והמניע הנחוצים לחישול נפש מחודשת, החוזרת לחיים?

אנו יודעים שעולם ההלכה ועבודת ה' נסמך במידה רבה מאוד על רעיון הבחירה החופשית. כה מרכזי הוא מושג הבחירה בהשקפתו הכוללת של הרמב"ם, בעבודת ה' בכלל ובתשובה בפרט, עד שבמוקד הלכות תשובה הוא הציב שיר תהילה לרצון החופשי.[10] זאת בניגוד חריף לעמדה הפרוטסטנטית. בפיתוח עיקרי האמונה הבסיסיים של הפרוטסטנטיות, דיבר לותר על האדם השואף לתחייה רוחנית, השוכב בסבילות מוחלטת וממתין לקבל את החסד הא-לוהי, בדומה לאישה הממתינה להתעברות. כנגד לותר כתב ב־1524 ההומניסט ההולנדי ארסמוס מסכת קטנה, *De Libero Arbitirio* ("על הרצון החופשי"), התומכת במרכזיותו של הרצון החופשי במושג הנוצרי של חיי הדת, אף לאחר הנפילה. במלחמת המילים שהתעוררה, פרסם לותר בשנה שלאחריה את *De Servo Arbitirio* ("כבלי הרצון"), בטענו שארסמוס הצמיד "סכין לגרונו" בכך שחדר ללב העניין, ואילץ אותו להבהיר

10. בפרקים החמישי, השישי והשביעי מבין עשרת הפרקים של הלכות תשובה.

את השקפותיו ולהגן עליהן.[11] אם ארסמוס נראה כמצמיד סכין לגרונו של לותר, האם אי אפשר לראות את הרמב"ם כמי שהצמיד לו מצ'טה?

אך במה כרוכה הבחירה החופשית? בחירה היא כוח, סמכות, עוצמה פנימית. כאשר אנו חושבים על תשובה, אנו אכן חושבים על פעולה קונסטרוקטיבית, על בנייה וחישול.[12] תשובה היא במובן מסוים סוג של גיור עצמי; הגר נחשב מבחינה הלכתית כקטן שנולד,[13] וגם בעל תשובה דומה לאדם חדש. כפי שאומר הרמב"ם בפסקה נודעת:

> מדרכי התשובה להיות השב צועק תמיד לפני השם בבכי ובתחנונים, ועושה צדקה כפי כחו, ומתרחק הרבה מן הדבר שחטא בו, ומשנה שמו, כלומר: אני אחר, ואיני אותו האיש שעשה אותן המעשים, ומשנה מעשיו כולן לטובה ולדרך ישרה, וגולה ממקומו, שגלות מכפרת עון, מפני שגורמת לו להכנע ולהיות עניו ושפל רוח (הלכות תשובה ב, ד).

כל זה הוא חלק מן התשובה. מעניין שכאשר הרמב"ם מדבר על חישול זהות חדשה, זוהי זהות של "עניו ושפל רוח". אך כאן אני חוזר לשאלה: האם כה ברור ששתי אלו – ענווה ותשובה – הולכות יחדיו? אם אדם הוא עניו ושפל רוח, האם יש לו כוחות הנפש, העומק, הדמיון והיכולת הקוגניטיבית הנחוצים ליצירת אישיות חדשה? כאשר אנו מנסים לייחס לתשובה את הרצון החופשי, אנו חייבים לשאול: מה מרכזיותו של הרצון החופשי אומרת לגבי הענווה? האם הן צועדות באופן טבעי יד ביד והאם הפעלת הרצון החופשי תהפוך את האדם לעניו יותר, או שמא יש ביניהן פער ואולי אף ניגוד?

11. *De Servo Arbitirio,* Conclusion VIII, Packer-Johnston translation, 1957, p. 319.

12. ראו את דבריו המפורסמים של רש"י, המצטט את בראשית רבה (לט, יד) על הפסוק "הַנֶּפֶשׁ אֲשֶׁר עָשׂוּ בְחָרָן" (בראשית יב, ה), ומדגיש את פעולותיהם של אברהם ושרה בבניין אנושי.

13. יבמות כב ע"א; שם מח ע"ב; שם סב ע"א; שם צז ע"ב; ברכות מז ע"א; **שולחן ערוך** יורה דעה רסט, י; שם חושן משפט לג, יא.

הייחודיות האנושית כמנוע התשובה

מענה כמעט מובן מאליו לשאלה זו אפשר למצוא באחד הטקסטים ההומניסטיים המפורסמים ביותר של תקופת הרנסנס: "נאום על כבוד האדם" של ג'ובאני פיקו דלה מירנדולה. ביצירה זו, המחבר – מלומד פלורנטיני שהכיר את מסורתנו, והיה מיודד למדי עם כמה מחכמי התורה של צפון איטליה בזמנו – מתעכב על היכולת האנושית הייחודית לבחור באופן חופשי; לא רק מעשה מסוים אלא זהות מסוימת. פיקו גדל על הרעיון, שאפשר למצוא כבר אצל אפלטון, של שרשרת ההוויה הגדולה הנמשכת מא־לוהים, דרך המלאכים ודרך סקאלה של דרגות קיום. לכל מין אחר על כדור הארץ מוקצית על ידי הא־לוהים והטבע עמדה קבועה על הסולם. רק האדם יכול לקבוע, בזכות חירותו ועל ידי מעשיו, את עמדתו, היכן הוא עומד והיכן הוא מוצב; הוא יכול להיות עליון על המלאכים או נחות מן החרקים.

ייחודיות זו, היינו כנראה מציעים לעצמנו, חיונית היא לתהליך התשובה. אם הלבנון ייפול רק בידי האדיר, הרי שתשובה יכולה להוציא אדם ממצב של אינרציה לשדה של תנועה ושינוי רק בעזרת היותו של האדם אדיר, בעל כוח וסמכות, בעזרת היכולת לעמוד על כישורים אלה ולהפעיל אותם. אם אדם מוגדר ונתפס "עָפָר וָאֵפֶר" (בראשית יח, כז), כפי שהצהיר אברהם, או כפי שהעריך את עצמו משה רבנו "וְנַחְנוּ מָה" (שמות טז, ח), הרי שהערכה זו אינה הולמת את המשימה של פירוק האישיות הישנה ויצירת חדשה. ככל שתהיה הענווה נערצת בהיבטים רבים, פשוט אין די בה עבור התשובה. לכל הפחות יסוד של הערכה עצמית – חיוני הוא עבור תהליך התשובה.

יסוד זה של תחושת הערך העצמי, הוא עצמו רב־פנים. הוא כולל, ראשית, אישור מפורש של בעל התשובה בנוגע לערכו של האדם. כאשר האדם מונע בידי רוחם של החלקים הניהיליסטיים שבקהלת, כדוגמת "וּמוֹתַר הָאָדָם מִן הַבְּהֵמָה אָיִן כִּי הַכֹּל הָבֶל" (קהלת ג, יט), אזי כשם שהבהמה אינה יודעת דבר על התשובה, כך גם האדם. אם

חיינו הם, כמילותיו של אחד השירים המוקדמים של טניסון, "חיי אין, כאין ערכם, למן האין הראשון בטרם נרקם, ועד לאין אחרון כשהקבר הוקם",[14] לא נוכל למצוא את הדחף לתשובה, וגם לא את היכולת לחוללה.

אך המסורת היהודית, כמוה כזו ההומניסטית, טוענת בתוקף בדבר האופי הייחודי של המין האנושי, המצדיק (כפי שטענו הרמב"ם ושאר הראשונים) רמה מסוימת של השגחה פרטית, ששאר המינים לא זכו לה.[15] התשובה מעוגנת בהנחה שאנו ראויים להשגחתו של א־לוהים – ושאם אכפת לו, קל וחומר שצריך להיות אכפת לנו.

נקודה זו, שהיא כה חיונית לחוויית התשובה בכלל וליום הכיפורים בפרט, מתבהרת בעוצמה הרבה ביותר בתפילת נעילה.[16] עם דמדומי החמה, כאשר נוטה היום לערוב, אנו פותחים בטון המזכיר אותם חלקים ניהיליסטיים של קהלת:

> מה אנו, מה חיינו, מה חסדנו, מה צדקנו, מה ישועתנו, מה כוחנו, מה גבורתנו? מה נאמר לפניך, ה' א־לוהינו וא־לוהי אבותינו? הלוא כל הגיבורים כאין לפניך, ואנשי השם כלא היו, וחכמים כבלי מדע, ונבונים כבלי השכל; כי רוב מעשיהם תוהו, וימי חייהם הבל לפניך, ומותר האדם מן הבהמה אין, כי הכול הבל.

כל עוד זוהי התפיסה, כל עוד האדם נחשב כנטוע בעולם הטבעי, אכן אין כל תשובה. אך אז אנו עושים פניית פרסה, ומדגישים את

14. "A life of nothings, nothing-worth, from that first nothing ere his birth, to that last nothing under earth" ("The Two Voices").

15. הרמב"ם (**מורה נבוכים** ג, יז–יח) וראשונים אחרים קבעו שעולם בעלי החיים נשלט לכל היותר בידי "השגחה כללית", המתייחסת למין או לסוג כולו. זה כמובן רחוק מרמת ההשגחה שנוגעת לבני האדם, הן כמין והן כיחידים.

16. הרב ז"ל עמד בדיוק על כך ב'איש ההלכה', **איש ההלכה – גלוי ונסתר**, הוצאת ההסתדרות הציונית העולמית, ירושלים תשנ"ב, עמ' 64.

הייחוד האנושי ואת הנבדלות האנושית, שבהם נפתחת האפשרות לתשובה: "אתה הבדלת אנוש מראש, ותכירהו לעמוד לפניך". תשובה מעוגנת אפוא בהנחה שלאישיות האנושית יש ערך, שלקיום האנושי יש משמעות ושלחיי האדם יש תכלית. התשובה מונעת בידי דחף הומניסטי. ברור שמדובר בהומניזם דתי, ועדיין – הומניזם הוא.

הניגוד בין אפסות האדם מצד אחד, ובין כוחו, מעמדו וייחודו מצד שני, מהודהד באופן בלתי נשכח בתהילים:

> כִּי אֶרְאֶה שָׁמֶיךָ מַעֲשֵׂי אֶצְבְּעֹתֶיךָ יָרֵחַ וְכוֹכָבִים אֲשֶׁר כּוֹנָנְתָּה. מָה אֱנוֹשׁ כִּי תִזְכְּרֶנּוּ וּבֶן אָדָם כִּי תִפְקְדֶנּוּ. וַתְּחַסְּרֵהוּ מְּעַט מֵאֱ־לֹהִים וְכָבוֹד וְהָדָר תְּעַטְּרֵהוּ. תַּמְשִׁילֵהוּ בְּמַעֲשֵׂי יָדֶיךָ כֹּל שַׁתָּה תַחַת רַגְלָיו (תהילים ח, ד–ז).

ההדר שעליו מדובר כאן לנוכח העולם הטבעי הוא גם ההדר והעוצמה שהאדם יכול לעטות על עצמו בבקשו את התשובה בכל דור. מעבר להנחה שהתשובה רצויה היא, ישנו שכנוע שגם אפשרית היא, ויחד עמו הביטחון בכך.

כל זה מניח עוצמה אנושית, אסרטיביות וסמכות. בעוד הציטוטים שהבאנו מתייחסים בעיקר למישור הקולקטיבי – "מה אנוש?" – תחושת הערך והחשיבות מתקיימת גם במישור האינדיבידואלי. לא רק האנושות ככלל מוכתרת בכל מה שמעטיר עליה מזמור ח, אלא גם כל אדם בפני עצמו. כל אחד מאתנו חשוב דיו לא־לוהים כדי שיתייחס אלינו, ידריך אותנו ויאתגר אותנו. ולכל אחד מאתנו די כוח כדי להגיב ולהעצים עצמנו לכדי פעולה. כדבריו של מזמור קלט, בגוף ראשון:

> לַמְנַצֵּחַ לְדָוִד מִזְמוֹר ה' חֲקַרְתַּנִי וַתֵּדָע. אַתָּה יָדַעְתָּ שִׁבְתִּי וְקוּמִי בַּנְתָּה לְרֵעִי מֵרָחוֹק... אוֹדְךָ עַל כִּי נוֹרָאוֹת נִפְלֵיתִי נִפְלָאִים מַעֲשֶׂיךָ וְנַפְשִׁי יֹדַעַת מְאֹד (תהילים קלט, א–ב, יד).

סכנת ההתנשאות

ברם ההכרזה החגיגית הזו בדבר הערך האישי והכללי רק מגדילה את מבוכתנו: איזה תפקיד יש לענווה בתהליך התשובה, אם בכלל? הרמב"ם קובע: "בעלי תשובה דרכן להיות שפלים וענוים ביותר" (הלכות תשובה ז, ח). האם הוא קובע קביעה נורמטיבית, מה ראוי להיות, או שמא רק מתאר מה מתרחש בפועל?

זוהי שאלה טובה, ועלינו לשאול גם אם האידיאליזציה של הרמב"ם הולמת את ניסיוננו שלנו ועומדת במבחן העובדות. האם לא פגשנו כולנו כמה בעלי תשובה שהתענגותם הרטרואקטיבית על חטאי עברם ועל השוואתם להארה המהוללת שחוו לאחר מכן, היא כמעט בלתי נסבלת? האם אנו עצמנו לא נגועים בזה? למרבה הצער, התשובה מזמנת לנו את האפשרות המצערת להשוות בין מעלתנו שלנו לכישלונותיהם של עמיתינו. ההיבטים החיוביים ומלאי ההשראה של השכנוע והביטחון העצמי שלובים בהיבט רצוי פחות של התנשאות, שימוש לרעה במידת הגאווה בעבודת ה' שלי ככלל ובתשובה שלי בפרט.

אנו חייבים להודות, בגילוי הלב הרוחני הנאות והנחוץ, שאדם עלול להפנים כמה קביעות של חז"ל המהללות בצדק את בעל התשובה – למשל, "מקום שבעלי תשובה עומדין – צדיקים גמורים אינם עומדין",[17] או העובדה שתשובה מאהבה יכולה להפוך זדונות לזכויות[18] – עד לנקודה שכמה מאלו שעושים תשובה יהפכו נגועים, למרבה הצער, בתחושת עליונות.

אך האם הסיכון של אימוץ גישה כזו מאפשר לנו להתעלם באופן כלשהו ממרכזיותה של התשובה כתמצית החיים הדתיים? אין להעלות על הדעת שניכשל בניסיון ליישב מחויבות עמוקה לענווה עם מחויבותנו המקבילה לערך, לאתגר ולאחריות של התשובה. הדבר נכון

17. ברכות לד ע"ב; ועיינו גם בהלכות תשובה ז, ד.

18. יומא פו ע"ב.

לא רק בעשרת ימי תשובה, אלא לאורך כל חיינו. האם נוכל להציע פתרון שיתגבר על הסתירה הגלויה וייתן לנו כיוון בנוגע לסוג התשובה ולסוג הגאווה שיכולות להיות תואמות, שילכו שתיהן יחדיו?[19]

הדגם של משה רבנו

כשאנו מחפשים פתרון, הבה ננסה למצוא רמז בדמותו של משה רבנו; לא בתור יחיד בעל תשובה אלא בתפקודו כמנהיג האומה שיסודותיה התערערו והיא מייחלת לשיקום לאחר חטא העגל.

התורה עצמה מעידה על מרכזיותה של הענווה בדמותו של משה רבנו: "וְהָאִישׁ מֹשֶׁה (ענו) עָנָיו מְאֹד מִכֹּל הָאָדָם אֲשֶׁר עַל פְּנֵי הָאֲדָמָה" (במדבר יב, ג). יתר על כן, ענוותו אינה מוגבלת לעמידתו מול הא־לוהים. היא נוכחת בבירור בהקשר האנושי, כמוכח מיכולתו לספוג ביקורת ולא להגיב אליה, וכן כאשר הוא קובע לגבי עצמו ולגבי אהרן: "וְנַחְנוּ מָה כִּי (תלונו) תַלִּינוּ עָלֵינוּ" (שמות טז, ז). כך שמשה רבנו הוא העניו, בה"א הידיעה.

ובכל זאת, אותו אדם עניו מאוד מציג לקדוש ברוך הוא את הבקשות, ואפילו הדרישות, הנועזות ביותר. ראשית, במפגשים שלפני י"ג מידות הרחמים, הוא מבקש הארה מיידעת ואוהדת: "וְעַתָּה אִם נָא מָצָאתִי חֵן בְּעֵינֶיךָ הוֹדִעֵנִי נָא אֶת דְּרָכֶךָ וְאֵדָעֲךָ לְמַעַן אֶמְצָא חֵן בְּעֵינֶיךָ וּרְאֵה כִּי עַמְּךָ הַגּוֹי הַזֶּה" (שמות לג, יג). לאחר מכן, הוא מתחנן לא לידע אלא להתגלות: "הַרְאֵנִי נָא אֶת כְּבֹדֶךָ" (שם, יח).

איך יכול אדם "עניו מאוד מכל האדם אשר על פני האדמה" להעלות בקשות נועזות כאלו? ברור שיותר מכל בן תמותה אחר הוא מבין את גבולות החקירה, את המגבלות הגלומות באיסור "במכוסה ממך אל תחקור" (בן סירא, מצוטט בחגיגה יג ע"א). אני מניח שמשה רבנו נסמך באופן חלקי על העובדה שלא ביקש את הידע הנחשק רק, או אפילו בעיקר, כדי לספק סקרנות אישית או כדי לקדם סוג אחר

19. על פי עמוס ג, ג.

של האדרה עצמית. הוא ביקש זאת, כפי שמציע ההקשר ("וראה כי עמך הגוי הזה"), כדי לבצע את משימתו להשיג סליחה ומחילה עבור עם ישראל. מטרתו הטהורה הייתה לסייע במימוש הצירוף של "אתה אחד" עם "מי כעמך ישראל גוי אחד בארץ?".[20]

אך זה אינו כל הסיפור. המענה, בייחוד בנוגע ל"הודיעני נא את דרכך", נמצא בהבחנה יסודית בין חקירה אנושית להתגלות א־לוהית. היוזמה האנושית של חקירה היא אכן מוגבלת ומתוחמת; לא את כל הגבולות אפשר לפרוץ ולא את כל הסודות אפשר לגלות. אך התגלות שיוזם א־לוהים מרצונו החופשי יכולה לבקוע סדק "בְּעַב הֶעָנָן" (שמות יט, ט) העוטף את נוכחות השכינה. להתגלות הזו האדם יכול להיחשף וממנה הוא יכול לקבל תועלת. אם אני צודק בהבנת ההבחנה בין בקשת הידע האנושית ובין ההתגלות מתוך יוזמה א־לוהית, אפשר שחשיפת תהליך המחשבה של משה במהלך בקשתו רלוונטית לשאלתנו כיצד ענווה וגאווה יכולות לפעול יחדיו בתשובה.

הגדרת הענווה: מאין נובעים כוחותיו של האדם?

בניסיוננו להבין פסוקים אלה, האינטואיציה שלנו אומרת שענווה אינה מוגדרת רק בידי תוכנו של הדימוי העצמי של האדם, מידות האופי שלו או רמת הכישרון, הידע וההישגים שהוא תובע מעצמו. היא נקבעת לא פחות מזה בידי תפיסתו בנוגע למקור שאליו יש לייחס בסופו של דבר הישגים וכישרונות אלה. ישנו הבדל ניכר בין אדם המייחס את אופיו והישגיו אך ורק ליכולתו האישית, ובין אדם המייחס אותם לסייעתא דשמיא. אכן, אלו שתי תפיסות שונות בתכלית של העצמי: הראשונה מתאפיינת בגאווה, והשנייה – בענווה.

כך גם בנוגע לתשובה. חִשבו לדוגמה על דבריהם המפורסמים של חז"ל: "בא לטמא – פותחין לו, בא לטהר – מסייעין אותו".[21]

20. מתוך תפילת מנחה של שבת.
21. יומא לח ע"ב; עבודה זרה נה ע"א; מנחות כט ע"ב.

או על דברי העידוד החריפים יותר של חז"ל בנוגע למה שאומר ה' לעם ישראל: "בני, פתחו לי פתח אחד של תשובה כחודה של מחט, ואני פותח לכם פתחים שיהיו עגלות וקרוניות נכנסות בו".[22] תשובה הרוויה בתחושת מעורבותו של הקדוש ברוך הוא, בתחושה שהכוחות שלי מיוחסים לו, היא ביסודה ובאיכותה שונה מזו המובנת אך רק כתוצר של מאמציי שלי והישגיי שלי.

משה התחנן לדעת את ה' כדי שיוכל לבצע את משימתו טוב יותר. מהיכן נבעה השאיפה הזו? היא הייתה מושרשת לעומק בתחושה שכל מה שישיג הופך לאפשרי רק בזכות א־לוהים ושואב את כוחו ממנו. זוהי בקשה נועזת מצד אחד ובכל זאת מבטאת ענווה גדולה מצד שני.

הבחנה זו מופיעה בפרשת עקב, בהקשר שונה מאוד. משה היה מודאג לגבי הכניסה לארץ ישראל, שם ממתין שפע רב:

> וּבְקָרְךָ וְצֹאנְךָ יִרְבְּיֻן וְכֶסֶף וְזָהָב יִרְבֶּה לָּךְ וְכֹל אֲשֶׁר לְךָ יִרְבֶּה. וְרָם לְבָבֶךָ וְשָׁכַחְתָּ אֶת ה' אֱ־לֹהֶיךָ הַמּוֹצִיאֲךָ מֵאֶרֶץ מִצְרַיִם מִבֵּית עֲבָדִים. הַמּוֹלִיכֲךָ בַּמִּדְבָּר הַגָּדֹל וְהַנּוֹרָא... הַמּוֹצִיא לְךָ מַיִם מִצּוּר הַחַלָּמִישׁ. הַמַּאֲכִלְךָ מָן בַּמִּדְבָּר... וְאָמַרְתָּ בִּלְבָבֶךָ כֹּחִי וְעֹצֶם יָדִי עָשָׂה לִי אֶת הַחַיִל הַזֶּה. וְזָכַרְתָּ אֶת ה' אֱ־לֹהֶיךָ כִּי הוּא הַנֹּתֵן לְךָ כֹּחַ לַעֲשׂוֹת חָיִל לְמַעַן הָקִים אֶת בְּרִיתוֹ אֲשֶׁר נִשְׁבַּע לַאֲבֹתֶיךָ כַּיּוֹם הַזֶּה (דברים ח, יג–יח).

אכן, יש לך "החיל הזה", יכולת והישגים, ואין אתה מתבקש לנטוש אותם או לרוקנם מתוכן. חלף זאת, אתה מתבקש להעריך אותם כראוי ולייחס אותם מתוך ראייה רוחנית. במובן אחד, אלו כוחי שלי ועוצמתי שלי; במובן אחר, ה' הוא שהעניק לי אותם, "כי הוא הנותן לך כוח לעשות חיל".[23]

22. שיר השירים רבה ה, ב.

23. בהקדמה ללאווין בספר **מצוות גדול** מספר ר' משה מקוצי כיצד ישב לכתוב

אצל משה רבנו, לא היה חלילה אפילו קורטוב של "רם לבבך ושכחת"; בעומדו נוכח השכינה, שהוא השתוקק לדעת ולחוות טוב יותר, הוא היה רווי בתחושה "כי הוא הנותן לך כוח לעשות חיל". משה רבנו הבין זאת היטב. גם אנו חייבים לשאול את עצמנו בנוגע לתשובתנו שלנו: האם אנו רואים את מאמצינו לשוב, להשתפר ולזכות לתחייה רוחנית וליצירה מחודשת, כנובעים רק מרצוננו שלנו, כיוזמה וכמעשה שמתבצעים מכוחנו, כדוגמה עילאית של חבוש המתיר עצמו מבית האסורים? או שמא אנו רואים את א־לוהים כמעורב מאוד בתהליך, כמסייע להניע את ההתעוררות הראשונית, כתומך בהתקדמות המתמשכת וכחיוני להצלחתה הסופית?

אפשר למצוא הבנה זו של ענווה המשולבת בגאווה בדברים שאנו – יהודים פשוטים, הרבה מתחת לדרגתו של משה – אומרים בסיומו של הווידוי ביום הכיפורים: "הרי אני לפניך, ה'... ככלי מלא בושה וכלימה". המוקד הוא כראוי בתערובת ראויה של בושה ואשמה, המשקפת את הווידוי שקדם לה ואת התנהגותנו הלקויה מאוד; מלאים בבושה, איננו יכולים להיות גאים באמת. מצד שני, אנו רק "ככלי", בכ"ף הדמיון, ולא באמת רק כלי כזה. אנו יכולים וצריכים להיות מרוצים מעשייתנו; אנו היחידים מבין כל היצורים שיכולים לתכנן את מעשינו ולשלוט בהם, לערוך את כוחותינו ואת יכולותינו כדי לקדם את סדר היום של התשובה, מבחינה אישית וציבורית גם יחד. תחושת ההישג והערך היא המנוע המחולל את התשובה והמספק לה דחף והשראה; היא חלק מהשקפת עולמו ומאישיותו של היהודי, ואין כל רצון לעקור אותה. אך לעולם אל לנו לשכוח איך מתודלק המנוע הזה ומי הציב אותו במקומו מלכתחילה.

חיבור על כל המצוות, והיה מרוצה מיכולתו להפיץ את דבר ה' לרחוק ולקרוב. ואז בא אליו חלום – כנראה לאור תחושתו הטובה – והודיע לו שהוא שכח לכלול בחיבורו את האיסור החשוב ביותר: "הִשָּׁמֶר לְךָ פֶּן תִּשְׁכַּח אֶת ה' אֱ־לֹהֶיךָ" (דברים ח, יא). כשאתה כה שקוע בלימודך או בהיבטים אחרים של עבודת ה', ואתה מתחיל לייחס את הישגיך ושאיפותיך לעצמך, אז שכחת את ה'.

בחירת ישראל והתשובה

בעוסקי עד כה בשאלה התשובה והענווה, נגעתי בהיבט אחד של המתח ביניהן ובפתרונו האפשרי. להיבט זה יש טון אוניברסלי, והוא היה יכול להעסיק את תושבי נינווה, כשם שהוא מעסיק את עם ישראל. אך אפשר להצביע על גורם אחר, האופייני לקשר הייחודי שלנו עם הקדוש ברוך הוא והיכול להוות מרכיב חשוב ביחס בין ענווה לתשובה – בחירתנו.

אנו יכולים אם כן לשאול: האם התחושה של בחירת ישראל מייצרת יותר ענווה או פחות? נושא זה עומד בפנינו במשך כל השנה, אך במיוחד בימים הנוראים ובפרט ביום הכיפורים. ראש השנה, באופן כללי, מובן ונחווה במונחים אוניברסליים, אף שלא רק כך. אם נתבונן בברכות מוסף – מלכויות, זיכרונות ושופרות – נוכל לראות את השינוי ההדרגתי. ברכת מלכויות היא בעיקרה אוניברסלית. החפץ חיים אמר שאילו ידעו הגויים כמה אנו מתפללים עבורם בראש השנה, הם היו מדפיסים בעצמם מחזורים. ברכת שופרות, מצד שני, ממוקדת כולה בעם ישראל. הברכה האמצעית, זיכרונות, היא המעבר החיוני בין זו לזו; היא פותחת ב"אתה זוכר את כל המפעל, וגם כל היצור לא נכחד ממך" וחותמת ב"זוכר הברית".

יום הכיפורים שונה הוא. יום זה ממוקד בעם ישראל, שהרי מקורו ההיסטורי נמצא בהקשר של השיקום מחטא העגל; הוא מתמקד בעבודה הייחודית שמתבצעת במקדש ומיוחדת לעם ישראל. גויים יכולים להביא קרבנות במקדש, אך לא כחלק מהעבודה הייחודית של יום הכיפורים. כך שביום הכיפורים התודעה ואפילו המודעות התת־הכרתית למעמדנו ולשיעור קומתנו לנוכח א־לוהים, הן באופן מובהק חדות יותר ועמוקות יותר מאשר בראש השנה, ויכולה להיות לזה השלכה על טיב תשובתנו.

אך המציאות של בחירתנו והמודעות אליה עלולות להיות חרב פיפיות. הן עלולות לא רק לקדם מסירות מוגברת וקִרבה, אלא גם להזין יוהרה, לאומנות והתנשאות. מתח זה מחדד את הקונפליקט האפשרי

בין ענווה לתשובה ביום הכיפורים, משום שקשה יותר להשיג את מידת הענווה כאשר אומרים לך שאתה 'מלח הארץ'.

מצד שני, אם אדם חונך וגודל כראוי, והתכונן כראוי ל"יום ה' הַגָּדוֹל וְהַנּוֹרָא" (מלאכי ג, כג), אז עצם החוויה של קדושת היום יכולה להעצים את מודעותו לכך שה' א־לוהיו הוא הנותן לו כוח לעשות חיל. המפגש העמוק והחוויה העמוקה של א־לוהים, שאליהם אנו חותרים ביום הכיפורים, מעצימים את התחושה מניין באים כוחנו וחילנו. הכוח לקיים צבא, הכוח להחזיק עסק, הכוח לקיים חברה, ומעל לכול הכוח לקיים חיי תורה ומצוות, מבחינה אישית וציבורית: הכול בא מה' א־לוהינו.

המפגש עם מלכות שמים מעצים את תחושת החולשה האנושית, ויכול לעשות עוד הרבה יותר. הרמב"ם מדבר על שתי מצוות מרכזיות – אהבת ה' ויראתו:

> והיאך היא הדרך לאהבתו ויראתו, בשעה שיתבונן האדם במעשיו וברואיו הנפלאים הגדולים ויראה מהן חכמתו שאין לה ערך ולא קץ, מיד הוא אוהב ומשבח ומפאר ומתאוה תאוה גדולה לידע השם הגדול, כמו שאמר דוד: 'צמאה נפשי לא־להים לא־ל חי'. וכשמחשב בדברים האלו עצמן מיד הוא נרתע לאחוריו ויפחד וידע שהוא בריה קטנה שפלה אפלה עומדת בדעת קלה מעוטה לפני תמים דעות, כמו שאמר דוד: 'כי אראה שמיך מעשה אצבעותיך... מה אנוש כי תזכרנו' (הלכות יסודי התורה ב, ב).

העמידה לנוכח הא־לוהי מעצימה את תחושת החולשה האנושית, אף שבאותה עת היא מעצימה את התשוקה לאהבה וליראה. הרמב"ם אומר זאת ביחס לחוויה של התבוננות בשמים וכך הוא גם בנוגע ליום הכיפורים. ההדר הא־לוהי, העמידה לנוכח ה', מורגשים ביום זה ביתר עוצמה מאשר בשאר הימים, ולכן מפיקים תגובה חזקה יותר.

אחד התיאורים החזקים ביותר של התגלות בתנ"ך הוא כאשר נגלו למשה י"ג מידות הרחמים. בכל פעם שאנו אומרים את י"ג מידות

הרחמים, עלינו להרהר לא רק במידות המנויות אלא גם באירוע שבו נתגלו. כך אנו מרותקים לא־לוהים, עוסקים וקשורים בו. עם הסכנה שהענווה תיפגע ביום הכיפורים, אפשר להתמודד אם אנו מבינים היטב את מפגשנו עם השכינה ביום הכיפורים, אם אנו חשים את הרגשות של אהבת א־לוהים ויראתו לא רק כשאנו מתבוננים בשמים אלא עוד יותר מזאת כאשר אנו מבטאים את י"ג מידות הרחמים (כפי שאנו עושים שוב ושוב ביום הכיפורים).

הענווה יכולה וצריכה אפוא להתקיים במקביל לתשובה ביום הכיפורים. לא רק הענווה של ייחוס הישגינו לא־לוהים, כי הוא הנותן לנו כוח לעשות חיל, אלא גם ובייחוד הענווה המתעוררת על ידי חווייתנו את "יום ה' הגדול והנורא" והצומחת ממנה. כאשר אנו מבקשים לחוות את קדושת היום וכאשר אנו מבקשים לזהות את המקור לחילנו, עלינו להתאמץ לחוות את החיל גם במובן אחר: לרצות לממש, אף שבאופן הדרגתי, את חזון אחרית הימים שלנו, המגולם בפסוק: "יֵלְכוּ מֵחַיִל אֶל חָיִל יֵרָאֶה אֶל אֱ־לֹהִים בְּצִיּוֹן" (תהילים פד, ח).

תשובה ושמחה

במבט ראשון נראה שרגש השמחה נעדר כליל מתהליך התשובה.[1] כשאנו עוברים על המקורות העוסקים בתשובה במסורתנו, התוכן והטון שלהם מציגים דיוקן מנוגד למדי בתיאור מצבו הפסיכולוגי של האדם החוזר בתשובה. אנו פותחים, כמובן, ברמב״ם ובניסוחו הקלאסי בהלכות תשובה:

> מדרכי התשובה להיות השב צועק תמיד לפני השם בבכי ובתחנונים, ועושה צדקה כפי כחו, ומתרחק הרבה מן הדבר שחטא בו... ומשנה מעשיו כולן לטובה ולדרך ישרה, וגולה ממקומו, שגלות מכפרת עון, מפני שגורמת לו להכנע ולהיות עניו ושפל רוח (ב, ד).

דרשה זו נישאה בכינוס התשובה על שם האוזמן־שטרן, במכון גרוס בירושלים, תשרי תשס״ז.

1. כשאני מדבר על שמחה, אינני מתייחס לחגיגה פסטיבלית ואף לא לחוויה נהנתנית, אלא לנחת רוח רגשית ורוחנית, מהנה ומספקת בדרכה, אך עדיין שונה מאוד מכמה מהאפיונים שאנו קושרים בחגיגה עולצת. לאלו שקראו את האוטוביוגרפיה של ק״ס לואיס, *Surprised by Joy* (״מופתע בידי שמחה״), למונח ״שמחה״ יהיו אסוציאציות עשירות הרבה יותר, אך גם אותן אני מותיר בצד (הכותרת שנתן לואיס נגזרה מהכותרת ומהשורה הפותחת של אחת הסונטות של וורדסוורת׳, ״מופתע בידי שמחה – חסר סבלנות כרוח״, שנכתבה בעקבות מותה של בתו בת השלוש, קתרין).

בדומה לכך, **הרוקח**, ר׳ אלעזר בן יהודה מוורמס, אחרון הגדולים של חסידי אשכנז, חיבר תפילה עבור אדם שרצה לעשות תשובה כראוי. הוא עומד בפני א־לוהים ואומר:

> ואני דומע בדמע לבי, פלגי מים ירדו עיני, אשר לא שמרתי תורתך. צער ומצוקות לבבי הרחיבו, ואתנה לבושי שק... ואתוודה לפניך בצוק צרת לבי... אתאונן על חטאותי... במר דמעותי יכבה חרון אפך, כבה בדם לבי הנמס כבה אש קדחתי באפך... ושפיכת נפשי כמים ימחו פשעי (**הרוקח** הלכות תשובה סימן כא).

בקטע זה, חלק מתוך תפילה ארוכה יותר וקורעת לב, **הרוקח** מדבר על מעיינות של דמעות הזולגות מעיניו, על חרדה מוחלטת ויגון. פסקה זו כתובה כולה ברוח של אבל עמוק וטרגדיה.

רבנו יונה מונה ב**שערי תשובה** (א, יב–יג) כמה מהעקרונות היסודיים של התשובה. השלישי הוא ״יגון״, תחושת האבל והטרגדיה: ״ישתונן כליותיו ויחשוב כמה רבה רעת מי שהמרה את יוצרו. ויגדיל יגון בלבבו... ויאנח במרירות לב״. הוא ממשיך ברוח זו על חשיבותו של היגון, ופותח כך את הפסקה הבאה: ״ומדרגות התשובה ומעלותיה לפי גודל המרירות ועוצם היגון״.

ציטוטים אלה – מתוך מגוון רחב של מקורות ומסורות, הנבדלים הן מבחינה גיאוגרפית והן מבחינת מזגם הרוחני – כולם מדברים בקול אחד: שמחה אינה מאפיין טבעי של התשובה.

חוויית החטא והתשובה

כשאנו חושבים על חוויית העימות עם החטא ועל הדחף והמאמץ לתקנו, אנו מאשרים את האינטואיציה שלנו בנוגע למקומה של השמחה בתשובה. דוד המלך ביטא זאת בעוצמה במישור האישי, כאשר אילץ אותו נתן הנביא לעמוד מול חטאו. מזמור נא מעביר את התחושה הממוטטת של התנסות בחטא והתעמתות עמו:

> חָנֵּנִי אֱ־לֹהִים כְּחַסְדֶּךָ כְּרֹב רַחֲמֶיךָ מְחֵה פְשָׁעָי. (הרבה) הֶרֶב כַּבְּסֵנִי מֵעֲוֹנִי וּמֵחַטָּאתִי טַהֲרֵנִי. כִּי פְשָׁעַי אֲנִי אֵדָע וְחַטָּאתִי נֶגְדִּי תָמִיד. לְךָ לְבַדְּךָ חָטָאתִי וְהָרַע בְּעֵינֶיךָ עָשִׂיתִי... הֵן בְּעָווֹן חוֹלָלְתִּי וּבְחֵטְא יֶחֱמַתְנִי אִמִּי... הַסְתֵּר פָּנֶיךָ מֵחֲטָאָי וְכָל עֲוֹנֹתַי מְחֵה (תהילים נא, ג–יא).

כשם שאין מקום לשמחה בתיאור זה, כך נעדרת השמחה מהמטפורות המשמשות לתיאור החטא והתשובה. ראשית, לעתים קרובות מתייחסים לחטא כמחלה רוחנית; מחלה שהיא מסוכנת והרסנית בין השאר משום שהאדם עצמו אולי לא מְזמן אותה אבל כן מאפשר אותה.

שנית, החטא מתואר לעתים קרובות כטומאה. בתנ"ך יש למונח זה משמעות כפולה. לעתים הוא מתייחס באופן טכני ומצומצם למעמד הלכתי מסוים ולעתים הוא מתייחס לסוג כללי של סיאוב רוחני שמחולל החטא.[2] יחזקאל (לו, כה) למשל מדבר על הבטחת הא־ל, שהוא יזרוק עלינו מים טהורים ויטהר אותנו מכל טומאותינו, והתורה קובעת שביום הכיפורים "לִפְנֵי ה' תִּטְהָרוּ" (ויקרא טז, ל). אנו גם מתפללים בכל שבת וחג "וטהר לבנו לעבדך באמת".

שלישית, מעבר למטפורות הבריאותיות וההלכתיות, אנו מתייחסים לחטא במונחים דתיים ופסיכולוגיים ככישלון, הן כלפי עצמנו והן כלפי א־לוהים, כישלון המחולל בושה עמוקה. החוטא בוש בעצמו על שלא עמד בפני הפיתוי ולא שמר על אמות המידה שלו, והוא בוש לעמוד לפני ה'. חז"ל מדברים על בושה זו באופן חיובי.[3]

2. אפשר בקלות להרחיב את ההבחנה ההלכתית בין טומאה היוצאת מגופו של האדם ובין טומאה שנוצרת או מתעוררת מבחוץ, ולהשתמש בה גם לגבי החטא: ביסודן של כמה עבירות נמצאת מוטיבציה פנימית, בעוד בעבירות אחרות, אף שלאדם יש אשמה אישית, יש תפקיד בולט ללחצים חיצוניים או לפיתויים חיצוניים.

3. בהתבסס על הפסוק "וּבַעֲבוּר תִּהְיֶה יִרְאָתוֹ עַל פְּנֵיכֶם לְבִלְתִּי תֶחֱטָאוּ" (שמות כ, יז), הגמרא בנדרים (כ ע"א) מזהה "בושת פנים" כיסוד בסיסי של יראת א־לוהים המונעת חטא. ראו בפרק 'תשובה: דחף ומניע' (לעיל, עמ' 61).

רביעית, אנו לעתים קרובות מדברים על תגובה לחטא במונחים של יגון ואבל. מגילת איכה קובעת: "מַה יִּתְאוֹנֵן אָדָם חָי גֶּבֶר עַל (חטאו) חֲטָאָיו" (ג, לט). המילה "יתאונן" נגזרת מ"אונן", אדם החווה את ההלם המיידי אחרי מותו של קרוב ובטרם קבורתו, ומתייחסת לתחושת האבל שהוא מרגיש בעת זו.[4]

מדוע החוטא חש מוכה יגון? דאגתו משולשת היא, ומתייחסת לעבר, להווה ולעתיד. אדם שואל עצמו איך יכול היה לחולל מעלל כזה, והוא חש שנטמא בגללו. הוא חווה תחושה אינסטינקטיבית של דחייה, כמו אדם שלא התקלח זמן ממושך או כמו אדם שמרגיש לפתע חרקים הזוחלים על כל גופו.[5] כל זה בנוגע לעבר.

בהווה ישנו אובדן של מערכת היחסים היקרה והחשובה ביותר שיכולה להיות לאדם. הרמב"ם מתאר את ניכורו של החוטא מעם ה' כסוג של תוצאה טבעית: "אמש היה זה מובדל מה' א־להי ישראל, שנאמר: 'עונותיכם היו מבדילים ביניכם לבין א־להיכם'" (הלכות תשובה ז, ז). מה יכול להיות רע לאדם יותר מאשר להיות מושלך מאת פני ה', לאבד כל גישה אליו וכל קשר עמו?

ביחס לעתיד, החוטא חרד עד מאוד. הוא פוחד שאולי הניכור אינו שלב זמני, ושקרע קבוע התחולל במערכת היחסים; חשש זה מעצים את דאגתו בנוגע לניכור. יתר על כן, הוא חושש בנוגע לעונש אפשרי על החטא. כך שהאבל נוגע בכמה יסודות: דחייה ביחס לעבר, ניכור בנוגע להווה, וחרדה בנוגע לעתיד.

היבט חמישי של ההתנסות בחטא הוא תחושת החוטא שלכוד הוא, כפי שספר תהילים מתאר באופן גרפי:

4. אני מתייחס כאן לשני השלבים באבלות שהרב ז"ל דן בהם באופן מרשים: ההלם הראשוני (אנינות), והחזרה ההדרגתית לשגרה לאורך תקופה ממושכת, לאחר תום הקבורה (אבלות). גם בנוגע לחטא, כך אני מאמין, ישנם שני שלבים של תגובה.

5. לא בכדי התרחישים שמציע **ספר חסידים** כתשובת המשקל לחוטא כוללים ישיבה במרחץ שמימיו קרים כקרח ומצב שבו נמלים רוחשות עליו. החוטא חש דחייה ממעשיו ומעצמו.

אָנָה אֵלֵךְ מֵרוּחֶךָ וְאָנָה מִפָּנֶיךָ אֶבְרָח. אִם אֶסַּק שָׁמַיִם שָׁם אָתָּה וְאַצִּיעָה שְּׁאוֹל הִנֶּךָּ. אֶשָּׂא כַנְפֵי שָׁחַר אֶשְׁכְּנָה בְּאַחֲרִית יָם. גַּם שָׁם יָדְךָ תַנְחֵנִי וְתֹאחֲזֵנִי יְמִינֶךָ (קלט, ז–י).

אין מנוס ואין מפלט.[6] תחושה זו של היות במלכודת מופיעה בפסוקים אלו בהקשר שונה, אך היא בכל זאת מחריפה מאוד את חוויית החטא.

לבסוף, חוויית החטא מובנת במונחים של פירוק. לאדם החוטא יש "לֵב נִשְׁבָּר וְנִדְכֶּה" (תהילים נא, יט); אישיות שבורה, שאיננה עוד יחידה אחת.[7]

לסיכום, כשאנו סוקרים את חוויית החטא ולפיכך גם את התשובה, נמצא בהן נימות רבות: תחושת מחלה, טומאה וכישלון; אבל וחרדה על העבר, ההווה והעתיד; תחושת האדם שהוא לכוד ושבור. ודאי לא פגשנו בכל אלו שמחה, וכנראה אף לא ציפינו לפגוש.

האפשרות של שמחה בתשובה

ובכל זאת, האם ייתכן שעולם התשובה – אחד הצירים המרכזיים של עבודת ה׳ – כולו עגום ומדכא, ואין בו דבר שיעודד או ירומם? האם לעולם לא בוקעת השמש מבעד לענני המשבר רוויי האשמה?

כשלעצמי, תשובתי האינטואיטיבית היא: חס ושלום. במסגרת ההקשר של יום הכיפורים ישנן ראיות לכך שבנקודה מסוימת השמש בוקעת ושוב מופיע האור. הרמ"א פוסק: "ואוכלים ושמחים במוצאי יום הכיפורים, דהוי קצת יום טוב" (אורח חיים תרכד, ה).[8] ואם לדבר מתוך הקשר שלי עם הרב ז"ל, אם מישהו היה צריך משהו ממנו, הזמן

6. הפיוט "יחביאנו", שאנו אומרים בסליחות ליום השלישי של עשרת ימי תשובה, מבטא גם הוא תחושה זו של אדם במלכודת.

7. רגש זה מהדהד בסליחה "אדון בפקדך", הנאמרת בערב ראש השנה: "פנה אדון בעצבון רוח, צפה בשברון לב".

8. פוסקים מאוחרים יותר מצטטים מדרש על הפסוק "לֵךְ אֱכֹל בְּשִׂמְחָה לַחְמֶךָ... כִּי כְבָר רָצָה הָאֱ־לֹהִים אֶת מַעֲשֶׂיךָ" (קהלת ט, ז) כדי לתמוך בעמדה זו. תוספות

הטוב ביותר לדבר עמו היה בלילה שאחרי יום הכיפורים, שבו הוא היה במצב הרוח הטוב ביותר שלו בשנה כולה. אך הדוגמאות הללו מתייחסות שתיהן לזמן שלאחר יום הכיפורים, אחרי שהחטא נדחה ובוטל ואחרי שנהנינו מחסד ה׳. זה אינו זמנה העיקרי של מצוות התשובה ולא זמנו של החטא, כך שאין כאן הקלה בתוך המסגרת העגמומית של חטא ותשובה.

ביטויי שמחה בעיצומו של יום הכיפורים אפשר למצוא בתפילת מוסף. לקראת סיומו של הפיוט "אמיץ כח" (סדר העבודה בנוסח אשכנז), לאחר שהוצג במלואו התיאור המפורט של עבודת המקדש, מקטע קצר מתאר את תגובת כלל ישראל להשלמת העבודה:

> בְּטֹהַר וּבְנִקָּיוֹן יִנָּקוּ וְיִטְהָרוּ. יְחֻדָּשׁוּ כַּחֲדָשֵׁי בְקָרִים, מִכֶּתֶם יְצֻחְצָחוּ. רוֹמְמוֹת אֵל יֶהְגּוּ בִגְרוֹנָם. בִּלְשׁוֹנָם רֹן, בְּפִימוֹ שִׁיר חָדָשׁ. יָגִילוּ בְרַעַד, יַעַבְדוּ בְיִרְאָה. קְדוֹשׁ יִשְׂרָאֵל מְקַדֵּשׁ קְדוֹשִׁים. לְשַׁנֵּן, לְרַנֵּן, לְתוֹפֵף וּלְצַלְצֵל. וּלְנַצֵּחַ בִּנְגִינוֹת וּלְהַנְעִים זֶמֶר... מְשׁוּכִים לָבֹא שְׁעָרָיו בִּרְנָנָה. וְשָׂשׂוֹן וְשִׂמְחָה יַשִּׂיגוּ נֶצַח. שָׂשִׂים וְגָלִים בִּשְׁמוֹ כָּל הַיּוֹם. חָדִים בְּשִׂמְחָה אֶת פָּנָיו.

מתוארת כאן שמחה – ולא רק שמחה פנימית, אלא חגיגה צוהלת, כמעט צעקנית – המתרחשת בעיצומו של יום הכיפורים, עוד לפני שהיום כיפר על שלל חטאינו.[9]

אם אנו מחפשים תחושת שמחה בעיצומו של תהליך התשובה, גם זו היא נחמה פורתא. דאגתנו אינה מתמקדת בתוצאה: כמובן, אם מושגת מחילה, מי לא ישמח? אך השאלה היא איך אנו מגיבים לתהליך, ולא רק לסיומו. האם מודעותנו לחטא טעונה כולה במה שהקלוויניסטים היו מתארים "מלנכוליה דתית", סוג של דיכאון

(שבת קיד ע"ב ד"ה ואמאי) אומרים ברוח זו שלאחר יום הכיפורים אלו שעבדו את ה׳ שרויים ברוח חגיגית, משום שהשיגו ריצוי.

9. הירושלמי (יומא ח, ז) והתוספתא (יומא ד, יז) אומרים שהכפרה שאינה תלויה בקרבנות אלא בעיצומו של יום חלה ברגע השקיעה.

רוחני? האם תשובה היא חלק מאותה תופעה מדורגת, קלינית למחצה, המתוארת בספרו של ג'יימס **החוויה הדתית לסוגיה**, שמחה המופיעה רק בשיאו של התהליך? או שמא ישנו איזה חסד מושיע, יסוד כלשהו של שמחה בתוך התהליך עצמו, יסוד שהוא מותר ואולי אפילו נדרש, למרות החרדה הנרחבת ותחושת המתח? המענה האישי האינטואיטיבי שלי הוא הן מודגש, אך עליי להבהיר את מקורותיי ואת שיקוליי.

לרעיון שאפשר למצוא יסוד כלשהו של שמחה בהקשר של חטא ותשובה יש השלכות הלכתיות. לפי ההלכה, אם יום טוב בא בעיצומם של ימי השבעה הוא מבטל את אבלות השבעה. לא כך בנוגע לשבת, שבה נוהגת אבלות פרטית, "דברים שבצנעא". מה בנוגע לראש השנה וליום הכיפורים? התנאים נחלקים בזה (מועד קטן יט ע"א), ולהלכה אנו פוסקים שגם ימים אלו מבטלים אבלות שבעה. הרב ז"ל הניח שזה ייתכן רק אם שמחה היא חלק מצביונו של היום, כאשר מבחינה חווייתית יום שמחה אינו יכול להיות בעת ובעונה אחת גם יום אבלות. נראה אפוא שהתנאים סברו כי גם בראש השנה וביום הכיפורים יש שמחה.[10]

בדומה לכך, הרא"ש (ראש השנה ד, יד) מצטט נוסח תפילה שאיננו אומרים היום. בתפילת עמידה, אחרי "אתה בחרתנו", החלק השני של הברכה פותח במילים: "ותיתן לנו ה' א-לוהינו באהבה". ברגלים, אנו ממשיכים בביטוי: "מועדים לשמחה, חגים וזמנים לששון", אך אנו משמיטים מילים אלו בראש השנה וביום הכיפורים. הרא"ש מצטט גאונים שנוסח תפילתם בימים נוראים כלל מילים אלו, ולפי נוסח זה הימים הנוראים הם חלק מהמערך של מועדי השמחה. נראה שעבור גאונים אלו צורה כלשהי של שמחה אינה רק מחוז חפץ של ימים אלו

10. **השאגת אריה** עסק בנושא זה בתשובותיו (סימן קב), אך ניגש אליו מזווית אחרת. להשקפתו, ההיתר של מלאכת אוכל נפש ביום טוב מבוסס על מצוות שמחה; כיון שמלאכת אוכל נפש מותרת בראש השנה, ברור שנוהגת בו מצוות שמחה. גישה זו אינה מסייעת לנו בנוגע ליום הכיפורים, מועד שנראה חיוני יותר לנושא דיוננו כאן.

אלא מטרה מודעת שלהם, חלק ממציאותם.[11] כמובן, חז"ל הדגישו את רגעי היראה ואת תחושת החרדה של ימים אלו, באופן שהפקיע מהם אמירת הלל.[12] למרות עובדה זו, גאונים אלו סברו שיסוד השמחה יכול להיות חלק מהגדרתו של יום, אשר רווי בתשובה ומוקדש לה.

שמחה כחלק מעבודת ה'

בניסוח אחר נאמר שאי אפשר לבטל את האפשרות שיש יסוד של שמחה בתשובה, ואני אומר זאת מתוך התייחסות לשלושה יסודות נבדלים, שאציג לפי סדר – מהכללי אל הממוקד. ראשית, לאחר דיונו בשמחת בית השואבה ובחגיגה הגדולה שמאפיינת אותה, הרמב"ם (הלכות לולב ח, טו) מסיים בקביעה כללית יותר על אודות השמחה ביחס לעבודת ה':

> השמחה שישמח אדם בעשיית המצוה ובאהבת הא־ל שצוה בהן – עבודה גדולה היא, וכל המונע עצמו משמחה זו – ראוי להפרע ממנו, שנאמר: 'תחת אשר לא עבדת את ה' א־להיך

11. כאן עולה שאלה מתבקשת: לפי עמדתו של הרב, ששמחה נוהגת בראש השנה וביום הכיפורים, מדוע אנו משמיטים ביטויים אלו באותם ימים? אינני זוכר אם הרב התייחס אי פעם לשאלה זו, אך אינני חושב שהיא צריכה להטריד אותנו יתר על המידה. ישנם כאן שני נושאים: האחד הוא האופי והמטרה, כביכול, של היום; השני קשור בשאלה אם נוהגת בו מצווה מסוימת. שאלת האבלות קשורה בשאלה אם יש בכלל שמחה בראש השנה וביום הכיפורים. ברגע שהיום מוגדר כיום טוב, נוהגת בו מצוות שמחה וממילא מושעית האבלות. מצד שני, נוסח התפילה נשען על מטרתו של היום – האם הוא נועד ל"ששון ושמחה" או למטרות אחרות. לפיכך, תפילת העמידה בראש השנה וביום הכיפורים אינה צריכה לכלול את הביטוי המתייחס לשמחה.

12. הגמרא (ראש השנה לב ע"ב; ערובין י ע"ב) מצדיקה את חסרונו של ההלל בראש השנה וביום הכיפורים בשאלה: "אפשר מלך יושב על כסא דין וספרי חיים וספרי מתים פתוחין לפניו – וישראל אומרים שירה?". בכל זאת, יסוד של שמחה יכול להתקיים, ואכן קיים.

בשמחה ובטוב לבב׳... ואין הגדולה והכבוד אלא לשמוח לפני ה׳, שנאמר: ׳והמלך דוד מפזז ומכרכר לפני ה׳׳.

השמחה ואהבת ה׳ שחווה אדם במהלך קיום מצווה הן עצמן ״עבודה גדולה״, ביטוי חשוב של עבודת ה׳. הרמב״ם מצטט כראיה פסוק מפרשיית התוכחה בספר דברים, הבא לאחר רשימה ארוכה של פגעים מעוררי אימה שיתרחשו אם יחטא העם: ״תַּחַת אֲשֶׁר לֹא עָבַדְתָּ אֶת ה׳ אֱ־לֹהֶיךָ בְּשִׂמְחָה וּבְטוּב לֵבָב מֵרֹב כֹּל״ (דברים כח, מז). בדרך כלל מבינים פסוק זה כאומר שכאשר הדברים התנהלו כסדרם לא התעניינת בה׳, ופנית אליו רק בזמן משבר. לפי זה התוכחה אומרת: הואיל ולא עבדת את ה׳ ומרדת בו כשהיית במצב של שגשוג ושמחה, עכשיו תסבול ותיאלץ לשוב אליו בתנאים של יגון וייאוש. אך רבנו בחיי (בפירושו לתורה על אתר) מפרש את הפסוק אחרת. אין זאת שלא עבדת את ה׳ כאשר שגשגת; להפך, עבדת אותו – אך הייתה זו עבודה נרפית ומכנית, שאין בה שמחה. יש להניח שרבנו בחיי מתבסס על קביעתו של הרמב״ם,[13] שרואה פסוק זה כמקור לתפיסה שהשמחה שאמורה ללוות את המצווה היא עבודה בפני עצמה. כעת נשאל את עצמנו: אם עבודה צריכה להיעשות בשמחה, האין זה שייך אף לגבי מצוות כמו תשובה?

הזיקה הראשונה בין תשובה לשמחה מתייחסת אפוא לעבודה באופן כללי. אפשר לפסוע צעד נוסף ולהתייחס לעבודה באופן ממוקד יותר. חז״ל הבינו את המונח ״עבודה״ המופיע בתורה בשלל דרכים: לעתים הוא מתייחס למכלול העולם של יחסנו לא־לוהים,[14] בעוד

13. רבנו בחיי כתב אנציקלופדיה קטנה, **כד הקמח**, שהיא אוסף של מדרשים המסודרים לפי נושאים. בדיונו בשמחה (אות ס, שמחה, ד״ה והשמחה הזאת) הוא אומר שהשמחה המתלווה למצווה חשובה יותר מהמצווה עצמה. כוונתו כמובן לסוג מסוים של שמחה, ולא לסוג השמחה שמעוררים גורמים שאינם מעולם המצוות, ועדיין זוהי קביעה רדיקלית.

14. כמה פסוקים מדברים ברוח זו, למשל: ״וַעֲבַדְתֶּם אֵת ה׳ אֱ־לֹהֵיכֶם וּבֵרַךְ אֶת לַחְמְךָ וְאֶת מֵימֶיךָ וַהֲסִרֹתִי מַחֲלָה מִקִּרְבֶּךָ״ (שמות כג, כה). יש להניח שקביעה זו אינה

בהקשרים אחרים, כמו בפסוק שבקריאת שמע "וּלְעָבְדוֹ בְּכָל לְבַבְכֶם וּבְכָל נַפְשְׁכֶם" (דברים יא, יג) חז"ל התאמצו לכונן קטגוריה נפרדת של מצוות המוגדרות כעבודה במובן ספציפי יותר (ספרי מא). לאחר דחיית האפשרות שהכוונה כאן לעבודת הקרבנות, משום שלזו התייחסו במקום אחר, חז"ל מציעים שתי תשובות: האחת היא "לעבדו – זו תפילה", והאחרת – "לעבדו – זה תלמוד". אם כך, ישנן שלוש מצוות שצוינו במיוחד כ"עבודה": קרבנות, לימוד תורה ותפילה.

כשאנו מעיינים במדרש הלכה זה, אנו יכולים לשאול עצמנו: עד כמה אקסקלוסיבי מועדון זה של מצוות? לו חיפשנו את כרטיס הכניסה לקבוצה מובחנת זו, היינו אומרים שאלו הן מצוות שאינן רק קשורות בעשייה מסוימת, אלא גם כרוכות במכלול היחסים של האדם עם א־לוהים, ובפרט במפגש עם השכינה, וכן בהכנעתו ובעבדותו של האדם. זהו כל עניינה של התפילה, וחז"ל ראו גם את לימוד התורה כחוויה מלאת חיים ותוססת.[15] אם אלו הן אמות המידה הכלליות, אזי אף התשובה, שבה מעורבים לא רק העומק והעוצמה שביחסים עם א־לוהים אלא גם עצם קיומם של יחסים אלו, ודאי עבודה היא. ואם שמחה חיונית היא לעבודה ככלל, על אחת כמה וכמה בנוגע למצוות שהן עבודה מועצמת. כשם שהשמחה חייבת ללוות את התפילה ואת לימוד התורה, כפי שאנו אומרים בברכות התורה: "והערב נא... את דברי תורתך בפינו", שמחה צריכה ללוות גם את התשובה.

שני היסודות הראשונים התייחסו לתשובה כחלק מקטגוריות נרחבות יותר. אך מה טבעה של השמחה ביחס לתשובה כשלעצמה? כאן אנו מגיעים לממד שלישי: אני חושב שהשמחה כרוכה במהותה של חוויית התשובה – לא רק בתכליתה אלא אף בתהליך עצמו, ללא התייחסות לתועלות שיביא. המדרש מתייחס לסתירה חזיתית בין שני פסוקים בתהילים:

מתייחסת לעבודה מסוימת או למצווה מסוימת אלא לכל הטווח של יחסינו עם הא־לוהים.

15. למשל, "שאפילו אחד שיושב ועוסק בתורה – ששכינה עמו" (ברכות ו ע"א).

> כתוב אחד אומר: 'עבדו את ה' בשמחה', וכתוב אחד אומר: 'עבדו את ה' ביראה'. אמר ר' איבו: בשעה שאתה עומד ומתפלל יהא לבך שמח, כי לא-להים עליון אתה עובד.[16]

רבי איבו מבחין כאן בין שני מרכיבים של חוויית התפילה. הראשון קשור בתוכן המצווה: בתפילה אתה מעמיד עצמך לנוכח הקדוש ברוך הוא, פונה אליו, משבח ומודה, עותר ומפציר. יסודות אלה מדגימים יחדיו יראה, שעליה דיבר הרב בעושר מרשים ומגוון, בהתבססו על רש"י והרמב"ן. זוהי התחושה של "עומד לפני המלך", לפני מלך מלכי המלכים. אך ישנו גם ההקשר: **אתה** הוא העומד לפני א-לוהים, אתה – הקטן, שוכן בתי חומר[17] – פונה אליו ומשוחח עם מלך המלכים. אתה כביכול מובא לפני המלך, וזהו מקור לשמחה שאין לה סוף.

אתה יכול לשמוח גם בשל העובדה שנבראת כיצור רוחני, עם כישרונות ויכולות שאין ליתר הברואים. חייך אינם מוקדשים רק לקיום חייתי ולענייני חולין; יש לך היכולת לעבודת ה'.

אמת היא ש"יהא לבך שמח" בתפילה, ואני טוען שכפליים אמת הדבר בנוגע לתשובה. כמובן, אינני מציע ולו לרגע שאדם צריך לעלוץ על שחטא ועל שעכשיו יכול הוא לבוא לפני א-לוהים כדי לחזור בתשובה. אך לאחר שמעד, לאחר שחווה את "אמש היה זה שנאוי לפני המקום, משוקץ ומרוחק ותועבה", אם יש לו ההזדמנות לעשות תשובה ולהיות שוב "אהוב" (הלכות תשובה ז, ו), האם לא יהיה מוקסם מקרבת ה', בדומה לשמחה שיש בתפילה? היכול להיות מקור גדול יותר של שמחה מאשר ההזדמנות להיות חוזר בתשובה, כמו גם מימוש הזדמנות זו? לחוטא יש גישה לא-לוהים, מפגש עמו. על אף

16. מדרש תהילים (שוחר טוב) מזמור ק. המדרש מציע גם תשובה שנייה, המתבססת על הבחנה כרונולוגית בין העולם הזה לעולם הבא, אך תשובה זו אינה שייכת לענייננו כאן.
17. על פי איוב ד, יט.

כל תחושות הייאוש, הטומאה והכישלון, בכל זאת יכול החבוש להתיר עצמו מבית האסורים.[18] האם לא נשמח בזכות הזו שהוענקה לנו?

נעילה: ביטוי הערכה לתשובה

הכרה והערכה של הזדמנות זו, שלא לומר – התענגות עליה, אינן התנסות יום־יומית. בברכת התשובה שבתפילת עמידה אנו מניחים שהתשובה מובנת מאליה, ורק מבקשים מה' שיקבל אותנו ויעודד אותנו לשוב בתשובה. ביטויים של הערכה לעצם קיומה של התשובה מופיעים בעיקר בתפילת נעילה, ושם הם מופיעים בשתי רמות.

מעט לפני סיומה של תפילת לחש, אנו מדגישים את הייחוד של קיומנו הרוחני כבני אדם, בניגוד לבעלי החיים. כפי שציינו בפרק הקודם,[19] אנו פותחים בביטויים המזכירים את החלקים הניהיליסטיים שבקהלת,[20] ואומרים שהאדם חסר ערך, נעדר חשיבות ושווה לבהמה. ואז אנו פונים פניית פרסה:

> אתה הבדלת אנוש מראש, ותכירהו לעמוד לפניך. כי מי יאמר לך מה תפעל, ואם יצדק מה ייתן לך.[21]

בזאת אנו מבדילים בין האדם לבעלי החיים במונחים אוניברסליים, משום שהתשובה אינה קטגוריה יהודית ייחודית אלא קטגוריה אוניברסלית, כפי שאנו יודעים מסיפור יונה ונינווה ומהאופן שבו חז"ל מדברים על תשובתו של אדם הראשון. אנו אומרים "אתה הבדלת אנוש מראש", על ידי כך שהענקת לו את הכוח "לעמוד לפניך"; אפילו לפני שתפילה זו מזכירה את התשובה (אף שהתשובה נמצאת כמובן ברקע

18. על בסיס הנאמר בברכות ה ע"ב – ובניגוד לנאמר שם.
19. 'ענווה וגאווה בתשובה' (לעיל, עמ' 191).
20. "וּמוֹתַר הָאָדָם מִן הַבְּהֵמָה אָיִן כִּי הַכֹּל הָבֶל" (קהלת ג, יט).
21. הרב ז"ל כתב על כך בהרחבה ב'איש ההלכה', **איש ההלכה – גלוי ונסתר**, הוצאת ההסתדרות הציונית העולמית, ירושלים תשנ"ב, עמ' 64.

שלה), אנו מדגישים את העובדה שא־לוהים נתן לאדם רשות קבועה לעמוד בנוכחותו.[22] אנו פשוט מבטאים הערכה לעובדה שא־לוהים הבדיל אותנו, כחלק מהמין האנושי, מעולמם של בעלי החיים.

אך אז מילותינו בתפילת נעילה פונות ליום הכיפורים, אשר בניגוד לראש השנה, שאופיו אוניברסלי בעיקרו, הוא הרבה יותר לאומי בצביונו: "ותיתן לנו ה' א־לוהינו באהבה את יום הכיפורים הזה... כי אתה סלחן לישראל".[23] ואז אנו מדברים על החסד המיוחד ביחס לתשובה, ועל ההזדמנות שניתנה לנו, כחלק מכנסת ישראל, לחזור בתשובה. "אשריכם ישראל, לפני מי אתם מטהרין, מי מטהר אתכם – אביכם שבשמים" (יומא פה ע"ב).

כך או כך, "לעמוד לפניך", אפילו בכאב גדול, בייסורים ובחרדה – זהו מקור לשמחה. אף אם בנקודה מסוימת היית רוצה להימלט, אפילו לו ייחלת שלא היית יהודי, זוהי רק אשליה; זהו ייחולו של היצר הרע. עובד ה' שבך כלל אינו מייחל לזה. אף שהכאב הרוחני והפסיכולוגי עלול להיות מבעית, בכל זאת שמחים אנו, משום שאנו מעריכים באופן עמוק את היכולת לעמוד לפני ה' ולעסוק בתשובה.

יחסי החרדה והשמחה שבתשובה

ישנם כמה דגמים שאפשר להגדיר בנוגע לזיקה ההדדית האפשרית שתיארנו בין התוכן המיירא ובין ההקשר המשמח של תהליך התשובה.

ר' שניאור זלמן מלאדי, מייסד חסידות חב"ד, מתייחס לנושא זה לפחות בשני מקומות. ב**ליקוטי אמרים**, החלק המרכזי של ספר **התניא**, הוא כותב:[24]

22. אף שאנו דנים בתפילת נעילה, היסוד האוניברסלי נוכח גם בתפילות אחרות הקשורות לתשובה. אפילו פסקת המבוא לי"ג מידות הרחמים, אשר מתמקדת בברית שבין א־לוהים לעם ישראל, בכל זאת מציינת: "עושה צדקות עם כל בשר ורוח", ומדגישה בכך את הממד האוניברסלי של התשובה והמחילה.
23. ראו בפרק 'תשובה: תסיסה ורוגע' (לעיל, עמ' 159).
24. סוף פרק לד.

> והנה, בכל פרטי מיני שמחות הנפש הנ"ל, אין מהן מניעה להיות נבזה בעיניו נמאס ולב נשבר ורוח נמוכה בשעת השמחה ממש, מאחר כי היותו נבזה בעיניו וכו' הוא מצד הגוף ונפש הבהמית, והיותו בשמחה הוא מצד נפש הא־להית וניצוץ א־להות המלובש בה להחיותה כנ"ל (בפרק לא). וכהאי גוונא איתא בזהר: 'בכיה תקיעא בלבאי מסטרא דא, וחדוה תקיעא בלבאי מסטרא דא'.[25]

הענווה והביטול העצמי, שבהם צידד בעל התניא לעיל באותו פרק, אינם סותרים תחושה של שמחה, משום שכל אחד מאלו מתייחס ליסוד שונה של האישיות האנושית. בני אדם משלבים חומר ורוח, את הבהמי ואת האנושי. הביטול העצמי מתייחס לחלק הבהמי של האדם, בעוד השמחה, היסוד החגיגי, מתייחסת לרוחני, לניצוץ הא־לוהי שבו. הוא מצטט את הזוהר האומר ששני יסודות מתקיימים יחדיו בתוך הלב, בכי ושמחה.

באגרת התשובה (פרק יא) מרחיב בעל התניא בנושא זה ומתייחס גם לפסקה זו מהזוהר, אך מרכך את המסר על ידי חלוקת הזמנים:

> ובצירוף עוד האמונה והבטחון להיות נכון לבו בטוח בה', כי חפץ חסד הוא וחנון ורחום ורב לסלוח תיכף ומיד שמבקש מחילה וסליחה מאתו יתברך... בלי שום ספק וספק ספיקא בעולם.

שמחה זו נובעת מהאמונה ומהביטחון שה' "חנון ורחום ורב לסלוח". החוזר בתשובה יכול, באותו זמן, לבכות וגם לשמוח: היום אנו בוכים, אך דמעותינו מהולות בשמחה, משום שאנו יודעים שמחר נרקוד בגיל.

ר' צדוק הכהן מלובלין מביע רעיון דומה, אם כי ברצף שונה במקצת. ר' צדוק מתייחס לחוטא אשר מתוך ייאושו מעלה ספק אם הוא אכן ראוי להבטחת חז"ל שאדם הבא להיטהר יקבל סיוע א־לוהי (יומא לח ע"ב):

25. תרגום: בכייה תקועה בלבי מצד זה, ושמחה תקועה בלבי מצד זה.

> והעצה נגדו הוא השמחה והבטיחות בלב, שבודאי השם יתברך ברוב רחמיו וחסדיו יקבלו בתשובה שלימה לפניו. ותוכו רצוף המרירות הגדול על חטאו, שזה ממש דוגמת תשר"ת שעושין בראש השנה, כידוע דהתקיעות הם לשמחה, ושברים תרועה היינו גנוחי גנח וילולי ייליל כמו שאמרו ז"ל... ולכך נאמר: 'מזמור לדוד בבוא אליו נתן' וגו'. שהוא [= מזמור השמחה שאמר דוד] הפשוטה שלפניה בשמחה וזמרה, בטוח שהשם יתברך יעננו... וגם כי באמת בתשובה שלימה אז משיג תיכף בשעתא חדא ברגעא חדא האור והגילוי, וזהו השמחה שלאחריה.[26]

ר' צדוק אומר שהדרך להתמודד עם ספק פנימי זה היא לצרף שני יסודות: מצד אחד, חוויית התשובה והייסורים המלווים אותה, ומצד שני הביטחון שהאדם ייענה ושא-לוהים יבין ויסלח. הוא אינו מתאר יסודות אלו כשני שלבים עוקבים, כפי שעושה בעל התניא, אלא כשני היבטים בו־זמניים של חוויית התשובה. הליבה הפנימית של החוויה, המוקד המסוים שלה, היא אכן הגלולה המרה של החטא; ובכל זאת היא כרוכה במסגרת החיצונית של הקשר החיובי עם א-לוהים. לפיכך יש כאן משהו מן המסר שניסיתי להעביר: לפי ר' צדוק, אדם העוסק בתשובה חש ייאוש ותחושה טרגית ביחס לדבר הנורא שעשה, אך אלו מאוזנים בוודאות ובשמחה שא-לוהים יקבל את תשובתו.

ר' צדוק מציג השוואה מעניינת לתקיעת שופר. ההלכה אומרת שקול פשוט, תקיעה, בא לפני התרועה, המסמלת חרדה וטרגדיה,[27] וגם אחריה. כמו בחוויית התשובה, לתקיעת השופר יש תוכן מהותי וסביבו מסגרת מקיפה. התקיעות הן ודאי חלק חיוני ברצף, אך מבחינה מושגית יש כאן מעין כריך: התקיעה הפשוטה היא קול ישר של שמחה וחגיגה, ככתוב: "עָלָה אֱ-לֹהִים בִּתְרוּעָה, ה' בְּקוֹל שׁוֹפָר [= בתקיעה]" (תהילים מז, ו). הליבה הפנימית היא תרועה – תחושת החטא המתבטאת בשם

26. **צדקת הצדיק** חלק ג, תיקון הברית, סימן קכט.
27. ראש השנה לג ע"ב-לד ע"א; **שולחן ערוך** אורח חיים תקצ, א.

הא־לוהי של מידת הדין – ואותה מקיפה התקיעה, המבטאת את שם הוי"ה, מידת הרחמים. אדם נוטל חלק ב"כריך" הזה ומתנסה בו; זהו טבעה של התשובה וזהו פשר זיקתה לשמחה.

ר' צדוק מוסיף יסוד אחד, בין היתר על ידי התייחסות למזמור נא, אשר ציטטנו לעיל. המזמור נאמר כאשר נתן הנביא בא לדוד המלך כדי להוכיח אותו על חטאו עם בת שבע. ובכל זאת הוא מתחיל במפתיע במילים "מזמור לדוד", מושג שבדרך כלל קשור בשמחה או בזמרה. אך נתן אמר לדוד שהתנהגותו הייתה לא מוסרית בעליל וראויה לגינוי; לשמחה מה זו עושה? ר' צדוק אומר שביטחונו של דוד שה' יענה לו הוא התקיעה הראשונה, והתוכחה היא החלק האמצעי, התרועה. התקיעה שלאחר התרועה, לפי ר' צדוק, היא "האור והגילוי" הבוקעים מבעד לעננים, ומקבילים לחזרה בתשובה. היגון והשמחה מתקיימים בו בזמן, שלא כמו אצל בעל התניא, אשר לפי הבנתי רואה את הקשר בין השניים כיותר מכני ומקוטע.

יפה שעה אחת בתשובה

אחרי דיוננו המפורט בסוגים השונים של שמחה הרלוונטיים לתשובה, מהו המסר שעמו אנו נותרים? אי אפשר להימנע במהלך התשובה מהתחושה העמוקה של "שברון לבב", המודגשת במזמור נא; לעתים קרובות אנו מדברים על א־לוהים כקרוב לנשברי לב וכמרפא אותם.[28] אף שרק מעטים מאתנו יכולים להימנע מלחשוב על הטובות העתידיות שתביא להם התשובה ומלקוות להן,[29] אפשר למצוא שמחה גם בתשובה

28. ספר תהילים גדוש בהתייחסות לקשר של א־לוהים עם נפשות רצוצות אלו: "זִבְחֵי אֱ־לֹהִים רוּחַ נִשְׁבָּרָה לֵב נִשְׁבָּר וְנִדְכֶּה אֱ־לֹהִים לֹא תִבְזֶה" (נא, יט); "הָרֹפֵא לִשְׁבוּרֵי לֵב וּמְחַבֵּשׁ לְעַצְּבוֹתָם" (קמז, ג); "קָרוֹב ה' לְנִשְׁבְּרֵי לֵב וְאֶת דַּכְּאֵי רוּחַ יוֹשִׁיעַ" (לד, יט).

29. אפילו בתוך מזמור נא, שכה ממוקד בדיכאון החטא, מציין דוד המלך את השמחה המעוגנת בתקווה ובאמונה בפירות התשובה: "תַּשְׁמִיעֵנִי שָׂשׂוֹן וְשִׂמְחָה תָּגֵלְנָה עֲצָמוֹת דִּכִּיתָ... הָשִׁיבָה לִּי שְׂשׂוֹן יִשְׁעֶךָ וְרוּחַ נְדִיבָה תִסְמְכֵנִי" (פס' י, יד).

של היום, בלי להתייחס לטובות שיוענקו לנו כתוצאה ממנה. כפי שקובע המדרש, עצם העובדה שאנו יכולים לעמוד בפני ה׳ הוא טובה שאין לה גבול.

ק״ס לואיס כתב פעם שהוא למד מהאידיאליסטים הבריטיים, אסכולה פילוסופית מהמאה התשע עשרה, כי ״חשוב יותר שגן עדן יתקיים, מאשר שמישהו מאתנו יגיע אליו״.[30] כך הוא גם לגבי התשובה – אף שכולנו מייחלים ומתפללים לקטוף את הפירות, הרי עצם קיומו של עולם התשובה, לצד השמחה הנובעת מההכרה בעובדה זו, חשובים יותר – מנקודת המבט המוחלטת, הרוחנית – מאשר השאלה אם אי פעם נזכה לטובותיו.

אך איננו צריכים לעיין רק בדברי ק״ס לואיס ובאידיאליסטים הבריטיים; רעיון זה נאמר במשנה באבות. כך קובע רבי יעקב:

> יפה שעה אחת בתשובה ומעשים טובים בעולם הזה מכל חיי העולם הבא; ויפה שעה אחת של קורת רוח בעולם הבא מכל חיי העולם הזה (ד, יז).

מתואר כאן ניגוד בין שני מצבים של קיום והתנסות. במונחים מטפיזיים, אפילו הברכה הרוחנית שבהתנסות רגעית והתרפקות על זיו השכינה עולה על כל השמחות ומיני העונג שאדם יכול להשיג בעולם הזה. אך במונחים מוסריים, העולם הזה, שבו עומדים בפנינו אתגרים ואנו מגיבים להם, עדיף על העולם הבא, שבו נחווה פינוק רוחני. שעה אחת בתשובה ובמעשים טובים עכשיו שקולה כנגד כל העולם הבא. במילים אחרות, שעה של מפגש עמו ועמידה בנוכחותו עולה על כל ההטבות והפירות שאנו יכולים לקטוף. ״יהא לבך שמח, כי לא־להים עליון אתה עובד״.

איזה מין תשובה משיגה שבחים כאלו? חז״ל התייחסו לתשובה מאהבה בניגוד לתשובה מיראה. הרמב״ם (הלכות תשובה פרק י)

30. C.S. Lewis, *Surprised by Joy*, London 1955, Chapter 13.

הבין שעשיית מצווה מאהבה פירושה עשייה לשמה, בלי ציפייה לשכר. תשובה מאהבה היא לפיכך תשובה שאדם עושה למען עצם המפגש, למען האהבה ההדדית, שהיא הנושא של שיר השירים. העומק והעוצמה של הקשר הזה הם מבחינתנו שאיפה; ומבחינת הקדוש ברוך הוא זוהי מתנה שאין גדולה ממנה.

אם כך, היש שמחה בתשובה? לא נמצא בה את סוג השמחה המתעלם מהטרגדיה, המזניח את הכאב והמנסה להסוות את הכישלון. כל היסודות המייסרים הללו נוכחים. אך על כולם עולה העובדה שאנו נמצאים שם כדי להתמודד, לעמוד בפני האתגרים ולהגיב להם; ואנו שם כדי לחוש את מלוא העוצמה והתהילה של המפגש המכריע שלנו עם א־לוהים בתוך התשובה, ובפרט בתשובה מאהבה, שהיא הטהורה והאצילית ביותר. היהדות אינה אוסרת לחשוב על היתרונות שנקבל מחר, אך בכל זאת אנו יכולים להעריץ את יסוד ה"לשמה" שבתשובה, ולהכיר בכך שהוא מלמד אותנו על טבע תשובתנו ועל חווייתה.

יום הכיפורים – זמן התחדשות הברית של "הֱבִיאַנִי הַמֶּלֶךְ חֲדָרָיו" (שיר השירים א, ד) – הוא בדיוק רגע המפגש, ההזדמנות הנפלאה שניתנת לנו. אנו ראשית לכול מקווים ומייחלים לטהר עצמנו, ולצד זאת אנו נרגשים ואסירי תודה לנצח על עצם ההזדמנות לעמוד לפני ה'.

מקום שבעלי תשובה עומדים – על גדלות האדם ומעלת בעל התשובה

בחירה ותשובה כגדלות האדם

תופעת התשובה, יכולתו של האדם לשוב מחטאו, היא ללא ספק מהיסודיות והמרכזיות ביותר בחיי הדת, בייחוד בהקשר היהודי. מצדו של הקב"ה, כביכול, מהווה התשובה את אחת מנפלאותיו של הבורא, שברוב חסדו מאפשר לאדם לעשות במישור הרוח את שנבצר ממנו במישור החומר – לשנות את העבר ולתפוס את שחלף. לא רק לחפות על האתמול, אלא כפי שחז"ל התבטאו ביחס לתשובה מאהבה, "שזדונות נעשות לו כזכויות"; לעצב מחדש את העבר, את האתמול שזה עתה נראה היה לכאורה משוקץ ומתועב, ולהופכו לתשתית העתיד ולנקודת זינוק לקראתו. אולם בתשובה משתקפת לא רק גדולתו וענוותנותו של הקב"ה, אלא אף גדולתו וייחודו של האדם, וזאת בכמה היבטים.

אחת ממעלות האדם הבולטות – ואולי החשובה שבהן – מתבטאת

חלקה הראשון של הדרשה לקוח מדרשה שנישאה בעברית בבית כנסת איחוד שיבת ציון בתל אביב בתשרי תשל"ו. חלקה השני כולל את דרשת תשרי תשל"ז במלואה. הדרשות לא נכללו בספר *Return and Renewal* ומובאות כאן בדפוס לראשונה.

בכוח הבחירה הנתון לרשותו. לפיכך, אנו מדברים על האדם כיצור בעל תבונה, הן בכושר האינטלקטואלי עצמו והן בכוח הבחירה המוסרית המוענקת לו (ומשמעה המקורי של המילה אינטליגנציה בלטינית, הלוא הוא 'לבחור'). ראיית כוח הבחירה כביטוי המובהק ביותר של גדלות האדם, עומדת במרכז אחת ההרצאות של ההוגה האיטלקי בן המאה החמש עשרה, ג'ובאני פיקו דלה מירנדולה. בהרצאתו "נאום על כבוד האדם" הוא דן בגדולת האדם כפי שהלה נתפס בתקופת הרנסנס, מנסה לאתר, להגדיר ולנתח במה היא משתקפת ומתעכב בעיקר על נקודת הבחירה. כל היקום כולו וכל יצור ויצור – כך הוא מנמק – מקומו שמור ומובטח לו בסולם היצירה, לפי אותה תפיסה הירךכית שכה רווחה מימי הביניים ועד לתקופת הרנסנס. לשיטתו, בסולם יצירה זה לכל אחד יש מקום קבוע – מי נמוך ומי גבוה – בעוד שרק לאדם נתונה האפשרות לשוט לאורך הסולם, לעלות ולרדת, לטפס וליפול; הוא איננו קבוע כי יש לו בידיו את כוח הבחירה.

גדולה זו הטמונה בכוח הבחירה, עומדת לכאורה מאחורי השאלה שהיתה מוטלת במחלוקת בין הרמב"ם למקובלים, אם האדם ניצב למעלה מן המלאכים או למטה מהם. הרמב"ם היה בדעה – שאותה הביע בפירוש ב**מורה נבוכים** (ג, יב) – שהמלאכים עומדים למעלה מן האדם. זאת, מאחר שמבחינה מטפיזית מציאותם שלמה יותר, ללא פגמים, ללא תכנים וללא ליקויים. לעומת זאת חכמי הקבלה, והמהר"ל בעקבותיהם, היו סבורים שהאדם עומד למעלה מן המלאכים, מאחר שלאדם יש כוח בחירה, ואילו המלאכים, עד כמה ששירתם נאה יותר משירת האדם, וחרף העובדה שנאמנים הם כשלוחים יותר מן האדם – כל מעשיהם נעשים בצורה מכנית ואוטומטית.

אם אכן יש לראות את גדולת האדם כמשתקפת ומתבטאת בעיקר בכוח הבחירה החופשית, הרי שבתשובה מזדקרת תכונת הבחירה במלא קומתה, שהרי התשובה כשלעצמה אינה בחירה "טבעית" או ראשונית: במהלך התשובה האדם פועל נגד זרם אדיר של הרגל קבוע ומסגרת קיימת שאותם הוא חייב לשנות ולפרוץ, וממילא הכוח הנפשי שלו, כוח הבחירה, החידוש והיצירה, חייב לקבל ביטוי

חריף ביותר. ואכן, כאשר האדם פועל כנגד הטבע, מתגלה ומתבטא בקרבו הצד האנושי והמוסרי. מפורסמת האמרה השגורה על פיהם של הוגים ניאוקאנטיאניים: אדם המתגלגל במורד ההר – חי או קיים כחפץ וכאובייקט, ואילו אדם המטפס לראש ההר – פועל כאדם; לא חוקי הטבע והמציאות הם המנחים אותו, אלא רצונו החופשי. מאחר שבתשובה ניתן לראות מאמץ רוחני של טיפוס ועלייה מחודשת לראש ההר, הרי שבתשובה בא כוח הבחירה לידי ביטוי מובהק במיוחד.

לא במקרה שילב הרמב"ם – שבין כל גדולי ישראל בתקופת הראשונים, היה זה שהבליט והדגיש ביותר את מידת הבחירה – את דיונו המפורט והיסודי על אודותיה, באמצע הלכות תשובה. כך, בפרק ה הלכה א, לאחר שכבר עסק בכמה פרקים בעניין התשובה עצמה, וכשנראה שהוא מתחיל לפתח ממדים או אופקים חדשים, מתחיל הרמב"ם:

> רשות לכל אדם נתונה, אם רצה להטות עצמו לדרך טובה ולהיות צדיק הרשות בידו, ואם רצה להטות עצמו לדרך רעה ולהיות רשע הרשות בידו. הוא שכתוב בתורה: 'הן האדם היה כאחד ממנו לדעת טוב ורע', כלומר הן מין זה של אדם היה יחיד בעולם ואין מין שני דומה לו בזה הענין, שיהא הוא מעצמו בדעתו ובמחשבתו יודע הטוב והרע ועושה כל מה שהוא חפץ ואין מי שיעכב בידו מלעשות הטוב או הרע וכיון שכן הוא: 'פן ישלח ידו'.

בהמשך הוא ממשיך ומרחיק לכת עוד, תוך שימוש בניסוח שכמעט לא ייאמן:

> אל יעבור במחשבתך דבר זה שאומרים טפשי אומות העולם ורוב גולמי בני ישראל שהקב"ה גוזר על האדם מתחלת ברייתו להיות צדיק או רשע. אין הדבר כן, אלא כל אדם ראוי לו להיות

> צדיק כמשה רבינו או רשע כירבעם, או חכם או סכל, או רחמן, או אכזרי, או כילי, או שוע וכן שאר כל הדעות.

ואחר כך, בפרק ז, הוא מסיק מכך את מסקנתו:

> הואיל ורשות כל אדם נתונה לו, כמו שביארנו, ישתדל אדם לעשות תשובה ולהתוודות בפיו מחטאיו ולנעור כפיו מחטאיו, כדי שימות והוא בעל תשובה ויזכה לחיי העולם הבא.

הרי שגם לשיטת הרמב"ם, עניין הבחירה מודגש ומובלט ביותר דווקא בהקשר למעלת התשובה.

תזוזה, תנופה ומאבק באינרציה

מעבר לעצם כושר הבחירה ויישומו, גדולת האדם מתבטאת בתשובה גם בשל הדינמיות שבה. כוח הבחירה כשלעצמו יכול להיות מופעל בנסיבות שונות, ואפשר לפעמים לבחור גם מתוך פסיביות מרחיקת לכת. אדם היושב במסעדה בוחר אמנם מתוך תפריט, אבל הרכב התפריט ומקורו נותרים ממנו והלאה. כך לעתים גם בבחירות פוליטיות: גם אדם שנמנע מנקיטת יוזמה, שלא הניף אצבע לאורך המערכה כולה, ושלמעשה רק בורר מתוך חלופות שגיבשו והגישו בפניו אנשים אחרים – בכל זאת משתתף, בוחר ומצביע. אלו אכן יישומים של כוח הבחירה, אבל בביטויו הפסיבי יותר. מאידך גיסא, בתשובה האדם אינו יכול לבחור מתוך פסיביות: תשובה דורשת שינוי כיוון, שאליו ניתן להגיע אך ורק תוך תזוזה ותנופה. תשובה דורשת מן האדם מאמץ חיובי, התמודדות עם העבר והתנצחות עמו; המהלך הנפשי מחייבת פעילות דינמית ולעתים אף קדחתנית.

דינמיות זו, על כל כוחות היצירה והתסיסה הכרוכים בה, עומדת אף היא – ככוח הבחירה – במרכז חיי הרוח המאפיינים את האדם ואת ייעודו. אין לך דבר הסותר חיים כיצור רוחני יותר מאשר אינרציה,

דריכה במקום וקפיאה על השמרים. מנקודת ראות זו ניתן לומר, כפי שאמר פעם הסופר האנגלי ד"ר ג'ונסון, שאפילו תנודה לכיוון שלילי עדיפה על דריכה במקום. על פי ג'ונסון, אדם המצוי במקום – אין סיכוי שישתפר. ברגע שהאדם מתחיל להתנודד, ובקושי רב להתגבר על כוח האינרציה – שאינו רק כוח פיזיקלי אלא כוח רוחני שלילי אדיר – גם אם ילך בתחילה קילומטר אחד בכיוון ההפוך, השלילי, קל יותר יהיה לו מאוחר יותר ללכת שני קילומטרים קדימה אל הכיוון החיובי, מאשר להתחיל את תזוזתו ממצב של שקט ושאננות מוחלטת. על רקע זה, יש להדגיש שהיו שראו דווקא את הנקודה הזו – את האינרציה ואת חוסר האכפתיות – כמסמלת וכמאפיינת את הדור הזה, או אם נרצה את המאה הזאת.

הזכרתי סופר אנגלי אחד, וייתכן שכדאי להזכיר כאן סופר נוסף. בשיר המפורסם "The Hollow Men" (נדפס ב-1925) של המשורר האנגלי ת"ס אליוט, דיבר המשורר על האנשים החלולים. מאחורי כינוי זה ניצבה הנחת המוצא שבעיית האדם המודרני איננה שאיפתו לרע; עם זה, טוען אליוט, כמעט ואפשר להשלים. הבעיה היא שהוא איננו שואף כלל, הוא נייטרלי. ואכן, אליוט מסיים את השיר בתארו כביכול את סוף העולם, המגיע לסופו לא במפץ אלא ביבבה שקטה.

יש אם כן צורך בדינמיות, שאמנם טעונה הכוונה, אולם היא הכרחית להצלחתו של כל מאמץ רוחני חיובי. הכרה זו הכרחית, כאמור, בכל דור ודור, ועל אחת כמה וכמה בתקופה שבה בעיות רוחניות נדחקות בפני בעיות אידיאולוגיות־פוליטיות או חברתיות־כלכליות.

טיהור וצירוף

פרט לכוחו של האדם המתגלה בכושר הבחירה שלו ובהפעלתו הדינמית במהלך התשובה, ניתן להבחין באותו מהלך עצמו גם בכוח פעיל שלישי – כוח הפיצול הפנימי שבתוך האדם עצמו. פיצול האדם,

חוסר יציבותו ושלימותו, ריבוי הניגודים והסתירות שבו, מבטאים מצד אחד ממד טרגי בהווייתו. המאמץ לאחות את הקרעים הפנימיים ולשאוף לשלמות מחודשת, מופיע לפחות מאז הסימפוזיון של אפלטון כשאיפה יסודית וכאחת הנימות המרכזיות של הספרות ושל מחשבת העולם המערבי. מן העבר השני, ככל שמדובר בפיצול פנימי שאינו כפוי על האדם, שאינו נובע מתוך ניוון או מתוך התרוצצות אלא מתרחש כצעד פנימי מחושב – אזי ניתן לראות בו מהלך שבו האדם פועל ביוזמתו ומשתחרר כוח נפשי רב עוצמה. השתלטות ה'אני' השכלי והמוסרי על ה'אני' השאפתני והתאוותני, משמשת למעשה יסוד לכל חיי רוח ראויים לשמם. אם נבקש לנסח את הדברים במונחים דתיים 'טהורים' יותר, ניתן להוסיף ולקבוע שבמהלך פנימי זה יש משום "עבודה": עבודה במובן ההלכתי המצומצם – הקרבת חלק מרצונו ומאישיותו של האדם למען הקב"ה. במהלך התשובה, כשהאדם מתנצח לא רק עם אפשרות פוטנציאלית אלא גם עם מציאות קיימת שהפכה להיות זה מכבר עצם מנפשו וצביונו, תהליך הטיהור והצירוף מתגלה אם כן אף הוא בכל חריפותו. ברצונו, וביכולתו להגיע לידי עקדה עצמית חלקית – משתקפת גם כן גדולתו של האדם.

תוצאת תהליך התשובה, או תוצרתו הסופית, היא היווצרותו של 'בעל התשובה'. אם אנו רוצים אפוא להמשיך ולעמוד על אופי התשובה ועל ערכה הפנימי, מחויבים אנו להכיר גם את עושר דמותו ואת מעמדו המיוחד, ובאלו נדון תוך השוואתו לעמיתו הצדיק הגמור.

בעלי תשובה וצדיקים גמורים

השוואה זו בין הצדיק הגמור לבעל התשובה, יסודה כמובן בדברי הגמרא בברכות ובמחלוקת האמוראים המופיעה שם:

> ואמר ר' חייא בר אבא אמר ר' יוחנן כל הנביאים כולם לא נתנבאו אלא לבעלי תשובה אבל צדיקים גמורים 'עין לא ראתה א-להים זולתך'. ופליגא דר' אבהו (ברכות לד ע"ב).

ממאמרו של ר' יוחנן ניתן להבין שהמגיע לבעלי תשובה ניתן לתיאור, להמחשה ולתפיסה בידי הנביאים, ואילו הייעוד המגיע לצדיקים גמורים נתפס אך ורק בידי הקב"ה. אך ר' אבהו חולק על עמדה זו, כפי שממשיכה הגמרא: "דאמר ר' אבהו, מקום שבעלי תשובה עומדין, צדיקים גמורים אינם עומדין".

לו באנו להכריע במחלוקת זו – אם כי ייתכן שבנושא מחשבתי מעין זה אין צורך להגיע לידי הכרעה – דומה שהיה עלינו לקבל את שיטת ר' יוחנן נגד דעת ר' אבהו, מאחר שר' יוחנן היה מגדולי ראשוני האמוראים בארץ ישראל, ואילו ר' אבהו – תלמידו. אבל עובדה היא שדווקא דברי ר' אבהו הם שהתפשטו וחדרו לתודעה הכללית ולספרי הפוסקים כאחד. דבריו של ר' יוחנן נדחקו מן התודעה, עד כי רבו המכירים את דברי ר' אבהו בלי להיות מודעים אפילו לעובדה כי בסוגיה עצמה הם שנויים במחלוקת. עוד יש להדגיש: ההכרעה לטובת ר' אבהו נתקבלה לא רק בקרב המון העם, היהודי הפשוט אשר מן הסתם איננו צדיק גמור, וממילא שואב אומץ ועידוד מן הרעיון שעדיין פתוחה בפניו האפשרות להשיג את יחידי הסגולה ואף להתעלות עליהם. דברי ר' אבהו מצוטטים אף בידי גדולי הראשונים. כך למשל, ר' אלעזר בן יהודה מוורמס, בעל ספר **הרוקח** ומגדולי חסידי אשכנז, אדם שגישתו לתשובה רחוקה מאוד מלהיות פופולרית והמונית, מצטט אף הוא את דברי ר' אבהו בראשית הלכות תשובה בספר הרוקח, מבלי לצטט לצדם את דברי ר' יוחנן.

דוגמה אחרת להתקבלות שיטתו של ר' אבהו אפשר למצוא במסורת גדולי ספרד. בספרו **שערי תשובה**, לקראת סוף יסוד התשובה, כותב רבנו יונה כך: "כי הזהירו מאוד על התשובה [...] ואמרו גדולה מעלתם של בעלי תשובה מצדיקים גמורים". לשון דומה מופיעה **באורחות חיים** לר' אהרן מלוניל, מאחרוני הראשונים **בפרובנס** (חלק א, הלכות ראש השנה, אות כה - עניינים אחרים מתשובה). ועל כולם יש להזכיר, כמובן, את דברי הרמב"ם עצמו. בפרק ז מהלכות תשובה, תוך תיאור אפשרויות התשובה וכוחות הנפש הנובעים מן העובדה שהאדם הוא יצור בעל בחירה חופשית, החייב ויכול לשוב בתשובה, כותב הרמב"ם:

> ואל ידמה אדם בעל תשובה שהוא מרוחק ממעלת הצדיקים מפני העוונות והחטאות שעשה. אין הדבר כן, אלא אהוב ונחמד הוא לפני הבורא כאילו לא חטא מעולם, ולא עוד אלא ששכרו הרבה שהרי טעם טעם החטא ופירש ממנו וכבש יצרו. אמרו חכמים מקום שבעלי תשובה עומדין אין צדיקים גמורים יכולים לעמוד בו...

תפיסה זו של ר' אבהו נתקבלה אפוא הן "ברחוב היהודי" והן בעולם בית המדרש.

האמנם עדיף בעל התשובה?

אלא שדווקא לנוכח התקבלותה של שיטה זו, בוקעת ועולה השאלה הפשוטה: האמנם?! הייתכן?! כך שואל זאת המהר"ל בנתיב התשובה בנתיבות עולם:

> ויש לתמוה שיהיה בעל התשובה מדרגתו גדולה ממדרגת מי שלא חטא ולפי זה יהיה מדרגת דוד שעשה תשובה יותר גדול ממשה שלא חטא.

על הערתו השנייה המהר"ל עונה בתוך כדי דיבור – לא ייתכן שדוד המלך יהיה בעל מדרגה גבוהה יותר ממשה רבנו רק מפני שזה חטא והלה לא, "כי שאני משה דמופלג במעשים היה ומלתא אחריתי היה בו, ולא אמרו רק כאשר הם שוים הצדיק שלא עשה החטא ובעל התשובה שעשה החטא ושעשה תשובה". כלומר, אין להעלות על הדעת שאדם שהוא צדיק מופלג ייחשב נחות בדרגתו מאדם שהיה עבריין מרחיק לכת, ושרק עתה, לאחר מאמצים, הגיע לאיזו רמה בינונית.

מה אם כן כוונתו של ר' אבהו, לשיטתו של המהר"ל? מסתבר שכוונתו היא שאם ישנם שני אנשים – ששניהם מצויים פחות או יותר ברמה שווה – אלא שהאחד הגיע לרמה זו ללא חטא וללא נפתולים

ותסכולים, ואילו השני הגיע אליה תוך מאבקים, עליות וירידות, ניתן להעניק עדיפות לבעל התשובה. לעומת זאת, כל עוד יש פער משמעותי ביניהם, ברור שהצדיק הגמור עולה בכל זאת על בעל התשובה. אין להקשות, אפוא, מצד השוואת דוד ומשה. דוד, כבעל תשובה, עולה אמנם בדרגתו על צדיק גמור המקביל אליו, אבל הוא אינו מצוי בשורה אחת עם אדון הנביאים, שעליו נאמר ש"לא קם בישראל כמשה עוד" – לא צדיקים גמורים ולא בעלי תשובה.

אולם השאלה הבסיסית שהעלה המהר"ל עדיין עומדת בעינה: האמנם ראוי בעל תשובה לעלות בדרגתו – ולו גם במצב שאותו תיארנו זה עתה – על צדיק גמור? האמנם ניתן להעדיף אדם מחוספס, אשר התגולל תקופות ארוכות בטינופת החטא וכעת הצליח להתגבר עליה ולהשתחרר הימנה? האם נעדיף אותו על פני נשמה טהורה ועדינה, קדושה ואצילה, שלא טעמה טעם חטא מימיה?

בין שכר התשובה לזיקה לבורא

עיון בראשונים בסוגייה במסכת ברכות, מגלה במידה רבה שהם פסחו על המחלוקת וכלל לא התייחסו אליה. לעומתם, מפרשי האגדה בעין יעקב עסקו בה מעט יותר, ובדבריהם מסתמנת נטייה להבינה במישור של שכר ועונש. היינו, אם באים אנו לשאול את עצמנו מי יזכה ליותר שכר, אזי ברור ששכר רב יותר יינתן לאדם שהגיע להיכן שהגיע רק אחרי שנערמו בדרכו כמה וכמה מכשולים ובכוחות אדירים הצליח להתגבר עליהם. והדבר ברור: אם שני אנשים רצים מאה מטר בעשרים שניות – האחד פיסח והשני בריא ברגליו – ברור שנעריך יותר את זה שנאבק ושהצליח לעמוד במשימתו, חרף כל הליקויים המובנים שעמם נאלץ להתמודד. למעשה, תפיסה זו מופיעה אף היא כבר בדברי הרמב"ם שהזכרנו:

> ואל ידמה אדם בעל תשובה שהוא מרוחק ממעלת הצדיקים מפני העוונות והחטאות שעשה. אין הדבר כן, אלא אהוב ונחמד הוא

לפני הבורא כאילו לא חטא מעולם, ולא עוד אלא ששכרו הרבה שהרי טעם טעם החטא ופירש ממנו וכבש יצרו. אמרו חכמים מקום שבעלי תשובה עומדין אין צדיקים גמורים יכולים לעמוד בו כלומר מעלתן גדולה יותר ממעלת אלו שלא חטאו מעולם מפני שהן כובשים יצרם יותר מהם.

אף בדברי הרמב"ם מובלט השכר, כמו גם הרכיב הנצמד אליו – כבישת היצר. ניתן, אולי, לסכם את דברי הרמב"ם כאן, או לכל הפחות את רוח הדברים העולה ממנו, תוך שימוש בלשון המשנה באבות – "לפום צערא אגרא".

אלא שאם באנו למצות את דברי הרמב"ם בסוגייה זו, יש להתעכב בכל זאת על עוד נקודות אחדות בדבריו. ראשית, יש לכאורה סתירה בדברים עצמם: בראשית ההלכה קבע הרמב"ם שאל לבעל תשובה להתייאש, מפני שחרף עוונותיו עליו לדעת שבכל זאת הוא אהוב ונחמד לפני הבורא, כאילו לא חטא מעולם. מהו אם כן ההישג המקסימלי שאליו יכול בעל התשובה לשאוף? שיהיה אהוב ונחמד לפני המקום כאדם שלא חטא מעולם. מאידך גיסא, בהמשך הדברים מתברר ששכרו ומעלתו של בעל התשובה גדולים משל צדיק גמור! כיצד ניתן להבין את הדבר?

ליישוב הסתירה, דומני שיש להציע שהרישא והסיפא מתייחסות לשתי נקודות נפרדות. הסיפא עוסקת בשכר; בהקשר זה, הרמב"ם נוקט כדעת ר' אבהו, ולפיה מי שעמל יותר והשקיע יותר מאמץ, מקבל מנה גדולה יותר של שכר. אולם כאשר מדובר על זיקת האדם לקב"ה, אנו עוסקים בסוגיה אחרת לחלוטין. תגובה על חטא אינה רק עונש, כי אם יצירת פער בין האדם לבין הקב"ה – "עֲוֺנֹתֵיכֶם הָיוּ מַבְדִּלִים בֵּינֵכֶם לְבֵין אֱ־לֹהֵיכֶם" (ישעיהו נט, ב). במובן זה, ככל שמדובר בחטא ובתשובה, הרי שיש להתייחס לא רק לבעיית השכר והעונש הכרוכים בדבר אלא בראש ובראשונה לבעיית הזיקה האישית בין האדם ליוצרו ולאופן שבו מתייחס האדם לקב"ה. בשאלת השכר ניתן לומר שבעל תשובה עמל וטרח יותר בתנאי מצוקה ולחץ, ועל כן מגיע לו שכר גדול יותר. אך

ככל שמדובר על הזיקה האישית בין האדם לקב"ה – מי אהוב? מי נחמד? מי חביב? – כאן לכאורה אין שום סיבה לחשוב שיש להעדיף דווקא בנים שובבים ושבים על פני מי שלא חטא מעולם. ביחס לשאלה כיצד הקב"ה מביט על האדם ובאיזו מידה הוא מחבב אותו, הישגו של בעל התשובה הוא שחטאו נמחק – "כאילו לא חטא מעולם" – אך ליותר חיבה וליותר אהבה, הוא לא יוכל להגיע.

מעלתו של בעל התשובה

כאמור, ככל שמדובר על היחס בין הרישא לסיפא שבדברי הרמב"ם, עמדנו ברישא על כך שבעל התשובה יכול להתנחם בכך שהוא אהוב ונחמד לפני הקב"ה כאילו לא חטא מעולם, ובסיפא על כך ששכרו ומעלתו של בעל התשובה הם מעבר לרמתו של צדיק גמור. אך דומני שגם את הסיפא כשלעצמה ניתן להבין בשתי דרכים. לכאורה אפשר להצטמצם לתחום השכר של בעל התשובה – ולקבוע ששכרו רב שהרי טעם את טעם החטא, עבד קשה והתגבר עליו, וממילא מגיע לו יותר. אולם התייחסות מעין זו, המתמקדת אך ורק בשכר שבא תמורת עמל ומאמץ, מחמיצה רבדים ממשיים בדמותו, באישיותו, במהותו ובישותו של בעל התשובה. בהקשר זה, אף אם אין לראות בו אישיות חזקה ונעלה יותר מזו של הצדיק הגמור, הרי שבהתחשב בתהליך הפנימי שעבר, יש להעריך עוד יותר את דרכו.

ואכן, גם בהקשר זה אנו מוצאים שני ביטויים שונים ברמב"ם, המדבר תחילה על שכרו של בעל התשובה, אך לבסוף גם על מעלתו: "מעלתן גדולה ממעלת אלו שלא חטאו מעולם מפני שהם כובשים יצרם יותר מהם". אף את המילה 'מעלתן' אפשר לפרש בשתי דרכים. ניתן לומר שהכוונה היא שוב לשכר ולעונש, אבל ניתן גם להבינה כמתארת לא את שכרו של בעל התשובה לעומת שכרו של הצדיק הגמור, אלא את מהותו ואת אישיותו. ודומה שהדבר פשוט: כמו שהוצגו הדברים קודם לכן, בראותנו שני אנשים שהגיעו להישגים דומים, כשלפני האחד הייתה דרך סלולה ובפני השני דרך מלאת

קשיים, אם הצליח השני להגיע בכל זאת לתחנה הסופית, בעת ובעונה אחת, הרי שהדבר מוכרח להעיד על פער כלשהוא בכוחות הנפש של שניהם. אם כך הדבר, הרי שמעלת בעל התשובה לעומת הצדיק הגמור איננה רק פרי תהליך התשובה והשכר המגיע לו, אלא עצם העובדה שעלה בידו לבסוף להגיע לרמת הצדיק הגמור. הלוא הישג זה מעיד שיש בו – ודאי מבחינת הפוטנציאל הטמון בו – הרבה מעבר למה שמצוי בצדיק הגמור, שהגיע עמו בסופו של המהלך לאותה הדרגה.

ברם נגד תפיסה כזו ניתן לכאורה להעלות טענה פשוטה. גם אם נניח שהצדיק הגמור שבו אנו דנים הינו אדם שניצבים בפניו פחות מכשולים, העובדה ששניהם בסופו של דבר מצויים באותו המקום, עדיין איננה מהווה הוכחה ברורה לכך שיש לו כוחות נפש נעלים על אלה של הצדיק הגמור. ייתכן שאף לצדיק הגמור יש כוחות נפש דומים, אלא שהוא מעולם לא נדרש להפעילם. יצרו הרע לא התעורר בעוצמה, וממילא לא היה צורך להפעיל כנגדו את כל עוצמת היצר הטוב הטמון בו. לו היו נערמים קשיים אלו בדרכו של הצדיק הגמור, אולי אף הוא היה מצליח להתגבר עליהם. ובכל זאת, דומני שזו אכן עדות ברורה; אם אמנם בעל תשובה וצדיק גמור מגיעים לאותה הנקודה, הרי שיש להניח שהכוחות הפועלים בתוך בעל התשובה, לפחות בסוף המרוץ, אדירים ובעלי עוצמה רבה יותר מאשר אלו הפועלים בצדיק הגמור.

דינמיות פיזית ודינמיות רוחנית

לצורך הבנת ההשוואה בין שתי הדמויות שבהן אנו עוסקים, יש להבין היטב גם מהו תהליך ההתפתחות הרוחנית שעוברים השניים, וממילא כיצד ניתן לראות את המרוץ בין בעל התשובה לצדיק הגמור. נתחיל בדוגמה פיזית פשוטה: במצב סטטי, לרוב לא ניתן להגיע למסקנה מה גורם מסוים מסוגל לעשות ומהי עוצמתו, רק מתוך התבוננות

בפעולה הנעשית בידי אותו גורם עצמו. כך למשל, אם נניח על שולחן משקל של חמישה קילוגרמים, נוכל להסיק שהשולחן מסוגל לשאת עליו משקל כזה, אבל אין הדבר אומר שהוא היה מתמוטט אילו היינו מניחים עליו משקל של עשרים קילוגרמים. ברם במצב דינמי, כשגורם מסוים פועל בצורה אקטיבית, תוך שהוא יוצר ומחדש את עצמו ואת סביבתו, ולא רק תומך בחפץ המצוי עליו, ניתן לכאורה למצוא עדות ברורה לעוצמתו וליכולתו. אילו היה לו כוח רב יותר, היה פורץ קדימה ומרחיק לכת; כשהגיע לנקודה מסוימת ושם נעצר, כנראה הגיע לקצה יכולתו.

ואכן, כשאנו עוסקים לא בעולם החומר כי אם בעולם הרוח, ברור שעלינו לחשוב לא במונחים סטטיים אלא במונחים דינמיים. כך למשל, אם נתמקד בזהירות באיסורים, אזי עצם העובדה ששני בני אדם אינם אוכלים חֵלֶב – אלא שהאחד כבש את יצרו לכך ואילו אצל רעהו כלל לא התעוררה תשוקה כזו – אינה מהווה ראיה לכך שאין ביכולתו של השני להשתלט על יצר זה, לו היה עומד בפניו. אך אם אנו עוסקים בחיי הרוח במלוא היקפם – לא רק בזהירות מעוון אלא גם ביצירה חיובית ובהישגים רוחניים, אינטלקטואליים ונפשיים – אזי אנו עוסקים בתהליך דינמי, יצירתי ופעיל. כאן אדם חייב לפעול עד שהוא מגיע לקצה גבול יכולתו. אם בסופו של דבר, לאחר שהחל את דרכו עשר שנים אחריו ועשר רמות שחיתות מתחתיו, נמצא בעל התשובה בכל זאת במדרגה דומה, הרי שהדבר מעיד על כך שבמעלתו הפנימית טמונים כנראה יותר כוח, עוצמה ומרץ מאשר בצדיק הגמור. נוכל לסכם בקצרה ולקבוע שמעלת בעל התשובה גבוהה משל מעלת הצדיק הגמור, ככל שאנו מתייחסים לאדם בשלמותו, לשאלה להיכן הגיע האדם ביחס למקום שממנו החל ולעוצמות הפנימיות שאותן פיתח בעצמו במהלך הדרך. לפיכך אם נניח – וזו אבן פינה ומיסודותיה של כל תפיסה רוחנית – שהאדם חייב לפעול ולשאוף להיות בעלייה מתמדת, הרי שאמנם לא רק ששכרו של בעל תשובה גדול משל הצדיק הגמור, אלא שכנראה אף מדרגתו גדולה הימנו.

החסיד המעולה מול הכובש את יצרו

במידה רבה, ניתן לראות את הדיון כאן כמקביל לדיונו המפורסם של הרמב"ם בפרק השישי **משמונה פרקים**, על ההשוואה בין החסיד המעולה, אדם שכלל אינו צריך להיאבק, שמעין צדקות טבעית נזרקה זו, ובין הכובש את יצרו והמושל בנפשו. גם שם שואל הרמב"ם את מי יש להחשיב יותר, תוך שהוא מביא את דעת הפילוסופים שנטו להעדיף את החסיד המעולה, ולעומתם מצטט כמה ממאמרי חז"ל, ומשתדל להגיע לעמק השווה ביניהם. לשאלה זו, כפי שמציין הרמב"ם עצמו, יש היסטוריה ארוכה בדברי ימי המוסר.

כאמור, ככל שמדובר בשכר, דומה שהדברים ברורים. אך השאלה שם אף היא אינה מתמקדת רק בשכר אלא בהערכת האישיות: באיזו מידה יש לראותה כאישיות מוסרית. לשאלה זו כמובן שתי תשובות. מצד אחד מצויה המסורת האפלטונית, שבהתייחסותה לטיפוסי אישיות עוסקת בדמויות אידיאליות, וטוענת, כפי שאמר הרוזן משפטסבורי, סופר אנגלי בן המאה השמונה עשרה, שהמוסר המתואר אצל הרמב"ם כ'כובש את יצרו', הוא למעשה מוסר של "נמר בכלוב"; האדם איננו מתורבת אלא פשוט אחוז בכבלים, חסר תרבות ונימוס וחסר מידות ומוסר. לעומת תפיסה זו ניצבת תפיסתו של קאנט, הסבור שאדרבא – זו בדיוק הגדרתו של מוסר. המוסר כולו מתבטא במאבק, בהתמודדות ובמאמץ. לפנינו אם כן הניגוד הברור בין ההיאחזות או הנהירה אחר המציאות הטהורה מצד אחד ובין ההתייחסות להשקעה הנפשית מצד שני. ברור שהבעיה אינה רק למי לתת "מנת לויתן" גדולה יותר באחרית הימים, אלא את מי נגדיר כאישיות מוסרית מובהקת יותר.

עד כה, ראינו שתי תפיסות ביחס בין בעל התשובה לצדיק הגמור. תפיסה אחת רואה את עדיפות בעל התשובה על פני הצדיק הגמור במישור השכר, ותפיסה שנייה רואה בתהליך התשובה עדות לכך שהאדם שעבר אותו כנראה עולה בכוחו הפנימי והרוחני על הצדיק הגמור. אלא שלמעשה, אפשר להציע גישה מרחיקת לכת עוד יותר – לא רק שמהלך התשובה חושף כוחות גדולים שהיו טמונים

ממילא בדמותו של בעל התשובה, אלא שתהליך התשובה עצמו הוא זה שהביא את החוטא והשב למדרגה נעלה יותר מזו של הצדיק הגמור.

תפיסה זו אנו מוצאים בדברי רבנו בחיי. בספר **חובות הלבבות**, בפרק השמיני שבשער התשובה מעלה רבנו בחיי את השאלה "האם ישתווה השב עם הצדיק?". תשובתו אינה חד משמעית, והוא מונה שלושה סוגי חוטאים ושבים:

> יש מן השבים שישתוה אחר התשובה עם הצדיק אשר לא חטא, ומהם מי שיש לו יתרון על הצדיק, ומהם מי שיש לצדיק יתרון עליו אף על פי ששב... והוא שיש לו בו יתרון השב על הצדיק, באור זה, שיהיה השב חטא חטא קטן במצות לא תעשה שאין בה כרת, ואחר כך שב ממנה תשובה שלמה בכל תנאיה, ושם עוונו לעומתו ונוכח פניו ומבקש תמיד המחילה עליו ונכלם מבשתו מהבורא, ונכנס בלבו המורא מענשו ונשברה נפשו, והוא נכנע ושפל לפני הא-להים תמיד, והיה חטאו סבה לכניעתו והשתדלותו לפרע חובות הבורא, לא יתגאה במאומה ממעשהו הטוב ולא ירבה בעיניו ולא יתפאר בו וישמר בשארית ימיו מן המכשול. חוטא זה הוא שיש לו יתרון על הצדיק, שלא חטא החטא ההוא והדומה לו, כי הצדיק אין בטוחים בו, שלא יתגאה ויגבה לבו וירום במעשהו...

לבעל התשובה אין אשליות ואין הזיות. הוא יודע עד כמה הוא זקוק לקב"ה ולתמיכתו כדי שלא יחטא ועד כמה זקוק הוא לכפרתו משחטא. הוא יודע עד כמה הוא אינו עצמאי – אזהרת "ורם לבבך" עומדת במרכז תודעתו הרוחנית. בעל התשובה, דווקא מפני שחטא וכמובן מפני ששב, עולה מבחינת מהותו וישותו הרוחנית על הצדיק הגמור.

בעל התשובה כמעורה במציאות

בהמשך לדבריו אלו של רבנו בחיי, נפסע צעד נוסף עם הבנה זו בדברי ר' אבהו ונרחיב עליה את הדיבור. רבנו בחיי אמנם התייחס בדבריו

בעיקר לנקודה אחת חשובה – אתגר החנופה והגאווה – אולם דומה שאת עדיפותו של בעל התשובה על הצדיק הגמור אפשר לראות גם ביחס למרחבים גדולים יותר של המציאות הרוחנית האנושית. לפיכך אפשר שבעקבות כישלונותיו ותשובתו, בעל התשובה אכן מסוגל לחיות חיים נעלים ונשגבים יותר מן הצדיק הגמור, וזאת משתי סיבות.

סיבה ראשונה היא מפני שאישיותו נבחנה, נצרפה והתעצבה בתנאים שהצדיק הגמור מעולם לא הכיר, ובמאבקיו החריפים רכש בעל התשובה כושר התמודדות אשר אולי אינו קיים אצל הצדיק הגמור. טבילת האש של המשבר והעלייה עושה את שלה: אם חז"ל קבעו על סמך הפסוק "בכל לבבך", שעל האדם לעבוד את הקב"ה בשני יצריו, אזי מיהו המסוגל לעבוד את קונו גם באמצעות היצר הרע – הצדיק הגמור או בעל התשובה?

הרב סולוביצ'יק, בעקבות הגר"א ואחרים, טען שעל האדם מוטל לנסות ולהביא את הכוחות השליליים שבו לידי סובלימציה ועידון מסוימים ולהפעיל אותם באפיקים וכיוונים של עבודת ה'. אולם, כך אמר הרב, לפעמים דווקא מתוך עדינות מסוימת הכוחות הללו אינם מתפתחים כלל, מפני שאצל כמה וכמה אנשים, גם אם יפתחו אותם, התוצאות תהיינה שליליות. ממילא מצטמצמת העבודה הרוחנית אצל אנשים אלו ליצר אחד – והוא היצר הטוב. בעל התשובה מיוחד בכך שפיתח גם את היצר הרע, וכך מסוגל הוא להפנות את כוחות נפשו ולהפעיל אישיות פעילה ועשירה יותר לעבודת הבורא. את אישיותו של בעל התשובה אפשר אפוא לראות כתוססת, עשירה, מגוונת ובעלת עוצמה רבה מזו של הצדיק הגמור, שנפשו פעילה הרבה פחות.

כאמור, ישנה סיבה נוספת ליכולתו של בעל התשובה לחיות חיים נשגבים מאלו של הצדיק הגמור. בעקבות מאבקיו, בעל התשובה לא רק הפך לאדם עמוק יותר ועשיר יותר, שכוחות נפשו מקיפים יותר, אלא שבעקבות החטא – לעתים אפילו בעקבות קריירה ארוכה של הליכה בדרך חטאים – צבר בעל התשובה ניסיון רב, ורכש ידע שהצדיק הגמור באצילותו ובעדינותו אינו מכיר כלל. לא זו בלבד שלבעל התשובה כוחות נפש מעולים, אלא שהוא גם מכיר את אתגרי

המציאות, ואת העולם שבו הוא חייב לפעול ושבו הוא חייב להיזהר מלחטוא. את המציאות המורכבת הזו הוא מכיר וחי בצורה רחבה ועמוקה יותר מאשר אותו אדם היושב במגדל השן, מרוחק מכל פעולת חטא ומחשבת חטא, ועוסק רק בצדיקותו.

בעל התשובה אכן מעורה יותר במציאות. אם חז"ל הבליטו בגמרא במסכת שבת (פח ע"ב), שהתורה ניתנה לבני אדם ולא למלאכי השרת מפני שבני אדם חיים בעולם ומלאכי השרת מצויים מעבר לו, הרי שדווקא קשריו של בעל התשובה עם המציאות האנושית והפיזית, דווקא ההכרה הפנימית שאמנם נרכשה בתנאים לא טהורים, עומדים לרשותו כאשר הוא בא לעבוד את הקב"ה.

בחנו אפוא הבנה שלישית לעדיפותו של בעל התשובה על פני הצדיק הגמור – לא רק מצד השכר ולא רק כמעין עדות על כושרו, אלא כתוצאה הנובעת מן התהליך שאותו עבר.[1]

תשובה מאהבה ותשובה כוללת

כמובן, למהלך זה שתיארנו עד כה ישנן בהחלט הגבלות. ראשית, יש להניח כי לא כל תשובה מעצבת, מעלה ומרוממת את האדם באותה מידה, ובוודאי שלא כל תשובה מביאה אותו לרמה שהיא מעבר לזו של צדיק גמור. בהקשר זה, בהחלט ניתן לקבל את עמדת כמה מן המפרשים, שדברי ר' אבהו נאמרו אך ורק ביחס לתשובה מאהבה. הגמרא ביומא הלוא קובעת אף היא שבתשובה מאהבה

1. בתיאולוגיה הנוצרית קיים מושג "הנפילה המאושרת" (Felix Culpa), ומשמעותו היא החטא שבעקבותיו דווקא מתעלים. למעשה כל שירו של מילטון "גן העדן האבוד" בנוי על רעיון זה. ברם הדגש שם הוא על הנפילה שהופכת להיות אושרו של האדם, מפני שאחריה בא האל ומשפיע עליו את חסדו ממרומים וגואל אותו. תפיסת התשובה היהודית לעומת זאת מתמקדת באדם ובמאמציו האישיים; במידה שיש "נפילה מאושרת", היא איננה רק מצד הישועה והגאולה שהקב"ה נותן לאדם בחסדו, אלא מצד התהליך הנפשי הקשה והיצרני שעובר האדם בעקבות המשבר ופתרונו.

"זדונות נעשות לו כזכויות" ואילו בתשובה מיראה "זדונות נעשות לו כשגגות". המשמעות של "זדונות נעשות לו כזכויות" היא בדיוק זו: כישלונותיו של האדם משחררים בו לעתים כוחות כאלו, שהוא יכול לנתבם בהמשך לכיוון חיובי ולהופכם לכוח יצרני בעל משמעות חיובית. בתשובה מיראה, לעומת זאת, אכן אפשר למתן את חובתו של האדם, אך היות שהוא פועל מיראה בלבד ולא כתוצאה ממהפכה נפשית גמורה, הזדונות רק נעשים לו כשגגות, ויש להניח שהצדיק הגמור עדיין מתעלה עליו.

שנית, כל האמור כאן ביחס לכוח היצרני שבתשובה ולעובדה שבעקבותיה האדם אכן עולה על הצדיק הגמור מצד מהותו הנפשית והרוחנית, נוגע רק לתשובה המתרחשת במסגרת של מאמץ כולל. בהקשר זה, ישנם שני סוגי תשובה. מחד גיסא, קיימת תשובה המתרחשת כתהליך טכני ספציפי, על חטא מסוים, שהיא התשובה ה"פורמלית" יותר. אם נרצה, זו התשובה שעליה מדבר הרמב"ם בשני הפרקים הראשונים בהלכות תשובה. מאידך גיסא, קיימת תשובה אחרת, שעליה מדבר הרמב"ם בפרק ז, לאחר שהרחיב את הדיבור על עניין הבחירה; במסגרת תשובה זו, האדם רוצה לא רק לתקן עוול ספציפי שעשה, אלא לשקם את עצמו ולשוב כל כולו אל הקב"ה. תשובה כזו, שתעלה את האדם לרמה שהיא מעל לזו של הצדיק הגמור, מפני שבעקבות החטא הוא הצליח לשקם את עצמו, מוכרחה להיות כוללת הרבה יותר. כשהאדם מתעלם ממצבו הכללי, כשהוא איננו תוהה על הראשונות ואיננו רואה את דרכו בחיים אלא בא לתקן עבירה אחת, אין בכוח תשובתו להעלותו מבירא עמיקתא לאיגרא רמא, מבור תחתיות לרמה שמעבר לזו של הצדיק הגמור. כך גם בהקשר של שכר ועונש: גם בהקשר זה, תשובה ביחס לחטא אחד יכולה אמנם להעניק יתרון מסוים לבעל התשובה, שהרי הוא משקיע מאמץ כפול מזה של הצדיק הגמור בהימנעותו מאותה העבירה, אך אם מדברים על עדיפותו של בעל התשובה מצד רמתו וישותו – זאת ניתן להשיג רק מצד התשובה הכוללת והמלאה יותר.

תשובה כוללת זו, היא־היא למעשה החיוב המוטל עלינו בעשרת

ימי תשובה וביום הכיפורים. תשובה על חטא מסוים – חמור ככל שיהיה – קיימת כל השנה, אבל אחת הנקודות המאפיינות במיוחד את תשובת יום הכיפורים היא התשובה הכוללת: "לפני ה' תטהרו" – מה מקווה מטהר את הטמאים אף הקב"ה מטהר את ישראל. טהרה איננה לחצאין, ותשובת יום הכיפורים אף היא אינה לחצאין. דווקא תשובה זו מסוגלת להביא את האדם אל מעבר לרמת הצדיק הגמור.

מאליו מובן שגם אם אכן ר' אבהו צודק – שמבחינת רמתם, שכרם והישגיהם, מצויים בעלי התשובה מעבר לצדיק הגמור – אזי אין מדובר בעסק משתלם או בהשקעה טובה, ואין להסיק מכך שאפשר לחטוא ולהנות, ובסופו של דבר להגיע אפילו אל מעבר לצדיק הגמור, שבתמימותו חייב לחיות כל הזמן מתוך דחקות. זאת, משלוש סיבות עיקריות. ראשית, אין כל ביטחון שהאדם אמנם ישוב בתשובה, בסופו של דבר, והאדם אף פעם אינו יודע לאילו תחתיות יגיע. שנית, לעלייה הרוחנית הנובעת מעיצוב האדם מחדש בעקבות החטא, זוכים החוטאים רק כאשר המשבר היה אמיתי והתשובה הינה כנה. אי אפשר להשיג זאת על ידי תשובה מבוימת, ואפילו לא על ידי חטא מבוים; לשם כך צריך לחטוא 'באמת' וכמובן גם לשוב 'באמת'. שלישית, נאמר בגמרא בכמה מקומות "וכי אומרים לו לאדם חטא בשביל שיזכה חברך?" – אין אומרים לאדם לעבור אפילו עבירה קלה כדי שפלוני ימנע מעבירה חמורה. במקום אחד בגמרא, במסכת מנחות (מח ע"א), הדבר מופיע גם ביחס לאדם עצמו "וכי אומרים לו לאדם עמוד וחטא בשביל שתזכה?" – גם כך אין לנהוג. פירושו של דבר הוא שגם אם אדם היה בטוח שהיום יחטא, מחר יעשה תשובה ומחרתיים כבר יהיה ברמה נשגבה יותר מרמתו הנוכחית – גם אז הדבר אסור לחלוטין.

אין כל היתר לאדם לחטוא בשביל שייהפך בהמשך – אם יזכה לכך – לצדיק גדול. סוף סוף, בחטאם של אדם וחוה זה למעשה היה טיעונו המתוחכם של הנחש: "היום אתם מצויים ברמה ירודה; אמנם אתם צדיקים גמורים ואינכם חוטאים, אך אם תשמעו בקולי תגיעו לרמה הרבה יותר גבוהה – והייתם כא-לוהים יודעי טוב ורע, רמה שמעבר לרמתכם הנוכחית". הנחש אמנם דיבר כמסתבר על

המישור האינטלקטואלי, אך גם במישור מוסרי – החטא היה ונשאר חטא. האדם חייב לפעול באשר הוא שם, לפי הנחיות ברורות, מצוות ואיסורים. גם אם הוא עשוי להגיע – ואפילו אם מובטח לו מראש שיגיע – לרמה שהיא מעבר לאותו צדיק גמור, אין בכך שום היתר להתחיל ולחטוא.

התודעה המודרנית והתשובה

התודעה המודרנית, יש להודות, אוהדת מאוד בעלי תשובה ולא רואה בעין כל כך יפה צדיקים גמורים. הדמיון המודרני הוא ביסודו דרמטי ולא לירי: הוא נלהב מלבטים וספקות, תסכולים ומאבקים, ונוטה להעריך במבט לאחור דווקא דמויות שההתרוצצות הנפשית או המשבר בלטו בהן. הוא מעדיף את אבלר על פני אקווינס, ואת קירקגור על פני דנטה. היות שהאדם המודרני כשלעצמו מלא ספקנות ולבטים, תוהה וטועה, מחפש את דרכו וממשש כעיוור בצהריים ממש, הרי שעולמו של בעל התשובה – עולם של עלייה וירידה, של כישלון וחטא, של משבר וגאולה – נראה לו עשיר ותוסס הרבה יותר; עולם הצדיקים הגמורים מצטייר כמשעמם וחיוור עד למאוד. התודעה המודרנית מעדיפה אפוא בעלי תשובה לאו דווקא מתוך התייחסות לשכרם, לכוחות הנפש הטמונים בהם או לטיב האישיות שהתעלתה בקרבם, אלא פשוט כיוון שהם נראים לה מעניינים יותר, ויש הנוטים לחשוב שהם גם אמיתיים וכנים יותר.

סחורה זו – סחורת התשובה – היא סחורה מרהיבת עין, אך לא בהכרח מפני שהאדם המודרני מוכן תמיד לעסוק בתשובה, שכן זו הייתה ונותרה אתגר קשה. כשאדם המודרני מנסה להעריך את דרגתם של אחרים, מוכן הוא לקבוע שבעלי תשובה אמנם עולים על צדיקים גמורים, ואת הנקודה הזו נקל לו להבין ולקבל.

ודאי שאיננו צריכים לאמץ רעיונות מעין אלה רק מפני שהם תואמים את רוח הזמן. מאידך גיסא, גם לדחות אותם רק מסיבה זו אין צורך. עם זאת, ואולי דווקא מפני שהדמיון המודרני נוהה כל כך

לכיוון בעלי התשובה ומעט משתעמם מן הצדיקים הגמורים, יש צורך באיזון מסוים. בסופו של דבר, עלינו להיזכר לא רק בדברי ר' אבהו אלא גם בדברי ר' יוחנן. אנו חייבים לבוא ולשאול את עצמנו: אותו בעל תשובה שאנו מכבדים כל כך, מעריכים ומעריצים כל כך, לקראת מה הוא שואף כעת? מה הוא רוצה להיות? מה הוא חייב לרצות להיות? הרי בעל התשובה הנצחי כל הזמן עולה ויורד. האם "שבע יפול צדיק וקם" זו אכן שאיפתנו?!

בעל התשובה עבר כברת דרך ארוכה – כישלונות, משברים וחטאים – הצליח להתמודד וממילא להתעלות מן המאבק ומן המשבר. תוך כדי התהליך הוא התעשר, העמיק והתרחב, אבל האידיאל העומד גם לנגד עיניו הוא להיות ולשהות במחיצתו של הצדיק הגמור. בעקבות תהליך התשובה, לכשייהפך בעל התשובה לצדיק גמור, הוא יהיה אפילו גמור ממנו.

אחרית דבר

"כי קרוב אליך הדבר מאוד" — תשובה של רחמים

הרב משה טרגין

החוויה הכבירה של התשובה נמתחת הרבה מעבר לתגובתנו לחטא, לניסיוננו להשתפר או אף למאמצינו לשינוי אישיותנו. כולנו בני אנוש מוגבלים, והיכולת להשתקם מכישלון ולבנות מחדש את זהותנו הדתית נמצאת בליבת עבודת ה' שלנו. לימוד על אודות התשובה והתנסות בה לעולם אינם עוסקים רק בתשובה; תמיד יש דרמה גדולה יותר, אשר התשובה היא רק חלק ממנה. תשובה מעצימה את הרעיונות והערכים של הדת בכלל, כאשר היא מספקת "מוקד של קיום רוחני קבוע" (עמ' 173).

בהבינו את היקפה של התשובה, הרמב"ם כינס בהלכות תשובה שלו מושגים פילוסופיים ותיאולוגיים מרכזיים. הוגה דגול זה מצא בתשובה יסודות רעיוניים מהותיים כמו בחירה חופשית, ידיעת ה', השגחה, סיבתיות, חיים לאחר המוות, והממשק הרגשי המורכב שבין האדם לא־לוהיו. עבור הרמב"ם, חוויית התשובה מציגה יסודות הגותיים נרחבים יותר של הדת.

בדומה לכך, עבור הרב אהרן ליכטנשטיין זצ״ל התשובה הייתה יותר מאשר חרטה על חטאים מסוימים, או אפילו שינוי אישיות כולל. גם עבור הרב ליכטנשטיין התשובה הדגישה מרכיבים דתיים בסיסיים – לא יסודות פילוסופיים אלא ערכים דתיים ורגשות דתיים, כגון: ערכם של חיי חובה, מקומה של השלמות בזהות הדתית, סכנת הצביעות, גדלות האדם, חשיבותה של אחריות אישית, הדינמיקה שבין אהבת ה׳ ויראתו, והקול המוסרי שבחוויה הדתית. דרשות התשובה שבספר זה סוקרות טווח רחב של ערכים דתיים. על ידי התבוננות בנוף הדתי, המוסרי והרגשי של התשובה, הרב ליכטנשטיין מספק מפה שתסייע לנו לנווט טוב יותר בסבך חיינו הדתיים. ערכים אלו עמדו בבסיס מסעו הרוחני של הרב ליכטנשטיין עצמו, ונוכחים בספריו ובשיעוריו הרבים.

אתגר השאפתנות הדתית

הנושאים הנידונים בספר זה כה מגוונים, עד שאתגר קשה הוא להדגיש יסוד מרכזי אחד. בכל זאת, יסוד אחד בוקע ועולה שוב ושוב בדרשות אלו: האתגר המתמיד של ניהול הציפיות הדתיות, שהן גם מעוררות יראת כבוד אך גם מרתיעות. התורה מאתגרת בני אדם להתעלות מעל חולשותיהם ולחרוג מהמגבלות האנושיות הטבעיות. עומד בפנינו האתגר להיות קדושים ולהיפגש עם הא־לוהים, שמתקיים מעבר לממלכת האדם. אך אנו בשר ודם, מוגבלים ובני תמותה, פגומים ופגיעים, ולמרות תקוותינו הגדולות כולנו בהכרח מחמיצים את מטרותינו. איך נוכל לנהל את המיזם השאפתני הזה של מצוינות דתית?

שאפתנות היא תכונת אופי רבת פנים. ללא שאפתנות בריאה, חסר לנו החזון והמניע להישגים גדולים. אך אם השאפתנות שלנו אינה מציאותית, היא עלולה להתגלות כחרב פיפיות. לעתים קרובות, ניסיונות עקרים להשיג מטרות לא מציאותיות מחבלים ביכולתנו להשיג מטרות מציאותיות יותר. הרב ליכטנשטיין תיאר פעם שאפתנות

בריאה כמקבילה לניסיון להגיע לספר במדף העליון של הספרייה. אם אנו יכולים להתמתח במאמץ גדול ולהגיע לספר זה, השאפתנות נאותה היא. אך אם הספר נמצא לחלוטין מעבר להישג ידנו, הניסיונות לאחוז בו יהיו מזיקים. היצמדות למטרות שמעבר ליכולתנו היא סוג הרסני של אמביציה.

אם הדת ככלל מציבה בפנינו את האתגר לנווט בין שאיפה למציאות, תהליך התשובה מעצים מבוכה זו. חז"ל מדברים בהתלהבות על אידיאל התשובה ועל ההישגים הנפלאים של בעל התשובה, שמעמדו עולה אף על זה של הצדיק הגמור, אשר "בסך הכל" שימר חיים של יראת שמים מתמדת. אופקי התשובה נשגבים הם, והמטרה של שכתוב העבר נועזת היא. אך השאיפות הגדולות הללו של התשובה מציבות אתגרים מוסריים, כמו גם סיכונים מעשיים: האם הגון הוא מבחינה מוסרית להציב מטרה בלתי מושגת, אשר רק מעטים יצליחו להשיג? האם דרישותיה של התשובה כה מפרכות עד שהיא משקל הכבד מכדי שאדם יישאנו, כך שהשאפתנות הדתית הופכת לנטל דכאני? בייחוד מדאיגה השאלה האם הציפיות הגבוהות של התשובה חוזרות אלינו כבומרנג, ומביאות את מאמצי התשובה שלנו לקמול בייאוש; האם מִפחד שניכשל בהשגת התשובה המושלמת, אנו מסכלים את התהליך כולו, או פוגעים באופן אנוש בציפיותינו? הרב ליכטנשטיין נאבק בדילמה המתמשכת הזו – הן בתהליך המסוים של התשובה והן בתוך הקיום הדתי ככלל.

הקלה רחומה

בעיונו בפסקה בפרשת ניצבים, הרב ליכטנשטיין מראה שהתורה כבר התייחסה לאתגר זה של "תשובה שאפתנית". התורה מתארת מצווה אנונימית – "כי המצווה הזאת" – אשר אינה כה רחוקה מהישג ידו של האדם, אינה הרחק בשמים ואף לא מעבר לים. הרב ליכטנשטיין מאמץ את פירושו של הרמב"ן, שהמצווה המדוברת היא מצוות התשובה.

התורה יודעת שמצווה זו עלולה להיראות לא נגישה, ומבטיחה לנו שהיא נמצאת בטווח השגתנו. "מצד אחד, נאמר לנו שדי בכישרונותיו הרוחניים המוגבלים של הבינוני כדי להשיג תשובה שרמתה מספקת, מנקודת מבטה של התורה. התשובה היא בת השגה. האם מושלמת היא? האם אפשר להשוותה לתשובה של החפץ חיים? ברור שלא. אך גם תשובתו של הבינוני היא עבודת ה'. א־לוהים מקבל גם סוג כזה של תשובה וגם לה יש משמעות דתית ורוחנית" (עמ' 106). התשובה נראית לנו מפעימה ומרתיעה, אך התורה מבטיחה לנו שאנו יכולים להשיגה – אף אם אין מדובר בתשובה המושלמת.

אך הידיעה הבוטחת שגם סוגים של תשובה שאינם מעולים מתקבלים לפני ה' עלולה לפוגג את ציפיותינו ושאיפותינו לתשובה מעולה. איך יכולה התורה להרגיע אותנו בלי לרדד את שאיפותינו? כדי להבטיח שאנו עדיין מכוונים לתשובה עילאית, התורה מציבה בפנינו במרומז את התשובה הגבוהה יותר. אכן, התשובה היא בהישג ידינו משום שלא בשמים היא, אך מכאן אנו נרמזים כי "אם בשמים היא, חייב אתה לחגור מצנח ולהחזיר אותה. אם מעבר לים היא, חייב אתה להפליג למרחקים כדי להשיג את היעדים שקבעה התורה" (עמ' 106).

באמצעות ההבטחה שהשובה אינה בשמים, ולכן נגישה לנו, מציבה התורה דרישה עיקשת למאמץ מקסימלי, להעפיל אל הרקיע אם נידרש לכך, אף אם אנו נאלצים להסתפק גם בהישגים ממוצעים. "אם אנו קוראים את שני המסרים הללו יחדיו, הרי שאמנם קיבלנו התחשבות רחומה בכל הנוגע להישג – א־לוהים יהיה מרוצה עם כל מה שביכולתנו להשיג – אך לא בכל הנוגע למאמץ. איננו אחראים על התפוקה, אך אנו בהחלט אחראים על התשומה" (עמ' 107). באופן זה הרב ליכטנשטיין מעצב עולם של תשובה שהוא תובעני אך לא מדכא, המהלל גם הישגים פחותים בלי למוטט את השאיפה ואת המחויבות. מאמץ בינוני הוא בלתי נסלח, אך תשובה רגילה, אשר מוגבלת באופן טבעי בידי גבולותיו של הפוטנציאל האנושי, היא מקובלת. התורה מציעה לנו תשובה המלווה בהקלה רחומה.

שלושה תנאים נוספים

בנוסף למאמץ מקסימלי, הרב ליכטנשטיין מציב שלוש דרישות נוספות, שבלעדיהן אין לקבל את התשובה הממוצעת:

חקירה כנה

האם תשובתנו מעמיקה וכנה, או שטחית ורדודה? האם אנו חוקרים ביסודיות את פנימיותנו ועורכים ספירת מלאי מוסרית מדוקדקת, או שאנו פשוט מבצעים כמה מהלכים חיצוניים שגורים וממלמלים באדישות דיבורי תשובה, משחקים את "משחק התשובה" ללא רצון בלב אדיש? אפשר לסלוח לנו על הישגים מוגבלים של התשובה, אך לא על זיוף ועצלות. לא רק מאמץ מקסימלי נדרש מאתנו, אלא גם יושרה מקסימלית ואותנטיות מקסימלית. גם כאן, הדרישה לעומק ולאותנטיות בתשובה משקפת את ערכם במכלול חיינו הדתיים.

גישתנו לתשובה

האם אנו חובקים את התשובה כהזדמנות נדירה לשיפור עצמי ולשיקום יחסינו הפגומים עם הקדוש ברוך הוא? או שאנו רואים זאת כעול מעיק שאנו צריכים לפרוק מעל צווארנו, רק כדי שנוכל לחזור לסגנון חיינו החופשי והלא מבוקר, המשוחרר מהעול הכבד של בחינה מוסרית? התורה מקבלת רמות פחותות של הישגים בתחום התשובה, אך אין היא יכולה לסבול גישה הרואה תשובה כעול. התשובה תובעת להט והתלהבות רגשית, אף אם התוצאה הסופית של מאמצינו הנלהבים תהיה מוגבלת על ידי פגמינו האישיים ומגבלותינו המולדות.

האם אנו חולמים "מֵעבר"

לבסוף, ישנה השאלה האם אנו מכוונים את שאיפות התשובה שלנו גבוה או נמוך. אף שאנו מובטחים שהתשובה נגישה היא, ושאף ביטוייה הנחותים תקפים הם, אסור לקצוץ את כנפי חלומותינו ותשוקותינו בתחום התשובה. דוגמה לתשובה בלתי מושלמת, שמצטרפת לשאיפה

המתמשכת לתשובה "נעלה" זו תופעת ה"תשובה הסלקטיבית". לעתים קרובות אנו לא מסוגלים לבצע תשובה מקיפה ובוחרים במקום לשנות היבטים נבחרים מסוימים של התנהגותנו או אישיותנו. ההלכה אינה שוללת קרבנות חטאת אשר מתייחסים לחטאים מסוימים אך מתעלמים מחטאים אחרים, שאליהם אפשר להתייחס מאוחר יותר. תשובה וקרבנות עבור חטאים מסוימים עשויים אולי להיות חלקיים, אך מה לגבי ההיבט מלא התקווה שבתשובה, השאיפה לשינוי אישיותי? בנוגע ליסוד זה שבתשובה, סלקטיביות או חלקיות היא בעייתית יותר. עיצוב מחודש זה של הזהות כמוהו כטבילה במקווה, אשר מועילה רק אם היא כוללת. בדומה לה, התחדשות האישיות מועילה רק אם היא מקיפה ומעמיקה. אם אנו מתקנים רק חלקים נבחרים של אישיותנו אך מרשים לחלקים אחרים להתנוון, אישיותנו לא נזדככה. כפי שאמר הרב ליכטנשטיין, "מבחינה קיומית, הדרישה לתשובה טוטלית ומקיפה היא דרישה כבירה, ואפילו מוחצת. האם נזכה להגשמת ההבטחה 'כִּי בַיּוֹם הַזֶּה יְכַפֵּר עֲלֵיכֶם לְטַהֵר אֶתְכֶם מִכֹּל חַטֹּאתֵיכֶם', רק אם התקרבנו לשלמות? האם במצבנו הנורמלי והמדדה, ברוחנו הנלהבת לצד בשרנו החלש והמקרטע, כשאנו פוקקים חור אחד אבל מדלגים על אחר, יינעל בפנינו השער? אם רק מעטים מאתנו יצליחו אי פעם להתעלות מעבר לתשובה חלקית וקטועה, האם תידחה תשובה זו בתוקף כבלתי ראויה? אנו מקווים ומתפללים שהתשובה לשאלה הזו שלילית היא" (עמ' 51).

הרב ליכטנשטיין פתר דאגה זו על ידי גיוס מושג הלכתי מתחום קרוב – תלמוד תורה. המשנה באבות (ג, ח) מתייחסת בחומרה לאדם ששוכח דברי תורה:

> כל השוכח דבר אחד ממשנתו, מעלה עליו הכתוב כאלו מתחייב בנפשו, שנאמר: "רק השמר לך ושמור נפשך מאד פן תשכח את הדברים אשר ראו עיניך.

בהכירה בקושי שמציבה קביעה זו, המשנה מתקנת את קביעתה:

יכול אפילו תקפה עליו משנתו, תלמוד לומר (שם) ופן יסורו מלבבך כל ימי חייך, הא אינו מתחייב בנפשו עד שישב ויסירם מלבו.

רק אדם שמסיר מלבו באופן פעיל את דברי התורה עובר על איסור זה. לא ברור איך בדיוק יכול אדם למחוק מתודעתו באופן פעיל דברי תורה; בדרך כלל, אם אנחנו מחליטים באופן פעיל לשכוח מידע מסוים, אנו נוטים דווקא לזכור אותו יותר. הרב ליכטנשטיין מציע שהמשנה מזהירה כנגד גישה מזלזלת, ולא כנגד נסיגה קוגניטיבית. אי אפשר לראות בנו אחראים לשכחה, אך אנו אחראים לגישה המתכחשת לכל שאיפה בתלמוד תורה ובשימור התורה. כל עוד תוכניותינו העתידיות כוללות תלמוד תורה מתמשך ושאיפה לשמר ידע זה, אי אפשר לתאר אותנו ככאלו השוכחים את התורה. אף שלמרבה הצער אנו עלולים לשכוח ידע תורני, לא קטענו אותו מזהותנו. חלומותינו ותקוותינו הם חלק מזהותנו. כל עוד אדם שואף באופן סביר לדעת את התורה, היא חלק מלבו ומאישיותו, גם אם הידע כבר אינו נמצא בחלקים הנגישים של מוחו.

דברים דומים ניתן לומר גם בנוגע לתשובה. גם אם השינוי באישיותנו אינו מקיף, עדיין אפשר לראותו כמהפכני כל עוד אנו ממשיכים לייחל ולקוות לשיפוץ מקיף. ייתכן שאנו מוגבלים מבחינה פסיכולוגית או רגשית מכדי שנגיע לבנייה מחודשת ומקיפה; אולי עדיין אין לנו האומץ הנחוץ להתחדשות כזו. ובכל זאת, טבילה מלאה במקווה התשובה היא חלק אמיתי מאוד מעתידנו ומחלומותינו, ולכן חלק מזהותנו. חיים עם חלומותינו אודות תשובה הופכים אותנו לבעלי תשובה.

הפרדוקס הגדול של האדם

הקיום הדתי נסמך על שני מצבים פרדוקסליים של האדם. כפי שציין הרב ליכטנשטיין, "המסורת היהודית מעולם לא נרתעה מלהכיר

באופי הכפול, ואפילו הסותר, של בני האדם ושל הפוטנציאל שלהם. היה זה רצון הא־ל לבוראנו כישויות מורכבות, רבות פנים: דומים למלאכים, עטורים בכבוד וביקר, אך גם 'משולים כחרס הנשבר', כפי שאנו אומרים בפיוט 'ונתנה תוקף'" (עמ' 35). הרב ליכטנשטיין, הן בדוגמה האישית שהציב והן במסר המוסרי שלו, מעורר בנו השראה לדאות כמלאכים. הוא דורש חיים של שליחות, ציפייה ומחויבות בלתי פוסקת לחובות היום־יומיות של היהדות. ובכל זאת, בהכירו בשבריריות של המצב האנושי, המסר שלו היה חומל ונדיב. הוא עודד את תלמידיו לחתור לגדולה, אך בהבינו את מגבלות המצב האנושי, אישר גם רמות פחותות של צמיחה רוחנית. התשובה מציגה תמצית של הקול הכפול הזה: "יודעים אנו שאחרי הכול איננו שלמים ואף לא מושלמים, ומתוך חוסר שלמותנו אנו מתחננים ומפצירים, מייחלים ושואפים. ובלבד שנוכל לומר בכנות שאם איננו שלמים, הדבר כואב לנו. אם איננו שלמים, אנו דואבים על כך. אם אנו מועדים ואומרים לקדוש ברוך הוא שהנסיבות תקפו עלינו, שהלחצים והכשלים גברו עלינו, איננו יכולים להיות אדישים. מתוך התחושות והגישות הללו, אנו יכולים להציג עצמנו כטהורים במובן מסוים, גם אם איננו טהורים כליל במובנים אחרים" (עמ' 57).

שני רגעים

יום הכיפורים בישיבת הר־עציון הוא יום עוצמתי ובעל מתח רוחני ורגשי גבוה. מאות אנשים גודשים את בית המדרש ליממה שלמה של תפילה, דבקות, תקווה ולהט רוחני. בשני רגעים מיוחדים נשאתי עיניי לרב ליכטנשטיין עבור הכוונה והשראה. בלילה, לאחר תפילת ערבית, ועד השעות הקטנות של הלילה, היה הרב ליכטנשטיין מעביר שיעור בסוגיות "עבודת היום" – עבודת יום הכיפורים בבית המקדש. אחד אחרי השני היו התלמידים פורשים לחדריהם, אך השיעור המשיך כמעט עד לאשמורת הבוקר, פרק זמן שהרגיש אז כנצח. הצפייה ברב ליכטנשטיין, עטוי ומעוטר בבגדי לבן, דן בעבודות היום שבטלו ואנו

מתפללים ומצפים ליום שישובו למכונן, גרמה לי לתחושה מלאכית ודחקה בי להתעלות למציאות גבוהה יותר. היא העניקה לי את הכוח להתחיל ו"לעלות בהר", לשוב אל הקב"ה ולבקש את סליחתו. אווירת ההתעלות עוררה בי שאיפות נשגבות לתשובה ומפגש עם הקב"ה.

עם קיצו של היום הרגשתי תמיד, ועודני חש, בספק המכרסם – האם נתקבלו תפילותיי והקב"ה העניק לי את המחילה אליה השתוקקתי ועבורה עמלתי? האם בורכתי לשנה של חיים ושגשוג? תחושת אי הוודאות רדפה אותי. ובליבה של אותה חווית ספק מייאש רציתי להמשיך ולדבוק ביום הכיפורים לכמה רגעים נוספים – להצליח ולהשיג בהירות וביטחון. שמא תפילה או וידוי נוסף יסייעו לי להאמין בעצמי, לקבל את תחושת ההצלחה בסיומה של יממה זו. אחוז ספקות מצאתי את עצמי עורג לבניין המקדש וללשון של זהורית, חוט השני שבהלבנתו יעניק לי את השלווה הרוחנית שכה חסרתי.

נאבק בחוסר הוודאות הייתי מביט ברב ליכטנשטיין, ומבחין בחיוך קורן ובתחושת סיפוק כפי שמעולם לא ראיתי. חיוכו הבוהק מילא אותי בביטחון שליו שתפילותיי התקבלו, ושהקב"ה רוצה בי ובדרגה אליה הצלחתי להעפיל. בתחושה זכה הרגשתי שכל פיסה של תשובה שהצלחתי לקושש נאה ומתקבלת לפני הקב"ה. בבקשי תשובה שאפתנית, תשובה של שגב ועוצמה רוחנית, הצצה זו, מבט של רגע אחד ברב ליכטנשטיין, סייעו לי להעריך את הרווחה והחמלה שישנן בתשובה. חמלה זו המתינה לי לאורך כל הדרך.

מפתח מקורות

תנ"ך ומפרשים

בראשית

שמות

ויקרא

מדרשים

ש"ס ומפרשים

משנה

פאה

יומא

אבות

זבחים

מנחות

תוספתא

גמרא

ברכות

שבת

עירובין

גאונים וראשונים

טור ושולחן ערוך

אחרונים ובני דורנו

מפתח אישים